KB238149

김혜성 목사의 시편 묵상

시편의 찬송으로
하나님께 나아가십시오

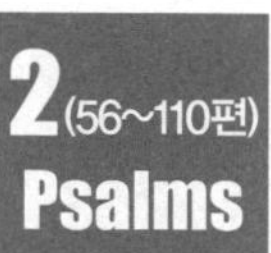

2 (56~110편)
Psalms

시편의 찬송으로
하나님께 나아가십시오

제2권(56~110편)

초판 1쇄 인쇄 / 2021년 3월 5일
초판 1쇄 발행 / 2021년 3월 10일

지은이 ㅣ 김 혜 성
펴낸이 ㅣ 민 병 문
펴낸곳 ㅣ 새한기획 출판부

편집처 ㅣ 아침향기
편집주간 ㅣ 강신억

주 소 ㅣ 04542 서울특별시 중구 수표로 67 천수빌딩 1106호
T E L ㅣ (02) 2274-7809 / 070-4224-0090
F A X ㅣ (02) 2279-0090
E-mail ㅣ saehan21@chol.com

미국사무실 • The Freshdailymanna
2640 Manhattan Ave. Montrose, CA 91020
☎ 818-970-7099
E.mail • freshdailymanna@hotmail.com

출판등록번호 ㅣ 제 2-1264호
출판등록일 ㅣ 1991. 10. 21

값 30,000원

ISBN 979-11-88521-31-9 04230
ISBN 979-11-88521-24-1 세트(전3권)

Printed in Korea

김혜성 목사의 시편 묵상

시편의 찬송으로
하나님께 나아가십시오

아침향기

시편은 최선의 기도 안내서이다

이 책의 저자는 김혜성 목사님이다. 대한 예수교 장로회 총회신학교를 졸업한 후 6·25 한국전쟁에 군목으로 참전하였다. 미국 Faith 신학교, (펜실바니아 주, 엘킨스 팍 소재) 존 맥크레이 박사(Dr. John MacRae)가 총장으로 계시던 때 석사(Th.M.) 및 박사(Th. D.)학위를 마치고 교수로 봉직하였다.

그러나 이번에 출판한 시편강해는 학문적 연구발표가 아니다. 설교 원고에서는 히브리어를 인용하였으나 설교의 청중(독자)을 배려하여 삭제하였다. 혹 단어해석을 한 것도 일차적으로 의미해석 이상을 넘지 않은 것이 눈에 보인다.

올 봄 (2020년 봄) 그는 대장암 선고를 받았다. 치료를 시작하면서 우리는 기도해야 하겠다고 마음이 모아졌다. 나도 남편을 위해 기도시간을 정하고 혼자 기도와 말씀의 시간을 가지기 시작했다. 큰 일을 당하니까 우리의 기도시간이 좀더 진지해졌다.

그는 시편을 사랑한다. 시편을 읽으며 기도하면, 자기 존재의 연약성을 솔직하게 보게 되고 하나님이 자기의 강력한 보호자요 구주이심을 확인할 수 있어서 시편보다 더 좋은 기도 안내서가 없다고 고백했다.

> "나의 방패는 마음이 정직한 자를 구원하시는
> 하나님께 있도다."(시 7:10)

"먼저 정직하고 악한 길에서 떠나야 해, 회개는 떠나는 거야. 하나님의 기준을 버리고 딴짓하는 것이 다 악이다."라고 했다. 시편을 보면 자기를 거울에 비쳐 보듯이 정직하게 볼 수 있고 또한 시편에서 하나님의 인자하심과 능력을 볼 수가 있어서 믿음이 강해진다는 것이다.

그는 매일 밤 12시에 서재에 나가서 기도하는데 기도 끝나고 침실로 올 때 눈물로 젖은 눈을 자주 보았다. 자면서도 잠꼬대 같이 "주여, 내 죄를 용서해 주시옵소서"라는 말을 많이 너무 많이 했다. "이 사람이 내게 무슨 범죄를 한 것이 있어서 저러나?" 그런 의아심이 없지도 않았다.

사실 기도는 그에게 아주 익숙한 일이다.―그는 의례적인 기도를 해야 할 의무를 가지고 있는 사람이다. 교회 예배인도는 물론, 그 밖에 다양한 모임, 신학교 강의할 때도 기도, 교인들 심방, 결혼식, 장례식, 그리고 총회, 노회에서 그는 기도해 주는 사람이다.

그런데 시편을 들고 혼자 주님 앞에 나아가 엎드리는 그는 달라 보였다. 다윗은 인간사에서 겪는 모든 고난, 슬픔에서 하나님의 얼굴을 구했고 하나님은 말씀으로 응답하셨다. 시편에서 우리는 또한 다윗이 먼 훗날

메시아의 계시를 받으며 땅에서 부르는 하늘의 찬양을 배우며 체험한다.(시편에 나타난 그리스도)

이번에 3권으로 출판 되는 그의 시편묵상을 통해 우리 하나님께서 모든 믿는 사람들에게 베푸시는 특별 은총과 크신 사랑의 역사가 임하시길 소원한다.

하나님은 그 마음이 정직한 자를 구원 하시고 선을 베푸셔서 그들을 당면한 고통에서 구원하신다. 할렐루야!

2020년 8월 20일,
Joung Sook Nahm
Los Angeles에서

차례

머리말 …… 5

시편 56편

흔들리지 않는 믿음

**[다윗의 믹담 시, 인도자를 따라 요낫 엘렘 르호김에 맞춘 노래,
다윗이 가드에서 블레셋인에게 잡힌 때에]**

[1] 하나님이여 내게 은혜를 베푸소서 사람이 나를 삼키려고 종일 치며 압제하나이다

[2] 내 원수가 종일 나를 삼키려 하며 나를 교만하게 치는 자들이 많사오니

[3] 내가 두려워하는 날에는 내가 주를 의지하리이다

[4] 내가 하나님을 의지하고 그 말씀을 찬송하올지라 내가 하나님을 의지하였은즉 두려워하지 아니하리니 혈육을 가진 사람이 내게 어찌하리이까

[5] 그들이 종일 내 말을 곡해하며 나를 치는 그들의 모든 생각은 사악이라

[6] 그들이 내 생명을 엿보았던 것과 같이 또 모여 숨어 내 발자취를 지켜보나이다

[7] 그들이 악을 행하고야 안전하오리이까 하나님이여 분노하사 뭇 백성을 낮추소서

[8] 나의 유리함을 주께서 계수하셨사오니 나의 눈물을 주의 병에 담으소서 이것이 주의 책에 기록되지 아니하였나이까

[9] 내가 아뢰는 날에 내 원수들이 물러가리니 이것으로 하나님이 내 편이심을 내가 아나이다

[10] 내가 하나님을 의지하여 그의 말씀을 찬송하며 여호와를 의지하여 그의 말씀을 찬송하리이다

[11] 내가 하나님을 의지하였은즉 두려워하지 아니하리니 사람이 내게 어

찌하리이까

[12] 하나님이여 내가 주께 서원함이 있사온즉 내가 감사제를 주께 드리리니

[13] 주께서 내 생명을 사망에서 건지셨음이라 주께서 나로 하나님 앞, 생
명의 빛에 다니게 하시려고 실족하지 아니하게 하지 아니하셨나이까

Theme: 비록 상황은 희망이 없는 것 같았지만 하나님을 의지하는 다윗
의 믿음은 흔들리지 않았습니다. 이 태도는 고난 중에 있는 사람
이 누구든지 열심히 본받아야 할 것입니다.

서론

시편 56편은 다윗의 믹담시 (56-60편) 중 하나로 맛이 있는 시편입니
다. (The Golden Psalm 황금시라고도 한다. 시 16편 참조) 믹담 이라는
말은 실제로 있는 일이라는 의미가 있습니다. 또한 "영원한", 또는 "삭여
진" 이라는 뜻이 있습니다. 또는 "움직일 수 없는" 것이라는 뜻입니다.

(시편 57:7) "하나님이여 내 마음이 확정되었고 내 마음이 확정되
었사오니 내가 노래하고 내가 찬송하리이다

여기에 "내 마음이 확정 되었고" 하는 말이 믹담입니다. 다윗은 큰 위
험 속에 빠졌습니다. 원수가 밖을 둘러 진을 쳤습니다. 악한 자는 사면에
있습니다. 그럼에도 불구하고 하나님은 구원하여 주셨습니다.

역사적인 배경을 보면 다윗은 가드에서 블레셋에게 잡혔습니다. 다
윗의 일생, 최대의 위험한 경험입니다. 이것은 다윗의 개인적인 경험을

통하여 이스라엘이 앞으로 당할 역사적인 고통의 예언이고 또한 우리에게 주시는 말씀이기도 합니다. 모든 시편은 우리 마음에 주시는 말씀입니다.

이 시편은 다윗의 믹담으로 블레셋 사람들에게 잡혔을 때의 일을 찬양대 대장에게 써준 것입니다. 본문이 우리에게 가르쳐 주시는 것은 "비록 상황은 희망이 없는 것 같았지만 하나님을 의지하는 다윗의 믿음은 흔들리지 않았습니다. 이 태도는 고난 중에 있는 사람이 누구든지 열심히 본받을 것이다."라는 것입니다.

I. "다윗이 가드에서 블레셋인에게 잡힌 때에" 의 일이라고 했습니다

"요낫 엘렘 르호김－멀리 말없이 잠잠한 비둘기에 관하여"
이것은 다윗 자신을 두고 한 말인데 그 때 그는 자기 땅에서 멀리 블레셋에 잡혀가서 체포자들 앞에서 잠잠한 비둘기처럼 무방비 상태로 서 있었다(삼상 21:11-16). 이것을 악기의 일종이라고도 한다.

블레셋, 가드는 다윗이 물매를 쳐서 죽인 골리앗의 고향땅이요, 그곳 사람들은 거인입니다.

(삼상 17:23) "그들과 함께 말할 때에 마침 블레셋 사람의 싸움 돋우는 가드 사람 골리앗이라 하는 자가 그 전열에서 나와서 전과 같은 말을 하매 다윗이 들으니라"

(대상 20:6) "또 가드에서 전쟁할 때에 그 곳에 키 큰 자 하나는

손과 발에 가락이 여섯씩 모두 스물넷이 있는데 그도 키가 큰 자
의 소생이라"

가드 사람들은 장대한 사람들이요 다윗을 원수로 여겨서 다윗을 잡으
면 그냥 죽이지 않을 것입니다. 원수 중에 원수로 압니다. 그러므로 거기에
가서 그들에게 포위가 되었을 때 얼마나 무서웠겠습니까? 간까지 녹는 것
같았을 것입니다. 그러므로 하나님께 그는 간절히 기도했을 것입니다.

II. 주님만 의지하는 기도:

"내가 두려워하는 날에는 내가 주를 의지하리이다"

[1] "하나님이여 내게 은혜를 베푸소서 사람이 나를 삼키려고 종일
　　치며 압제하나이다"

[2] "내 원수가 종일 나를 삼키려 하며 나를 교만하게 치는 자들
　　이 많사오니"

다윗은 원수에게 포위를 당했습니다. 그는 어려운 자리에 있습니다.
거기서 그는 무엇을 하겠습니까?

[3] "내가 두려워하는 날에는 내가 주를 의지하리이다"

다윗은 두려웠습니다. 참으로 두려웠습니다. 어떤 사람은 비행기 타기
를 무서워합니다. 하는 말이 자기는 믿음이 없어서 비행기를 못 탄다고

합니다. 실상 비행기 타면 믿음이 생깁니다. 비행기를 타지 않았을 때는 믿음이 없는 것 같아도 비행기 타면 기도하게 됩니다. 두려움과 믿음이 같이 생길 수가 있는가? 성경은 말해 줍니다.

(요일 4:18) "사랑 안에 두려움이 없고 온전한 사랑이 두려움을 내쫓나니 두려움에는 형벌이 있음이라 두려워하는 자는 사랑 안에서 온전히 이루지 못하였느니라"

온전한 사랑은 두려움을 내쫓습니다. 사람들은 성경적이 아닌 어리석은 말을 많이 하지만 두려움과 믿음은 같이 있습니다.

[4] "혈육을 가진 사람이 내게 어찌하리이까"

좋은 때만 하나님을 의지하고 불행이 닥치면 그렇지 않은 사람들은 하나님의 도움이 꼭 필요한 순간에 하나님과 멀어집니다. 그러나 다윗은 선포합니다. 지금 주께서 나를 징계하시는 때이지만 "내가 하나님을 의지하고 그 말씀을 찬송하올지라" 그러므로 지금도 하나님은 나에게 가까이 계시고 나는 하나님을 의지하고 두려워 아니한다. 죽을 몸을 가진 원수들이 내게 어찌할 것인가?

[5] "그들이 종일 내 말을 곡해하며" –

"그들이 내 말을 슬프게 만들며" –그들이 나를 심히 압제하므로 나는 슬픈 일에 대해서만 말한다. 다윗의 말은 그의 유대인 원수들이 끊임없이 자기를 추격해서 그로 하여금 가드 왕 아기스 손에 떨어지게 만들었다는 것이다.

[6] "그들이 내 생명을 엿보았던 것과 같이"—나를 잡을 수 있다고 느낄 때에 그들은 나를 잡으려고 복병을 두었다.

[7] "그들이 악을 행하고야 안전하오리이까"—그들이 악을 행하고도 피해 왔습니다. 지금까지 그들이 그들 죄악의 결과를 피해왔습니다. 그러므로 내가 지금 주님께 간구하오니 오 하나님이시여, 악한 자들을 분노로 낙담시키소서.

"뭇 백성"—다윗의 유대인 원수들을 말한다.

[9] "내 원수들이 물러가리니"—내 원수가 물러가리니 또는 내 원수가 뒤로 넘어지리라. 후퇴한다.

[8] "나의 유리함을 주께서 계수하셨사오니 나의 눈물을 주의 병에 담으소서 이것이 주의 책에 기록되지 아니하였나이까"

"주의 병에 … 주의 책에 기록" 나의 고통을 항상 생각하소서. 내가 이미 크게 고통당한 것을 보시고 나의 진통을 기록하시고 내 원수들에게서 속히 구원하소서.

"나의 유리함을 주께서 계수하셨사오니"—우리 믿는 성도가 유리방황하는 것을 하나님은 잘 아십니다. 어떤 때는 내가 무슨 이야기를 나의 아내에게 했는지 잊어버립니다. 그러나 우리 주님은 다 알고 계십니다. 나에게 근심이 있을 때 변치 않으시는 하나님의 말씀에 귀를 기울이면 평강이 옵니다.

"나의 눈물을 주의 병에 담으소서"—어떤 사람은 죽은 남편 생각 하다가 울면서 흘린 눈물을 병에 담아서 무덤에 갖다 파묻었다고 합니다. 내가 당신을 이렇게 사랑합니다 하는 것을 보이기 위함입니다. 우리 하나님은 다 아십니다. 메튜 헨리(Matthew Henry) 는 주를 위해 핍박을 받으며 흘린 눈물은 하나님이 병에 넣어서 보관 하신다고 했습니다. 우리 주님을 위한 수고는 다 기억 하신다는 말씀입니다.

[10] "내가 하나님을 의지하여 그의 말씀을 찬송하며 여호와를 의지하여 그의 말씀을 찬송하리이다"

"내가 하나님을 의지하여 … 여호와를 의지하여" –
"하나님을 … 여호와를" "엘로힘"은 일반적으로 하나님이 엄한 공의로 행하실 때 하나님을 지칭하는 이름이고 "하셈"은 긍휼을 행하시는 하나님을 말한다. 하나님이 나에게 그의 엄한 공의에 따라 고통을 예정하셨든지 아니면 여호와의 긍휼을 따라 기쁨을 정하셨든지 나는 그것을 받고 그의 말씀과 예정을 찬송하리라.

제가 시애틀(Seattle) 있었을 때입니다. 어떤 집사님 한 분이 나에게 하는 말이 "목사님! 목사님은 설교할 때 성경 이야기만 합니까? 성경 말고 다른 이야기 좀 해 주세요."
나는 이야기 했습니다. "나는 목사입니다 성경 이야기 하는 것이 나의 일입니다."

[11] "내가 하나님을 의지하였은즉 두려워하지 아니하리니 사람이 내게 어찌하리이까"

이 말씀은 너무나 부럽고 기쁜 소리가 아닙니까. 우리 온 교인이 다 이와 같은 믿음을 가지게 되기를 기도합니다.

결론

[13] "주께서 내 생명을 사망에서 건지셨음이라 주께서 나로 하나님 앞, 생명의 빛에 다니게 하시려고 실족하지 아니하게 하지 아니하셨나이까"

"주께서 나로 하나님 앞, 생명의 빛에 다니게 하시려고"—하나님 앞에서 생명의 빛 가운데 다니게. 그리하여 내가 하나님의 말씀을 배우고 성취하는 일에 전념할 수 있도록.

"내가 주 앞에서 행하리이다 그리하면 내가 미끄러지지 아니 하리이다" 다윗은 큰 죄를 지었던 사람이지만 이 기도를 한 후의 기록을 보면 그가 다시 미끄러지지 아니하였습니다. 바벨론 왕은 같은 죄를 매일 범했습니다. 그곳에서는 그런 행위는 보통이었습니다. 그러나 다윗에게는 그런 일이 없었습니다.

그는 "내가 주 앞에서 행하리이다."라고 했습니다. 내가 하나님의 말씀을 배우고 성취하는 일에 전념하겠습니다 라는 말입니다.

우리도 그와 같이 매일 성령님과 동행하기를 원합니다.

(갈 5:16) "내가 이르노니 너희는 성령을 따라 행하라 그리하면 육체의 욕심을 이루지 아니하리라"

그리하여 하나님께서는 우리에게 지금도 성령님을 의지하고 성령님과 동행하게 하셨습니다. 물론 우리가 항상 성공하는 것은 아닙니다. 그러나 넘어지면 또 일어나고 힘이 모자라면 성령님이 도와주십니다. 또 주님의 뜻을 따라 사는 것이 우리 믿는 자의 생활입니다. 비록 상황은 희망이 없는 것 같았지만 하나님을 의지하는 다윗의 믿음은 흔들리지 않은 것처럼 어려움에 빠진 이는 누구든지 열심히 이 태도를 본받아야 할 것입니다.

Goal 그러므로 다윗이 어려움을 당했을 때도 믿음이 흔들리지 않은 것처럼 우리도 어려움에 처하면 기도합시다. 다윗처럼 하나님을 의지하는 믿음으로 흔들리지 않는 하나님의 크신 도움 얻으시기를 기도합니다.

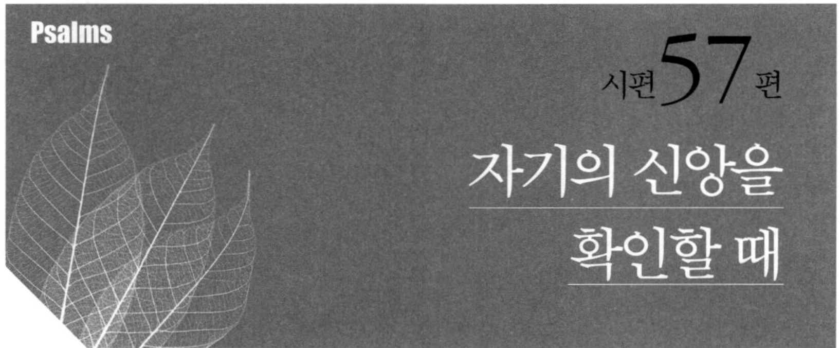

**[다윗의 믹담 시, 인도자를 따라 알다스헷에 맞춘 노래,
다윗이 사울을 피하여 굴에 있던 때에]**

[1] 하나님이여 내게 은혜를 베푸소서 내게 은혜를 베푸소서 내 영혼이 주
께로 피하되 주의 날개 그늘 아래에서 이 재앙들이 지나기까지 피하리
이다

[2] 내가 지존하신 하나님께 부르짖음이여 곧 나를 위하여 모든 것을 이루
시는 하나님께로다

[3] 그가 하늘에서 보내사 나를 삼키려는 자의 비방에서 나를 구원하실지
라 (셀라) 하나님이 그의 인자와 진리를 보내시리로다

[4] 내 영혼이 사자들 가운데에서 살며 내가 불사르는 자들 중에 누웠으니
곧 사람의 아들들 중에라 그들의 이는 창과 화살이요 그들의 혀는 날
카로운 칼 같도다

[5] 하나님이여 주는 하늘 위에 높이 들리시며 주의 영광이 온 세계 위에
높아지기를 원하나이다

[6] 그들이 내 걸음을 막으려고 그물을 준비하였으니 내 영혼이 억울하도
다 그들이 내 앞에 웅덩이를 팠으나 자기들이 그 중에 빠졌도다 (셀라)

[7] 하나님이여 내 마음이 확정되었고 내 마음이 확정되었사오니 내가 노
래하고 내가 찬송하리이다

[8] 내 영광아 깰지어다 비파야, 수금아, 깰지어다 내가 새벽을 깨우리로다

[9] 주여 내가 만민 중에서 주께 감사하오며 뭇 나라 중에서 주를 찬송하
리이다
[10] 무릇 주의 인자는 커서 하늘에 미치고 주의 진리는 궁창에 이르나이다
[11] 하나님이여 주는 하늘 위에 높이 들리시며 주의 영광이 온 세계 위에
높아지기를 원하나이다

Theme: 다윗은 맹렬히 추격을 받으며, 생명이 무시무시한 구덩이에 빠져서도 하나님을 믿는 자기의 절대적인 신앙을 확인한다. 더욱이 주의 영광이 세계 위에 높아지기를 원했다.

서론

이 시편은 두 번째 믹담 시로서 알다스헷은 곡명으로 그 뜻은 "멸망시키지 마소서(destroy not)"라는 의미가 덧붙여졌습니다. 우리는 이 내용을 보아서 알 것입니다. 여기에 제목을 [다윗의 믹담 시, 인도자를 따라 알다스헷에 맞춘 노래, 다윗이 사울을 피하여 굴에 있던 때에]라고 합니다.

다윗은 엔게디, 사해 연안에 있는 굴속에 혼자 있었습니다. 이곳은 해발 밑에 있는 곳으로 여름에는 무척이나 덥고 겨울에는 아주 좋은 곳입니다. 이곳은 울퉁불퉁한 험지입니다. 그곳에 아둘람 굴도 있습니다. 많은 해석자들은 생각하기를 다윗의 여러 시가 아둘람 굴에 대하여 지은 것이라고 생각합니다.

이 시편들 속에서 다윗이 당한 고난도 보지만, 예수 그리스도께서 당하실 고난을 예언 하시고 또 이스라엘의 남은 자들의 고난을 야곱의 고난으로 표현된 것으로 말합니다. 또한 이 시편은 현대 우리에게도 해당하는

것으로 생각합니다.

본문이 우리에게 가르치는 말씀은 "다윗은 다급히 추격을 받으며, 생명이 무시무시한 구덩이에 빠져서도 하나님을 믿는 자기의 절대적인 신앙을 확인하고 오히려 주의 영광이 세계 위에 높아지기를 원했다."는 것입니다.

I. 다윗이 환란을 당해 기도하였습니다

[1] "하나님이여 내게 은혜를 베푸소서 내게 은혜를 베푸소서 내 영혼이 주께로 피하되 주의 날개 그늘 아래에서 이 재앙들이 지나기까지 피하리이다"

이 다윗의 기도는 나의 기도입니다. 전능하신 하나님 나를 불쌍히 여기시옵소서. 내가 죽게 되었나이다. 나를 살려주옵소서. 나는 기도했습니다.

생명의 위기 앞에서 드린 필사적 기도는 시편 34편에서 이미 적었습니다.

〈소 외양간 밑의 기도문〉 시편의 기도로 하나님께 나아가십시오.

시편 1권 350~352 페이지 참조

[1] "하나님이여 내게 은혜를 베푸소서 내게 은혜를 베푸소서 내 영혼이 주께로 피하되 주의 날개 그늘 아래에서 이 재앙들이 지나기까지 피하리이다"

우리는 주님의 날개 밑에서 보호를 받고 있어도 영적 맹인이라 볼 수 있습니다. 우리 주님은 말씀 하셨습니다.

> (마 23:37) "예루살렘아 예루살렘아 선지자들을 죽이고 네게 파송
> 된 자들을 돌로 치는 자여 암탉이 그 새끼를 날개 아래에 모음 같
> 이 내가 네 자녀를 모으려 한 일이 몇 번이더냐 그러나 너희가 원
> 하지 아니하였도다"

이스라엘 사람들은 주님의 날개 아래에 보호 받기를 원하지 아니하였습니다. 여러분들은 원하십니까? 원하시면 주님의 음성을 들읍시다.

> (요 14:15) "너희가 나를 사랑하면 나의 계명을 지키리라"

II. 자기를 도와주실 하나님을 믿었습니다

> [3] "그가 하늘에서 보내사 나를 삼키려는 자의 비방에서 나를 구
> 원하실지라 (셀라) 하나님이 그의 인자와 진리를 보내시리로다"

예수님께서 재림하실 때는 실제로 이 일이 이루어집니다. 그는 권능과 영광으로 오시는데 그때 성도들은 말합니다.

> (사 25:9) "그 날에 말하기를 이는 우리의 하나님이시라 우리가
> 그를 기다렸으니 우리는 그의 구원을 기뻐하며 즐거워하리라 할
> 것이며"

[4] "내 영혼이 사자들 가운데에서 살며 내가 불사르는 자들 중에 누웠으니 곧 사람의 아들들 중에라 그들의 이는 창과 화살이요 그들의 혀는 날카로운 칼 같도다"

사탄은 세상을 두루 다니며 삼킬 자를 찾습니다.

(벧전 5:8) "근신하라 깨어라 너희 대적 마귀가 우는 사자 같이 두루 다니며 삼킬 자를 찾나니"

기억하십시오. 이 시는 믹담 시입니다. 이 교육은 영원한 진리를 가르쳐 주는 것입니다.

III. 자기의 믿음을 확인 하였습니다

[7] "하나님이여 내 마음이 확정되었고 내 마음이 확정되었사오니 내가 노래하고 내가 찬송하리이다"

우리는 일상생활에서 우리의 신앙을 확인해야 합니다. 우리는 특별히 죽을 자리에 들어갈 때 우리의 믿음을 확정해야 합니다. 죽을 때 주 안에서 죽어야 합니다. 그러면 죽을 때에도 감사 찬송을 하나님께 올릴 수 있습니다.

내 마음이 예수님에게 확정되어 있는지 지금도 확인하여 봅시다.

결론

[8] "내 영광아 깰지어다 비파야, 수금아, 깰지어다 내가 새벽을
깨우리로다"

"내 영혼아 깰지어다" 얼마나 즐겁습니까. 죄의 밤은 지나가고, 고통도
다 지나갔습니다. 사탄의 지배는 끝났습니다. 새벽이 되었습니다. 의의
해는 떠올랐습니다. 우리는 주님의 날개 아래서 보호 받고 항상 쉴 수 있
습니다. 이것이 하나님의 약속입니다. 그래서 다윗은 다급히 추격을 받으
며 생명이 무시무시한 구덩이에 빠져서도 하나님을 믿는 자기의 절대적
인 신앙을 확인하고 주의 영광이 세계 위에 높아지기를 원했습니다.

Goal 그러므로 우리는 근심 걱정이 있을 때 주님의 날개 아래에서
떠나지 말고 보호 받으시는 성도들이 되시기를 축복합니다.

시편 58편

말 못하는 성도들

[다윗의 믹담 시, 인도자를 따라 알다스헷에 맞춘 노래]

[1] 통치자들아 너희가 정의를 말해야 하거늘 어찌 잠잠하냐 인자들아 너희가 올바르게 판결해야 하거늘 어찌 잠잠하냐

[2] 아직도 너희가 중심에 악을 행하며 땅에서 너희 손으로 폭력을 달아 주는도다

[3] 악인은 모태에서부터 멀어졌음이여 나면서부터 곁길로 나아가 거짓을 말하는도다

[4] 그들의 독은 뱀의 독 같으며 그들은 귀를 막은 귀머거리 독사 같으니

[5] 술사의 홀리는 소리도 듣지 않고 능숙한 술객의 요술도 따르지 아니하는 독사로다

[6] 하나님이여 그들의 입에서 이를 꺾으소서 여호와여 젊은 사자의 어금니를 꺾어 내시며

[7] 그들이 급히 흐르는 물 같이 사라지게 하시며 겨누는 화살이 꺾임 같게 하시며

[8] 소멸하여 가는 달팽이 같게 하시며 만삭 되지 못하여 출생한 아이가 햇빛을 보지 못함 같게 하소서

[9] 가시나무 불이 가마를 뜨겁게 하기 전에 생나무든지 불 붙는 나무든지 강한 바람으로 휩쓸려가게 하소서

[10] 의인이 악인의 보복 당함을 보고 기뻐함이여 그의 발을 악인의 피에 씻으리로다

[11] 그 때에 사람의 말이 진실로 의인에게 갚음이 있고 진실로 땅에서 심
판하시는 하나님이 계시다 하리로다

Theme: 악을 보고도 책망 못하는 교역자들이나 성도들을
하나님은 책망하신다.

서론

이 시편은 다른 믹담 시입니다. [다윗의 믹담 시, 영장으로 알다스헷에
맞춘 노래] 이것은 실제적으로 겪은 것이며, 또 이것은 멸망시키지 마소
서 "Destroy not"이라는 의미입니다. 이것은 질문으로 시작합니다. 누가
질문을 합니까? 다윗의 펜을 이용하여 하나님이 말씀하십니다.

본문 말씀이 우리에게 가르치시는 말씀은 "악을 보고도 책망하지 못하
는 교역자들이나 성도들을 하나님은 책망하신다."는 것입니다.

I. 악을 보고도 말하지 않는 성도들을 책망하는 것입니다

[1] "통치자들아 너희가 정의를 말해야 하거늘 어찌 잠잠하냐 – 인
자들아 너희가 올바르게 판결해야 하거늘 어찌 잠잠하냐"

너희 통치자들아 어찌 말하지 않느냐? 너희 판사들아 왜 말하지 않느
냐? 너희 정직한 자들의 자녀들 판사들아 어찌 말하지 아니하느냐?

그 날이 오리라. 주님이 오시는 날에는 판사들에게 이야기하게 하리라. 하나님이 말씀 하십니다. 의인들아 왜 조용하냐? 판사들아 왜 말이 없느냐? 저들은 이 질문에 대답해야 합니다.

이것은 저주의 시편입니다. 다윗의 주위에는 원수가 가득합니다.

> [3] "악인은 모태에서부터 멀어졌음이여 나면서부터 곁길로 나아가 거짓을 말하는도다"
>
> [4] "그들의 독은 뱀의 독 같으며 그들은 귀를 막은 귀머거리 독사 같으니"
>
> [5] "술사의 홀리는 소리도 듣지 않고 능숙한 술객의 요술도 따르지 아니하는 독사로다"
>
> [6] "하나님이여 그들의 입에서 이를 꺾으소서 여호와여 젊은 사자의 어금니를 꺾어 내시며"

다윗은 이 시편에서 원수의 멸망을 위해 6번 기도했습니다.

1) [6] "하나님이여 그들의 입에서 이를 꺾으소서 여호와여 젊은 사자의 어금니를 꺾어 내시며"

우리는 그의 원수는 젊은 사자와 같은 것을 압니다. 사람들이 우리 성도들은 이런 기도를 할 수 없다고 합니다. 나는 하나님께 이렇게 기도합니다.

"나의 주여 나의 원수를 없애주시고 사탄을 멸해 주시옵소서. 그들은 우는 사자와 같이 나에게 달려드오니 그들의 이를 꺾으소서. 나는 그들이 하나님을 믿는 사람이 아님을 압니다." 다윗은 그 원수들을 심판해 달라고 기도합니다.

[7] "그들이 급히 흐르는 물 같이 사라지게 하시며 겨누는 화살이
꺾임 같게 하시며"

2) 악한 자는 장마 물이 모두 쓸어가듯 없어지게 하여달라고 기도합
니다.

3) "겨누는 화살이 꺾임 같게 하시며" 나를 겨누는 화살이 꺾어지게 하옵소
서. 사탄이 누구를 쏘려고 겨누겠습니까? 성도들입니다.

[8] "소멸하여 가는 달팽이 같게 하시며 만삭 되지 못하여 출생한
아이가 햇빛을 보지 못함 같게 하소서"

4) "소멸하여 가는 달팽이 같게 하시며"—달팽이 중에 해가 나면 스르르 녹
아 없어지는 달팽이가 있습니다. 영어로는 slime worm이라고 합니다.
아무 힘없는 달팽이는 해만 나면 없어집니다.

5) "만삭되지 못하여 출생한 아이가 햇빛을 보지 못함 같게 하소서"—조산아는
주의 깊이 길러야 합니다. 어렸을 때 제대로 기르지 못하면 맹인 되기 쉽
습니다. 옛날에는 조산아가 많이 맹인이 되었습니다.

[9] "가시나무 불이 가마를 뜨겁게 하기 전에 생나무든지 불 붙는
나무든지 강한 바람으로 휩쓸려가게 하소서"

6) 불 붙는 가시덤불 위에 생나무를 올려놓으면 불이 더 잘 붙을 것입

니다.

그러나 불이 붙기 전에 강한 바람으로 날려버리면 가마를 덥게 할 수가 없다는 것입니다. 이것은 다윗이 가마가 끓기 전에 처치해 달라고 기도하는 것입니다

II. 개는 도적이 오면 짖어야 합니다

성경은 벙어리 개라고 말 못하는 주의 종들을 책망 하였습니다. 주의 종뿐 아니라 우리 하나님의 백성들은 악은 악이라고 해야 합니다.

주의 종을 세울 때는 죄를 지적하라고 세웠습니다. 그러나 죄를 보고도 죄라고 하지 못하는 주의 종을 가르쳐 벙어리 개라고 했습니다. 왜 개가 안 짖습니까? 도적이 와서 짖지 못하게 고기 한 덩어리를 주어서 고기 먹느라고 짖지 않습니다. 먹고 나서는 배도 부르지만 자기에게 맛있는 고기를 준 사람보고 짖겠습니까? 안 짖습니다. 주의 종이 개가 짖듯 악을

보면 지적하고 잘못을 깨우쳐 줘야 하는데 왜 못하는가? 개가 도적에게 고기 한 덩어리를 얻어먹은 것처럼 얻어먹은 것이 있기 때문입니다. 무엇을 얻어먹었습니까? 명예에 끓은 교역자들입니다. 대통령이 나온다. 무엇이 나온다 하면 중하고 같이 염불도 하고 기도도 하고, 꼴이 아닙니다. 우리 주님이 기뻐하시겠습니까?

> (고후 6:14-18) "너희는 믿지 않는 자와 멍에를 함께 메지 말라 의와 불법이 어찌 함께 하며 빛과 어두움이 어찌 사귀며 그리스도와 벨리알이 어찌 조화되며 믿는 자와 믿지 않는 자가 어찌 상관하며 하나님의 성전과 우상이 어찌 일치가 되리요 우리는 살아계신 하나님의 성전이라 이와 같이 하나님께서 이르시되 내가 그들 가운데 거하며 두루 행하여 나는 그들의 하나님이 되고 그들은 나의 백성이 되리라 그러므로 너희는 그들 중에서 나와서 따로 있고 부정한 것을 만지지 말라 내가 너희를 영접하여 너희에게 아버지가 되고 너희는 내게 자녀가 되리라 전능하신 주의 말씀이니라 하셨느니라"

우리는 이단이나 우상 숭배하는 자나 믿지 않는 자들과 예배를 같이 드릴 수 없습니다.

결론

제가 6·25 한국 전쟁 때 스파이 부대를 총 지휘하던 연정 장로님에게서 들은 말입니다. 공산당이 제일 포섭하기 쉬운 사람이 목사요, 다음은 의사요, 다음은 대학교수라고 합니다. 악한 일에 참여 하는 자나, 악을 보고도 책망 못하는 교역자들이나 성도들을 하나님은 책망하십니다.

(살전 5:22) "악은 어떤 모양이라도 버리라"고 했습니다.

Goal 그러므로 우리는 말을 해야 할 때 벙어리 개가 되지 말고 할 말을 해야 하고 바른편에 서서, 믿음의 용사들이 되시기를 기도합니다.

시편 59편

성도를 보호 하시는 하나님

**[다윗의 믹담 시, 인도자를 따라 알다스헷에 맞춘 노래,
사울이 사람을 보내어 다윗을 죽이려고 그 집을 지킨 때에]**

[1] 나의 하나님이여 나의 원수에게서 나를 건지시고 일어나 치려는 자에게서 나를 높이 드소서

[2] 악을 행하는 자에게서 나를 건지시고 피 흘리기를 즐기는 자에게서 나를 구원하소서

[3] 그들이 나의 생명을 해하려고 엎드려 기다리고 강한 자들이 모여 나를 치려 하오니 여호와여 이는 나의 잘못으로 말미암음이 아니요 나의 죄로 말미암음도 아니로소이다

[4] 내가 허물이 없으나 그들이 달려와서 스스로 준비하오니 주여 나를 도우시기 위하여 깨어 살펴 주소서

[5] 주님은 만군의 하나님 여호와, 이스라엘의 하나님이시오니 일어나 모든 나라들을 벌하소서 악을 행하는 모든 자들에게 은혜를 베풀지 마소서 (셀라)

[6] 그들이 저물어 돌아와서 개처럼 울며 성으로 두루 다니고

[7] 그들의 입으로는 악을 토하며 그들의 입술에는 칼이 있어 이르기를 누가 들으리요 하나이다

[8] 여호와여 주께서 그들을 비웃으시며 모든 나라들을 조롱하시리이다

[9] 하나님은 나의 요새이시니 그의 힘으로 말미암아 내가 주를 바라리이다

[10] 나의 하나님이 그의 인자하심으로 나를 영접하시며 하나님이 나의 원

수가 보응 받는 것을 내가 보게 하시리이다

[11] 그들을 죽이지 마옵소서 나의 백성이 잊을까 하나이다 우리 방패 되신
      주여 주의 능력으로 그들을 흩으시고 낮추소서

[12] 그들의 입술의 말은 곧 그들의 입의 죄라 그들이 말하는 저주와 거짓
      말로 말미암아 그들이 그 교만한 중에서 사로잡히게 하소서

[13] 진노하심으로 소멸하시되 없어지기까지 소멸하사 하나님이 야곱 중에
      서 다스리심을 땅 끝까지 알게 하소서 (셀라)

[14] 그들에게 저물어 돌아와서 개처럼 울며 성으로 두루 다니게 하소서

[15] 그들은 먹을 것을 찾아 유리하다가 배부름을 얻지 못하면 밤을 새우려
      니와

[16] 나는 주의 힘을 노래하며 아침에 주의 인자하심을 높이 부르오리니 주
      는 나의 요새이시며 나의 환난 날에 피난처심이니이다

[17] 나의 힘이시여 내가 주께 찬송하오리니 하나님은 나의 요새이시며 나
      를 긍휼히 여기시는 하나님이심이니이다

Theme: 다윗이 자신을 죽이라는 명령을 받은 사울의 군인들에게 포위되
었을 때 하나님께 자기를 구원해 달라고 기도합니다. 그리하시
면 주를 찬양하는 찬송을 부르겠다고 합니다.

서론

시편 59편도 믹담 시로, 앞에 나온 두 시편과 연관된 것입니다. 이것도
알다스헷(destroy not)이며 사울이 사람을 보내어 다윗을 죽이려 할 때 지
은 것입니다. 또한 앞으로 성도들이 환난 당할 때, 원수에게서 고난을 당
할 때 일을 예언 한 것입니다. 이 모든 배경은 사무엘상 19장에 있습니다.

(삼상 19:1-24) "[1] 사울이 그 아들 요나단과 그 모든 신하에게 다윗을 죽이라 말하였더니 사울의 아들 요나단이 다윗을 심히 좋아하므로

[2] 그가 다윗에게 말하여 이르되 내 아버지 사울이 너를 죽이기를 꾀하시느니라 그러므로 이제 청하노니 아침에 조심하여 은밀한 곳에 숨어 있으라

[3] 내가 나가서 네가 있는 들에서 내 아버지 곁에 서서 네 일을 내 아버지와 말하다가 무엇을 보면 네게 알려 주리라 하고

[4] 요나단이 그 아버지 사울에게 다윗을 칭찬하여 이르되 원하건대 왕은 신하 다윗에게 범죄하지 마옵소서 그는 왕께 득죄하지 아니하였고 그가 왕께 행한 일은 심히 선함이니이다

[5] 그가 자기 생명을 아끼지 아니하고 블레셋 사람을 죽였고 여호와께서는 온 이스라엘을 위하여 큰 구원을 이루셨으므로 왕이 이를 보고 기뻐하셨거늘 어찌 까닭 없이 다윗을 죽여 무죄한 피를 흘려 범죄하려 하시나이까

[6] 사울이 요나단의 말을 듣고 맹세하되 여호와께서 살아 계심을 두고 맹세하거니와 그가 죽임을 당하지 아니하리라

[7] 요나단이 다윗을 불러 그 모든 일을 그에게 알리고 요나단이 그를 사울에게로 인도하니 그가 사울 앞에 전과 같이 있었더라

[8] 전쟁이 다시 있으므로 다윗이 나가서 블레셋 사람들과 싸워 그들을 크게 쳐죽이매 그들이 그 앞에서 도망하니라

[9] 사울이 손에 단창을 가지고 그의 집에 앉았을 때에 여호와께서 부리시는 악령이 사울에게 접하였으므로 다윗이 손으로 수금을 탈 때에

[10] 사울이 단창으로 다윗을 벽에 박으려 하였으나 그는 사울의 앞을 피하고 사울의 창은 벽에 박힌지라 다윗이 그 밤에 도피하매

[11] 사울이 전령들을 다윗의 집에 보내어 그를 지키다가 아침에 그를 죽이게 하려 한지라 다윗의 아내 미갈이 다윗에게 말하여 이르되 당신이 이 밤에 당신의 생명을 구하지 아니하면 내일에는 죽임을 당하리라 하고

[12] 미갈이 다윗을 창에서 달아 내리매 그가 피하여 도망하니라

[13] 미갈이 우상을 가져다가 침상에 누이고 염소 털로 엮은 것을 그 머리에 씌우고 의복으로 그것을 덮었더니

[14] 사울이 전령들을 보내어 다윗을 잡으려 하매 미갈이 이르되 그가 병들었느니라

[15] 사울이 또 전령들을 보내어 다윗을 보라 하며 이르되 그를 침상채 내게로 들고 오라 내가 그를 죽이리라

[16] 전령들이 들어가 본즉 침상에는 우상이 있고 염소털로 엮은 것이 그 머리에 있었더라

[17] 사울이 미갈에게 이르되 너는 어찌하여 이처럼 나를 속여 내 대적을 놓아 피하게 하였느냐 미갈이 사울에게 대답하되 그가 내게 이르기를 나를 놓아 가게 하라 어찌하여 나로 너를 죽이게 하

겠느냐 하더이다 하니라

[18] 다윗이 도피하여 라마로 가서 사무엘에게로 나아가서 사울이 자기에게 행한 일을 다 전하였고 다윗과 사무엘이 나욧으로 가서 살았더라

[19] 어떤 사람이 사울에게 전하여 이르되 다윗이 라마 나욧에 있더이다 하매

[20] 사울이 다윗을 잡으러 전령들을 보냈더니 그들이 선지자 무리가 예언하는 것과 사무엘이 그들의 수령으로 선 것을 볼 때에 하나님의 영이 사울의 전령들에게 임하매 그들도 예언을 한지라

[21] 어떤 사람이 그것을 사울에게 알리매 사울이 다른 전령들을 보냈더니 그들도 예언을 했으므로 사울이 세 번째 다시 전령들을 보냈더니 그들도 예언을 한지라

[22] 이에 사울도 라마로 가서 세구에 있는 큰 우물에 도착하여 물어 이르되 사무엘과 다윗이 어디 있느냐 어떤 사람이 이르되 라마 나욧에 있나이다

[23] 사울이 라마 나욧으로 가니라 하나님의 영이 그에게도 임하시니 그가 라마 나욧에 이르기까지 걸어가며 예언을 하였으며

[24] 그가 또 그의 옷을 벗고 사무엘 앞에서 예언을 하며 하루 밤낮을 벗은 몸으로 누웠더라 그러므로 속담에 이르기를 사울도 선지자 중에 있느냐 하니라"

I. 이것은 다윗의 특별한 시로서 그의 믿음과 보호를 먼저 말한 것입니다

[1] [다윗의 믹담 시, 인도자를 따라 알다스헷에 맞춘 노래, 사울이 사람을 보내어 다윗을 죽이려고 그 집을 지킨 때에]
"나의 하나님이여 나의 원수에게서 나를 건지시고 일어나 치려는 자에게서 나를 높이 드소서

[2] 악을 행하는 자에게서 나를 건지시고 피 흘리기를 즐기는 자에게서 나를 구원하소서

[3] 그들이 나의 생명을 해하려고 엎드려 기다리고 강한 자들이 모여 나를 치려하오니 여호와여 이는 나의 잘못으로 말미암음이 아니요 나의 죄로 말미암음도 아니로소이다"

하나님의 백성은 종종 잘못이 없어도 미움을 받거나 욕을 먹거나 손해를 보기도 합니다. 나에게도 억울한 일이 있을 때 하나님께서 살펴주시기를 기도합시다.

II. 믿는 성도는 환난 날이나, 예수 그리스도께서 다시 오실 때 구원하십니다

[13] 진노하심으로 소멸하시되 없어지기까지 소멸하사 하나님이 야곱 중에서 다스리심을 땅 끝까지 알게 하소서 (셀라)

다윗은 자기를 공격하는 사울의 군대에 대하여 개인적인 복수를 위해 기도하지 않습니다. 그 대신 땅 끝까지 다스리시는 하나님의 능력이 알려지기를 소원합니다.

억울한 일을 당할 때 개인적인 감정을 드러내지 않고 하나님의 공의의 통치를 믿고 하나님의 영광이 드러나기를 기도해야 합니다.

[16] 나는 주의 힘을 노래하며 아침에 주의 인자하심을 높이 부르오리니 주는 나의 요새이시며 나의 환난 날에 피난처심이니이다

[17] 나의 힘이시여 내가 주께 찬송하오리니 하나님은 나의 요새이시며 나를 긍휼히 여기시는 하나님이심이니이다

삶이 순조로울 때는 하나님을 찬양하기가 쉽습니다. 그러나 어려울 때는 하나님을 찬양하는 대신 불평과 원망이 나오기 쉽습니다. 이럴 때도 성숙한 신앙인이라면 하나님의 긍휼하심을 바라보며, 어려운 형편 속에서도 결국은 승리하게 하시는 하나님을 믿고 찬양할 수 있습니다. 힘든 경우를 만났을 때 다윗처럼 하나님을 찬양할 수 있습니까? 나는 이른 아침에 무엇을 합니까?(16절)

하나님은 절대로 자기편에 있는 사람을 절대로 버리시지 아니하십니다.

결론

다윗은 사울이 죽이려고 따라다닐 때 포위된 데서도 사울의 아들을 통

해서도 구원 받았습니다. 또 죽이려고 온 사람들에게 성령을 부어 주셔서 죽이려던 사람들이 오히려 다윗을 돕게 하시고 나중에는 사울까지 예언을 하게 하셨습니다. 참으로 하나님은 하나님을 공경하는 하나님의 백성을 사람들이 생각할 수 없는 방법으로 구원 하시고 도우십니다. 하나님은 자기의 백성이 구원을 청하는 기도를 하면 반드시 들어주십니다. 다윗을 죽이라는 명령을 받은 군인들에게 포위되었을 때 다윗은 하나님께 자기를 구원해 달라고 기도하면서 그리하시면 주를 찬양하는 찬송을 부르겠다고 하였더니 이처럼 이적으로 구원해 주셨습니다.

Goal 다윗은 자기를 공격하는 사울의 군대에 대하여 개인적인 복수심을 갖고 기도하는 대신 하나님의 다스림이 땅 끝까지 알려지기를 소원하는 기도를 드렸습니다.

억울한 일을 당할 때 개인적인 감정을 내세우지 않고 하나님의 공의의 통치를 믿고, 하나님의 영광이 드러나도록 기도해 보았습니까?

시편 60편

실패를 승리로 바꾸어 주시는 하나님

[다윗이 교훈하기 위하여 지은 믹담, 인도자를 따라 수산에둣에 맞춘 노래, 다윗이 아람 나하라임과 아람 소바와 싸우는 중에 요압이 돌아와 에돔을 소금 골짜기에서 쳐서 만 이천 명을 죽인 때에]

[1] 하나님이여 주께서 우리를 버려 흩으셨고 분노하셨사오나 지금은 우리를 회복시키소서

[2] 주께서 땅을 진동시키사 갈라지게 하셨사오니 그 틈을 기우소서 땅이 흔들림이니이다

[3] 주께서 주의 백성에게 어려움을 보이시고 비틀거리게 하는 포도주를 우리에게 마시게 하셨나이다

[4] 주를 경외하는 자에게 깃발을 주시고 진리를 위하여 달게 하셨나이다 (셀라)

[5] 주께서 사랑하시는 자를 건지시기 위하여 주의 오른손으로 구원하시고 응답하소서

[6] 하나님이 그의 거룩하심으로 말씀하시되 내가 뛰놀리라 내가 세겜을 나누며 숙곳 골짜기를 측량하리라

[7] 길르앗이 내 것이요 므낫세도 내 것이며 에브라임은 내 머리의 투구요 유다는 나의 규이며

[8] 모압은 나의 목욕통이라 에돔에는 나의 신발을 던지리라 블레셋아 나로 말미암아 외치라 하셨도다

[9] 누가 나를 이끌어 견고한 성에 들이며 누가 나를 에돔에 인도할까

[10] 하나님이여 주께서 우리를 버리지 아니하셨나이까 하나님이여 주께서
      우리 군대와 함께 나아가지 아니하시나이다
[11] 우리를 도와 대적을 치게 하소서 사람의 구원은 헛됨이니이다
[12] 우리가 하나님을 의지하고 용감하게 행하리니 그는 우리의 대적을 밟
      으실 이심이로다

Theme: 하나님은 일시적으로 우리의 실패를 버려두시지만 어려움을 당
하여 간구하면 반드시 도우십니다.

서론

시편 60편은 마지막 믹담 시입니다. 교훈을 위하여 지은 믹담이라고
밝힌 유일한 작품입니다. 다윗이 고난 중에서 특별히 나라의 위기를 극복
한 내용입니다. 본문 5~12절은 108:6~13절에서 다시 인용되고 있습니다.

다윗은 전쟁에서 승승장구의 기록을 보여줍니다. "다윗이 어디로 가든
지 여호와께서 이기게 하시니라." (삼하 8:6, 14 대상 18:13) 그러나 이렇
게 3번이나 승리를 강조한 그 이면에는 다윗의 뼈아픈 패배가 있습니다.
다윗의 패배를 승리로 바꾸시는 분은 오직 여호와이심을 고백합니다.
(60:11 사람의 구원은 헛됨이니이다)

본문의 배경은 삼하8장과 대상 18장입니다. 삼하 5장에서는 하나님께
일일이 여쭈며 진행하던 다윗이었습니다.(삼하5:19, 23) 그러나 삼하 8장
의 모압과 암몬 전쟁에서는 여호와께 묻지 않습니다. 그들과의 전쟁은 정
당하지 않습니다.(신2:9,19) 다윗이 북쪽의 소바 왕 하닷에셀과 전쟁 중에
남쪽의 에돔족은 이스라엘의 남부를 공격하여 다윗의 군대는 회한의 일

격을 당하였습니다. 다윗은 그것을 하나님의 진노로 순순히 받아들입니다.(60:1~3)

그러나 패배한 다윗의 겸손한 기도는(5절 오직 하나님의 사랑만이, 11,12절) 마침내 모압, 블레셋, 에돔, 즉 이스라엘 국경의 동,서 남쪽의 적군을 영원히 정복하게 됩니다.(60:8~9)

본문은 또한 대 환란이 지난 후 하나님은 이스라엘의 남은 자를 구원하실 것을 예언하는 말씀이기도 합니다. 이스라엘의 원수를 치는 전쟁 초에 다윗의 통치가 내적으로는 견고하고 외적으로는 두려워하는 것이 되게 하겠다 하신 하나님의 약속을 믿는 자기의 믿음을 표현합니다.(삼하 7:11, 대상17:10, 시89:20~38 참조)

I. 다윗의 실패와 백성들의 동요 (1~3)

[1] "하나님이여 주께서 우리를 버려 흩으셨고 분노하셨사오나 지금은 우리를 회복시키소서"

[2] "주께서 땅을 진동시키사 갈라지게 하셨사오니 그 틈을 기우소서 땅이 흔들림이니이다"

[3] "주께서 주의 백성에게 어려움을 보이시고 비틀거리게 하는 포도주를 우리에게 마시게 하셨나이다"

"우리를 버려 흩으셨고 분노하셨사오나" 전쟁의 패배로 다윗은 당황하고 있습니다.

"땅을 진동시키사" "비틀거리게 하는 포도주" 마치 대지진을 당한 것과 같습니다. 백성들의 동요가 진노의 포도주를 마심과 같습니다.(75:8 사51:17 렘25:15~16 겔23:31~34 슥12:2)

전쟁과 실패의 현장에서는 낙심과 절망이 아니라 용기와 소망의 기도가 필요합니다. 소망의 기도를 위한 출발점은 어디입니까?

II. 패배와 절망에서 어떻게 벗어날 수 있는가 (4)

[4] "주를 경외하는 자에게 깃발을 주시고 진리를 위하여 달게 하셨나이다"

"주를 경외하는 자에게" 열방과 구별되는 이스라엘의 특별한 신분은 다음 5절의 "사랑하시는 자"와 함께 하나님의 약속을 기억하며 그 사랑에 호소하는 기도를 드리는 용기와 소망을 가지게 합니다. (신 7:6~8)

"진리의 깃발" 고난의 위기에서 기도할 때 성도는 진리의 깃발을 쳐다볼 수 있어야 합니다. 시인이 말하는 진리는 관념적이고 철학적인 진리가 아닙니다. 광야에서 아말렉과 싸울 때 두 손을 들고 기도하던 모세의 손과 같이 혹은 불뱀에 물려 죽어가던 백성들이 장대 위에 달린 구리뱀을 쳐다보며 구원을 얻던 구체적인 능력의 진리입니다. 그 진리를 깃발처럼 모든 사람이 볼 수 있도록 높이 세워야합니다.

III. 기도의 응답은 어떻게 오는가 (5~12)

본문 5~12절은 108:6~13에서 다시 인용됩니다. 하나님은 그 사랑하시는 자의 실패를 영원히 내버려두시지 않습니다. 남은 자를 회복시키시되 풍성하게 부어주시는 분이십니다.

다윗의 패배와 실패에서 분명히 배우는 것은 자신의 힘은 믿을 것이 못 된다는 것입니다. 오직 하나님만 의지하는 것을 배우라는 것이 본문의 교훈입니다.

[5] "주께서 사랑하시는 자를 건지시기 위하여 주의 오른손으로 구원하시고 응답하소서"

진리의 깃발을 쳐다보는 백성들은 불평과 동요를 멈추고 기도의 자리로 나아올 수 있습니다.

[6] "하나님이 그의 거룩하심으로 말씀하시되 내가 뛰놀리라 내가 세겜을 나누며 숙곳 골짜기를 측량하리라"

땅을 나누며 측량하는 것은 정복지의 땅을 분배하는 모습입니다.

[8] "모압은 나의 목욕통이라 에돔에는 나의 신발을 던지리라"

모압은 여호와께서 그의 발을 씻는 가정용품의 그릇 정도로 축소됐습니다. 신발을 던지는 것은 땅의 소유권을 주장하는 전통적이며 상징적인 행동을 의미합니다.(룻 4:7~8)

어떻게 이 일을 이루시는가?

[9] "누가 나를 이끌어 견고한 성에 들이며 누가 나를 에돔에 인도할까"

[10] "하나님이여 주께서 우리를 버리지 아니하셨나이까 하나님이여 주께서 우리 군대와 함께 나아가지 아니하시나이다"

"누가 나를 이끌어 견고한 성에 들이며" 이것이 기도하는 공동체의 질문입니다. 부르짖는 백성에게 응답하시는 하나님의 대답을 보십시오

[11] "우리를 도와 대적을 치게 하소서 사람의 구원은 헛됨이니이다"

[12] "우리가 하나님을 의지하고 용감하게 행하리니 그는 우리의 대적을 밟으실 이심이로다"

"사람의 구원은 헛됨이니이다. 하나님 없이 기도 없이 내 힘으로 행한 일이 실패했을 때 기도하면 하나님이 성도를 구원하십니다. 어느 세대에든지 하나님은 자기 백성을 구하십니다. 비록 그가 범죄하고 죄를 짓지만 하나님은 항상 선을 베푸십니다.

"용감하게 행하리니" 기도는 행동의 반대어가 아닙니다. 기도 없는 행동이 충동을 낳습니다. 행동 없는 기도는 헛된 기도일 뿐입니다. 기도와 행동은 상호 조화와 균형이 필요합니다. 기도가 오히려 진지하고 책임성 있는 행동을 낳습니다. 깊은 기도가 인도된 행동(guided action)으로 나아가 큰 승리를 이룹니다.

이방나라에 대한 다윗의 최종 승리

(대상 19:) [1] "그 후에 암몬 자손의 왕 나하스가 죽고 그의 아들이 대신하여 왕이 되니"

[2] "다윗이 이르되 하눈의 아버지 나하스가 전에 내게 호의를 베풀었으니 이제 내가 그의 아들 하눈에게 호의를 베풀리라 하고 사절들을 보내서 그의 아버지 죽음을 문상하게 하니라 다윗의 신하들이 암몬 자손의 땅에 이르러 하눈에게 나아가 문상하매"

[3] "암몬 자손의 방백들이 하눈에게 말하되 왕은 다윗이 조문사절을 보낸 것이 왕의 부친을 존경함인 줄로 여기시나이까 그의 신하들이 왕에게 나아온 것이 이 땅을 엿보고 정탐하여 전복시키고자 함이 아니니이까 하는지라"

[4] "하눈이 이에 다윗의 신하들을 잡아 그들의 수염을 깎고 그 의복을 볼기 중간까지 자르고 돌려보내매"

[5] "어떤 사람이 다윗에게 가서 그 사람들이 당한 일을 말하니라 그 사람들이 심히 부끄러워하므로 다윗이 그들을 맞으러 보내 왕이 이르기를 너희는 수염이 자라기까지 여리고에 머물다가 돌아오라 하니라"

[6] "암몬 자손이 자기가 다윗에게 밉게 한 줄 안지라 하눈과 암몬 자손은 더불어 은 천 달란트를 아람 나하라임과 아람마아가와 소바에 보내 병거와 마병을 삯 내되"

[7] "곧 병거 삼만 이천 대와 마아가 왕과 그의 군대를 고용하였더니 그들이 와서 메드바 앞에 진 치매 암몬 자손이 그 모든 성읍으로부터 모여 와서 싸우려 한지라"

[8] "다윗이 듣고 요압과 용사의 온 무리를 보내었더니"

[9] "암몬 자손은 나가서 성문 앞에 진을 치고 도우러 온 여러 왕

은 따로 들에 있더라"

[10] "요압이 앞 뒤에 친 적진을 보고 이스라엘에서 뽑은 자 중에
서 또 뽑아 아람 사람을 대하여 진을 치고"

[11] "그 남은 무리는 그의 아우 아비새의 수하에 맡겨 암몬 자손
을 대하여 진을 치게 하고"

[12] "이르되 만일 아람 사람이 나보다 강하면 네가 나를 돕고 만
일 암몬 자손이 너보다 강하면 내가 너를 도우리라"

[13] "너는 힘을 내라 우리가 우리 백성과 우리 하나님의 성읍들을
위하여 힘을 내자 여호와께서 선히 여기시는 대로 행하시기를 원
하노라 하고"

[14] "요압과 그 추종자가 싸우려고 아람 사람 앞에 나아가니 그들
이 그 앞에서 도망하고"

[15] "암몬 자손은 아람 사람이 도망함을 보고 그들도 요압의 아우
아비새 앞에서 도망하여 성읍으로 들어간지라 이에 요압이 예루살
렘으로 돌아오니라"

[16] "아람 사람이 자기가 이스라엘 앞에서 패하였음을 보고 사신
을 보내 강 건너편에 있는 아람 사람을 불러내니 하닷에셀의 군대
사령관 소박이 그들을 거느린지라"

[17] "어떤 사람이 다윗에게 전하매 다윗이 온 이스라엘을 모으고
요단을 건너 아람 사람에게 이르러 그들을 향하여 진을 치니라 다
윗이 아람 사람을 향하여 진을 치매 그들이 다윗과 맞서 싸우더니"

[18] "아람 사람이 이스라엘 앞에서 도망한지라 다윗이 아람 병거 칠천 대의 군사와 보병 사만 명을 죽이고 또 군대 지휘관 소박을 죽이매"

[19] "하닷에셀의 부하들이 자기가 이스라엘 앞에서 패하였음을 보고 다윗과 더불어 화친하여 섬기고 그 후로는 아람 사람이 암몬 자손 돕기를 원하지 아니하였더라"

결론

기도없이 전쟁터에 나갔다가 큰 패배를 당했던 다윗은 겸손한 회개로 다시 회복됩니다.

적이 아무리 병거 3만 2천 대와 많은 군인을 동원해 왔으나 전쟁에 능하신 하나님께 구하매 모든 적을 물리치게 하셨습니다. 다시는 이웃나라들이 이스라엘과 전쟁을 못하도록 막아 주셨습니다. (대상 19:19)

Goal 그러므로 우리는 항상 하나님께 기도할 수 있는 길을 터놓고 어려울 때 기도하여 주님의 도우심을 받기를 축복합니다.

시편61편

품목 부르기 기도

[다윗의 시, 인도자를 따라 현악에 맞춘 노래]

[1] 하나님이여 나의 부르짖음을 들으시며 내 기도에 유의하소서

[2] 내 마음이 약해 질 때에 땅 끝에서부터 주께 부르짖으오리니 나보다 높은 바위에 나를 인도하소서

[3] 주는 나의 피난처시요 원수를 피하는 견고한 망대이심이니이다

[4] 내가 영원히 주의 장막에 머물며 내가 주의 날개 아래로 피하리이다 (셀라)

[5] 주 하나님이여 주께서 나의 서원을 들으시고 주의 이름을 경외하는 자가 얻을 기업을 내게 주셨나이다

[6] 주께서 왕에게 장수하게 하사 그의 나이가 여러 대에 미치게 하시리이다

[7] 그가 영원히 하나님 앞에서 거주하리니 인자와 진리를 예비하사 그를 보호하소서

[8] 그리하시면 내가 주의 이름을 영원히 찬양하며 매일 나의 서원을 이행하리이다

Theme: 하나님께 주시라고 요구하는 기도를 하려면 먼저 하나님과 약속하고 하나님께서 약속을 지키시는 대로 우리도 지켜야 한다.

서론

시편 61~68편은 경건한 자들의 부르짖음과 서원에 대한 것입니다. 이 여덟 편의 시편을 보면 경건한 사람들이 얼마나 주 안에서 자신 만만한 것을 볼 수 있습니다. 또한 예수 그리스도를 발견 할 것이요. 큰 도움 얻는 것을 볼 것입니다.

61~64편의 공통 주제는 중대하고도 치명적인 상황에서도 하나님의 구원하심에 대한 강한 신뢰를 보여줍니다. 65~68편의 4편은 찬양이라는 주제로 다시 묶여 있습니다.

하나님의 엄위하심은 '모든 땅 끝'의 놀라움을 불러일으키며 '온 땅'을 움직여 이스라엘과 함께 하나님을 찬양하게 한다는 인식이 깔려 있습니다.

61편은 [다윗의 시, 인도자를 따라 현악에 맞춘 노래]라고 하였는데 아마도 그 곡이 슬픈 곡인 것을 보아 기타 같은 악기로 생각 됩니다. 이것은 다윗의 심중에서 우러나오는 기도입니다. 이 기도는 현대 교회에서 틀에 박힌 식의 기도와는 다릅니다. 말하자면 요사이 기도는 마켓에 가서 무엇이 필요한지 필요한 것을 주워 담는 것처럼 뭐, 뭐,뭐 필요합니다 하고 불러댑니다. 우리가 그런 식의 기도는 좀 고쳐야 되겠습니다.

우리는 기계적으로 불러대는 기도는 조심하고 참으로 우리 속 심령에서 우러나오는 기도를 하면 좋겠습니다. 우리는 참으로 속 심령으로 진실되게 하는 기도를 들어보기 어렵습니다. 다윗의 기도 같은 기도 말씀입니다.

여기에 하나님과 관계하여 "날개"라는 말이 나옵니다. 예수 그리스도도 "날개"에 대하여 말씀하셨습니다. (마 23:37) (눅 13:34)

『예루살렘아 예루살렘아 선지자들을 죽이고 네게 파송된 자들을 돌로 치는 자여 암탉이 그 새끼를 날개 아래 모음 같이 내가 네 자녀를 모으려 한 일이 몇 번이냐 그러나 너희가 원하지 아니 하였도다』

본문이 우리에게 가르치는 것은 "하나님께 달라고 기도하려면 하나님과 약속하고 하나님이 약속을 지키시는 대로 우리도 지켜야한다."는 것입니다.

I. 주님께로 가까이 가기를 원합니다

[1] "하나님이여 나의 부르짖음을 들으시며 내 기도에 유의하소서"

[2] "내 마음이 약해 질 때에 땅 끝에서부터 주께 부르짖으오리니 나보다 높은 바위에 나를 인도하소서"

다윗은 "땅 끝에서부터 주께 부르짖으오리니" 하였습니다. 여러분들은 기도할 때 하나님은 하늘 높이 계시고 여러분들은 아주 낮은 땅에 있다는 것을 느껴 보았습니까? 다윗은 기도할 때 자기는 땅 끝에 있고 하나님은 높은데 계심을 느꼈습니다. 그는 하나님께 가까이 가기를 원했습니다. 그래서 그는 "나보다 높은 바위에 나를 인도하소서" 기도했습니다. 하나님께 조금이라도 더 가까이 가고 싶은 심령입니다.

요사이 기도하는 많은 경우 예수 그리스도에 대하여 존경심이 없습니다. 우리를 위해 십자가에 죽으신 예수는 사람으로 오셔서 십자가에서 죽으셨음으로 사람으로만 알고 너무나 쉽게 생각합니다. 하나님의 아들 예수 그리스도는 사람으로 오셨으나 하나님이십니다. 예수님이 바위라 하니까 나와 같은 바위인 줄 오해하고 있습니다. 이 바위는 예수 그리스도 올시다.

> (고전 10:4) "다 같은 신령한 음료를 마셨으니 이는 그들을 따르는 신령한 반석으로부터 마셨으매 그 반석은 곧 그리스도시라"

나보다 높은 바위십니다. "나보다 높은 바위에 나를 인도하소서"

II. 주 안에 있기를 원합니다

> [3] "주는 나의 피난처시요 원수를 피하는 견고한 망대이심이니이다"

얼마나 안도감을 주는 하나님의 말씀입니까. 그는 우리를 우리의 원수에게서 막아 주시는 강한 망대이십니다.

> [4] "내가 영원히 주의 장막에 머물며 내가 주의 날개 아래로 피하리이다 (셀라)"—다시 한번 "날개"라는 말이 하나님과 관계되어 나옵니다.

> (눅 13:34) "예루살렘아 예루살렘아 선지자들을 죽이고 네게 파송된 자들을 돌로 치는 자여 암탉이 제 새끼를 날개 아래에 모음 같이 내가 너희의 자녀를 모으려 한 일이 몇 번이냐 그러나 너희가 원하지 아니하였도다"

하나님께 과거에 무엇이나 약속한 것이 있습니까? 나는 약속하였습니다.

다윗은 하나님께 약속한 것이 있습니다. 그래서 하나님께 당당하게 요구합니다. 여러분은 하나님과 약속한 것이 있습니까? 내가 하나님을 위하여 하겠다고 약속한 것이 있느냐 말입니다. 그런 것이 있어야 우리도 하나님께 주십시오라고 하지요. 여러분들 약속 안했으면 이제 약속하세요.

나는 예수님만 증거 하겠다고 약속했습니다.
나는 순종하겠다고 약속했습니다.
나는 예배 잘 드리겠다고 약속했습니다.

많은 것을 약속했습니다. 그러나 약속을 제대로 지키지 못하여 용서해 달라고 기도합니다.
여러분도 약속하세요. 내가 하겠다고 약속하고야 달라고 담대하게 요구하지요.

우리 하나님은 우리에게 예수님을 보내주시고 우리의 죄를 다 용서 하신다고 약속하시고 믿고 구하면 다 주시겠다고 약속하셨습니다. 나는 약속 없이 너만 해야 한다는 법은 없습니다. 다윗은 약속하고 맹세하고 하나님께 달라고 당당히 요구합니다.

III. 인자와 진리로 장수하게 하소서

[6] "주께서 왕으로 장수하게 하사 그의 나이가 여러 대에 미치게
하시리이다"

[7] "그가 영원히 하나님 앞에서 거주하리니 인자와 진리를 예비
하사 그를 보호하소서"

다윗은 하나님의 자비를 다시금 기도합니다. 우리가 기도할 때 우리
하나님을 우리의 위치로 끌어내려 기도할 수 없습니다. 우리가 하나님 계
신 곳으로 올라가서 가까이 가야 합니다. 그래야 우리가 그 앞에서 요구
하지요. 그래서 우리는 기도할 때 우리의 죄를 다 용서해달라고 합니다.
먼저 사함을 받은 후에 요구하지요.

다윗은 무엇을 요구했습니까?

[7] "그가 영원히 하나님 앞에서 거주하리니 인자와 진리를 예비
하사 그를 보호하소서"

하나님과 같이 살기를 구합니다. 그러기 위해서는 하나님의 인자하심
과 진리를 자기도 갖춰야 그 앞에 살 수가 있으므로 인자와 진리의 사람
으로 만들어 달라고 기도합니다.

이것이 올바른 기도의 태도입니다. 이 말씀을 다른 말로 말하면 나에게
오래 살도록 장수함을 주시옵소서 그리하면 내가 사랑하며 살고 참되게
살겠습니다 하는 것입니다. 이것은 참으로 우리 모든 자가 항상 기도해야
합니다. 나에게 장수함을 주시옵소서 그리하면 사랑하며 살고 진실되게
살겠습니다. 얼마나 좋습니까, 우리 모든 성도는 다 이것을 구합시다.

결론

다윗은 다시 맹세합니다. 내가 구한 것을 다 주시면 "그리하시면 내가
주의 이름을 영원히 찬양하며 매일 나의 서원을 이행하리이다" 매일 주
님을 찬송하며 약속한 것을 내가 지키겠습니다 하는 재차 맹세입니다. 다
시 말씀 드리는 것은 하나님께 달라고 기도하려면 먼저 하나님과 약속하
고 하나님이 약속을 지키시는 대로 우리도 지켜야 한다는 것입니다.

Goal 그러므로 우리는 하나님께 내가 할 것을 하겠다고 맹세합니다.
맹세한 것을 실행하고 하나님께 달라고 기도하여 받아내시기를 기도합
니다.

시편 62:5-12편

행한 대로
갚으시는 하나님

[5] 나의 영혼아 잠잠히 하나님만 바라라 무릇 나의 소망이 그로부터 나오
는도다

[6] 오직 그만이 나의 반석이시요 나의 구원이시요 나의 요새이시니 내가
흔들리지 아니하리로다

[7] 나의 구원과 영광이 하나님께 있음이여 내 힘의 반석과 피난처도 하나
님께 있도다

[8] 백성들아 시시로 그를 의지하고 그의 앞에 마음을 토하라 하나님은 우
리의 피난처시로다 (셀라)

[9] 아, 슬프도다 사람은 입김이며 인생도 속임수이니 저울에 달면 그들은
입김보다 가벼우리로다

[10] 포학을 의지하지 말며 탈취한 것으로 허망하여지지 말며 재물이 늘어
도 거기에 마음을 두지 말지어다

[11] 하나님이 한두 번 하신 말씀을 내가 들었나니 권능은 하나님께 속하였
다 하셨도다

[12] 주여 인자함은 주께 속하오니 주께서 각 사람이 행한 대로 갚으심이니
이다

Theme: 오직 여호와 하나님만 우리의 반석이시요, 구원이심으로 우리의
소망은 여호와 하나님께만 두어야한다.

서론

이 시편은 "(오직) ~만(히브리어 '아크')" 시편이라고 합니다. 본문에 모두 6회 나옵니다.(1, 2, 4, 5, 6, 8) "~만" 이라고 한 시편은 이 시편뿐입니다.

1절에 "나의 영혼이 잠잠히 하나님만 바람이여"라고 하였고,

2절에서는 "오직 그만이 나의 반석이시오"

또 5절에서는 "나의 영혼아 잠잠히 하나님만 바라라"

6절에는 "오직 그만이 나의 반석이시요 나의 구원이시요 나의 요새이시니 내가 흔들리지 아니하리로다"

이 시는 예루살렘 성가대 지휘자 중에 하나인 여두둔에게 다윗이 써서 찬양대가 이것으로 찬양하라고 준 것입니다. 비록 어디에 기록된 것은 없으나 전설에 의하면 다윗의 아들 압살롬이 반란을 일으켜 예루살렘 성을 공격해 올 때 심한 고통 중에 이 시를 썼다고 합니다. 오늘 이 시가 우리에게 가르쳐 주는 것은 "여호와 하나님만 우리의 반석이시요, 구원이심으로 우리의 소망은 오직 여호와 하나님께만 두어야한다"는 것입니다.

I. 이 시를 쓸 때 주위 환경을 봅시다

압살롬이 쳐 들어올 때 다윗은 급히 도망을 쳤습니다.

> (삼하 15:30,31) "다윗이 감람 산 길로 올라갈 때에 그의 머리를 그가 가리고 맨발로 울며 가고 그와 함께 가는 모든 백성들도 각각 자기의 머리를 가리고 울며 올라가니라 어떤 사람이 다윗에게

알리되 압살롬과 함께 모반한 자들 가운데 아히도벨이 있나이다
하니 다윗이 이르되 여호와여 원하옵건대 아히도벨의 모략을 어리
석게 하옵소서 하니라"

다윗이 맨발로 울면서 감람 산을 넘을 때 신하 중에 하나가 다윗에게
말하기를 압살롬과 모반한 자 중에 아히도벨이 있나이다 하는 보고를 들
었습니다. 그는 다윗이 가장 사랑하는 다윗의 모사였습니다. 항상 다윗의
곁에서 사랑을 받고 한 식구처럼 지내던 아히도벨이 반란군에 가담했다
는 소식을 들을 때 다윗의 마음은 더욱 슬펐습니다. 마치 예수 그리스도
를 은 30에 팔아먹는 가룟 유다와 같은 행위였습니다.

피난 길 도중에 다윗은 므비보셋의 신하를 보았습니다. 다윗은 물었습
니다. "네가 어찌하여 여기에 있느냐? 네 주인은 어디 있느냐?" 므비보셋
은 사울 왕의 손자요 요나단의 아들입니다. 다윗은 자기의 친구였던 요나
단을 생각하여 다윗이 왕이 된 후 왕궁으로 불러서 왕과 한 상에서 먹으며
사울 왕과 자기 아버지 요나단의 모든 재산을 므비보셋에게 주었습니다.
그리고 시바에게 므비보셋의 재산을 관리하게 했습니다. 그러므로 시바
에게 "네 주인은 어디 있느냐"고 묻는 것입니다. 그때 시바는 대답하기를

(삼하 16:3) "왕이 이르되 네 주인의 아들이 어디 있느냐 하니 시
바가 왕께 아뢰되 예루살렘에 있는데 그가 말하기를 이스라엘 족
속이 오늘 내 아버지의 나라를 내게 돌리리라 하나이다 하는지라"

그뿐 아니라 시므이는 왕을 따라오며 저주합니다.

(삼하 16:5) "다윗 왕이 바후림에 이르매 거기서 사울의 친족 한 사람이 나오니 게라의 아들이요 이름은 시므이라 그가 나오면서 계속하여 저주하고"

(삼하 16:7) "시므이가 저주하는 가운데 이와 같이 말하니라 피를 흘린 자여 사악한 자여 가거라 가거라"

(삼하 16:9-13) [9] "스루야의 아들 아비새가 왕께 여짜오되 이 죽은 개가 어찌 내 주 왕을 저주하리이까 청하건대 내가 건너가서 그의 머리를 베게 하소서"

[10] "왕이 이르되 스루야의 아들들아 내가 너희와 무슨 상관이 있느냐 그가 저주하는 것은 여호와께서 그에게 다윗을 저주하라 하심이니 네가 어찌 그리하였느냐 할 자가 누구겠느냐 하고"

[11] "또 다윗이 아비새와 모든 신하들에게 이르되 내 몸에서 난 아들도 내 생명을 해하려 하거든 하물며 이 베냐민 사람이랴 여호와께서 그에게 명령하신 것이니 그가 저주하게 버려두라"

[12] "혹시 여호와께서 나의 원통함을 감찰하시리니 오늘 그 저주 때문에 여호와께서 선으로 내게 갚아 주시리라 하고"

[13] "다윗과 그의 추종자들이 길을 갈 때에 시므이는 산비탈로 따라가면서 저주하고 그를 향하여 돌을 던지며 먼지를 날리더라"

사람이 다윗 왕이 당하는 환경에 이를 때 참으로 자기와 같이 하는 사람인지 아닌지를 판가름 할 수 있습니다.

II. 믿음을 가져야 할 때가 언제냐?

[5] "나의 영혼아 잠잠히 하나님만 바라라 무릇 나의 소망이 그로
부터 나오는도다"

[6] "오직 그만이 나의 반석이시요 나의 구원이시요 나의 요새이
시니 내가 흔들리지 아니하리로다"

[7] "나의 구원과 영광이 하나님께 있음이여 내 힘의 반석과 피난
처도 하나님께 있도다"

[8] "백성들아 시시로 그를 의지하고 그의 앞에 마음을 토하라 하
나님은 우리의 피난처시로다 (셀라)"

믿음을 가져야 할 때는 만사형통 할 때가 아닙니다. 오히려 생활에 구름이 끼이고 계획한 것이 되는 것이 없을 때 더욱 믿음을 가져야 합니다. 어떤 사람은 사업이 잘되고 근심이 없으니 기도 안 해도 된다고 하는 이가 있고, 어떤 이는 사업이 망해 들어갈 때 하나님이 계시면 내 사업이 이렇게 될까 하는 이도 있습니다. 우리는 잘될 때는 감사기도하고 안될 때는 더욱 하나님만 의지하고 기도해야 합니다.

우리는 무엇이 안 된다고 누구를 원망하고 나중에는 광야에서 원망하다 망한 이스라엘 백성처럼 되지 맙시다. 우리는 기도해야 합니다. 나는 책을 읽다가 "기도의 성경적 정의"를 발견 했습니다.

"참 기도는 믿는 자 안에서 성령께서 아들을 통하여 아버지께 말하는 것이다." 이것이 진짜 기도입니다.

"나의 소망이 그로부터 나오는도다" 이 말은 내가 지금 바라는 것은 내가 바라는 것이 아니요 성령이 바라는 것입니다. 성령이 원하는 것을 다윗의 마음에 넣어 주시어 기도하는 것입니다. 그러므로 다윗은 (시 62:6) "오직 그만이 나의 반석이시요 나의 구원이시요 나의 요새이시니 내가 흔들리지 아니하리로다"라고 기도했습니다. 다윗은 소리 지르며 기도하지도 않았습니다. 예수님만 우리의 반석이십니다.

결론 : 믿음의 승리

[9] "아, 슬프도다 사람은 입김이며 인생도 속임수이니 저울에 달면 그들은 입김보다 가벼우리로다"

다윗은 배웠습니다. 아히도벨과 같은 높은 지위에 있는 자도 반란군에 합세 하였다는 것입니다. 처음 교회에 들어와서 아히도벨 같은 자를 발견하면 낙심하기 쉽습니다. 그러므로 목사를 비롯하여 중책을 맡은 자는 일반 성도들이 자기의 행위를 보고 낙심 하는 자가 있는지 주의해야합니다. 처음 교회에 오는 사람은 목사, 장로, 권사, 집사를 쳐다봅니다.

[10] "포학을 의지하지 말며 탈취한 것으로 허망하여지지 말며 재물이 늘어도 거기에 마음을 두지 말지어다"

무엇 조금 생겼다고 거기에 마음을 두지 말라는 말입니다.
다윗 왕의 결론을 들어 봅시다. 왜 하나님만 믿어야 하는가?

[1] "나의 영혼이 잠잠히 하나님만 바람이여 나의 구원이 그에게서 나오는도다" - (나의 구원이 그에게서 나오는도다)

[2] "오직 그만이 나의 반석이시요 나의 구원이시요 나의 요새이시니 내가 크게 흔들리지 아니하리로다"

반란군이 나와도, 아히도벨 같은 자가 나와도 요동치 아니하리로다. 왜냐하면

[1] "나의 영혼이 잠잠히 하나님만 바람이여 나의 구원이 그에게서 나오는도다"

[2] "오직 그만이 나의 반석이시요 나의 구원이시요 나의 요새이시니 내가 크게 흔들리지 아니하리로다"

[12] "주여 인자함은 주께 속하오니 주께서 각 사람이 행한 대로 갚으심이니이다"

"행한 대로 갚으심이니이다"하는 것은 원수 갚아 달라는 것이 아니라 행한 대로 상을 주시옵소서 하는 것입니다.

다윗은 자기의 반석이시요 구원되시는 하나님께 자기의 심정을 토합니다. 주여 저들에게 자기의 행한 대로 갚아 주시옵소서 기도하였더니 하나님은 그들이 행한 대로 다 갚아 주셨습니다. 이 전쟁의 결말을 보면 아히도벨은 자살해 죽고 집안은 망하고 압살롬은 전사하고 그를 따르던 무리들은 전멸했습니다.

우리들도 교회 생활을 할 때 사탄의 시험으로 억울함도 당하고 마음이 아픈 일도 당합니다. 사람을 쳐다보다 실망도 당합니다. 그것을 다윗도 당했습니다. 뿐만 아니라 예수님도 당했습니다. 우리가 신앙 생활할 때 으레 있는 일입니다. 예수님은 자기를 십자가에 못 박아

죽이는 일까지 당했습니다.

(눅 23:34) "이에 예수께서 이르시되 아버지 저들을 사하여 주옵소서 자기들이 하는 것을 알지 못함이니이다 하시더라 그들이 그의 옷을 나눠 제비 뽑을새"

다윗은 (시 62:12) "주여 인자함은 주께 속하오니 주께서 각 사람이 행한 대로 갚으심이니이다"

Goal 그러므로 우리는 오직 여호와 하나님만 우리의 반석이시요, 구원이심입니다. 우리의 소망을 오직 여호와 하나님께만 두고 살기를 주의 이름으로 축복합니다.

시편63편

황막한 가운데서 하는 기도

[다윗의 시, 유다 광야에 있을 때에]

[1] 하나님이여 주는 나의 하나님이시라 내가 간절히 주를 찾되 물이 없어 마르고 황폐한 땅에서 내 영혼이 주를 갈망하며 내 육체가 주를 앙모하나이다

[2] 내가 주의 권능과 영광을 보기 위하여 이와 같이 성소에서 주를 바라보았나이다

[3] 주의 인자하심이 생명보다 나으므로 내 입술이 주를 찬양할 것이라

[4] 이러므로 나의 평생에 주를 송축하며 주의 이름으로 말미암아 나의 손을 들리이다

[5] 골수와 기름진 것을 먹음과 같이 나의 영혼이 만족할 것이라 나의 입이 기쁜 입술로 주를 찬송하되

[6] 내가 나의 침상에서 주를 기억하며 새벽에 주의 말씀을 작은 소리로 읊조릴 때에 하오리니

[7] 주는 나의 도움이 되셨음이라 내가 주의 날개 그늘에서 즐겁게 부르리이다

[8] 나의 영혼이 주를 가까이 따르니 주의 오른손이 나를 붙드시거니와

[9] 나의 영혼을 찾아 멸하려 하는 그들은 땅 깊은 곳에 들어가며

[10] 칼의 세력에 넘겨져 승냥이의 먹이가 되리이다

[11] 왕은 하나님을 즐거워하리니 주께 맹세한 자마다 자랑할 것이나 거짓 말하는 자의 입은 막히리로다

✒ **Theme:** 비록 악한 중상으로 희생자가 되어 집과 가정과 국가에서 도망하여 황막한 광야에 가서 살면서도, 다윗은 하나님을 사랑하는 마음이 변하지 않았다.

서론

이 시는 다윗이 유대 광야에 피해 있을 때 지은 노래입니다. 이것은 특별한 위로의 시입니다. 이것은 상처를 입어 아픈 곳에 기름을 부음과 같습니다. 또한 아픈 다리에 붕대를 감아 주는 것과 같고, 또한 상처나 아픈 곳에 진통제를 발라 주는 것과 같은 것입니다. 이것은 교회를 위하여 위로를 주는 위대한 시편입니다. 이것은 무엇보다도 생명수를 말해 줍니다.

크리소스톰 Chrysostom 은 말하기를 초대 교회에서는 시편 63편을 예배 때마다 불렀다고 했습니다. 더욱이 주일 아침에는 꼭 불렀다고 합니다. 모든 예배를 이 시편 찬송으로 시작 했다고 합니다. 이 시편은 우리의 좋은 생각을 잘 표현한 것입니다.

특별히 이 시편이 가르쳐주는 말씀은 "악인의 중상을 받아 희생자가 되어 집과 가정과 국가에서 도망하여 황막한 광야에 가서 살면서도, 다윗은 하나님을 사랑하는 마음이 변하지 않았다." 는 것입니다.

I. 고난 중에 주를 앙망하는 다윗의 기도

[1] "하나님이여 주는 나의 하나님이시라 내가 간절히 주를 찾되 물이 없어 마르고 황폐한 땅에서 내 영혼이 주를 갈망하며 내 육

체가 주를 앙모하나이다"

[2] "내가 주의 권능과 영광을 보기 위하여 이와 같이 성소에서 주를 바라보았나이다"

"이와 같이"—이 사막에서 신체적 갈증이 강렬한 것 같이 이와 같이 성소에서 나의 영혼이 주의 영광을 바라보았나이다. 그리고 다시 주의 성소에 들어갈 특권을 가지고 거기 나타난 주의 권능과 영광 보기를 간절히 찾으며 갈망합니다.

이 말씀을 쉽게 번역하면 "하나님이여 주는 나의 하나님이십니다. 내가 간절히 주님을 찾습니다. 목이 말라 곤핍하여 물이 없어 마른 땅에서 물을 찾는 것처럼 내 영혼이 주를 앙모하나이다. 내가 주의 권능과 영광을 보려고 이와 같이 성소에서 주를 바라보았나이다."

이와 같이 말할 수 있는 것은 믿음이요 믿음뿐입니다. 인간의 모든 생각을 초월한 믿음입니다. 그는 창조주이십니다. 그는 구세주이십니다. 그는 나의 아버지이십니다. 다윗이 본 하나님의 모습입니다. 다시 말하면 다윗이 보고 믿는 하나님은 우주 만물을 말씀으로 창조하신 창조주시요, 범죄로 멸망한 죄인들을 구원하신 구속자시요, 자식을 돌아보시고 모든 필요한 것을 공급하시는 하나님 아버지이십니다. 다윗은 그를 확실히 알고, 보고 믿었습니다.

그는 하나님을 목이 마르게 갈망 했습니다. 다윗이 숨어있던 굴이 있는 광야는 참으로 메마른 곳입니다. 이곳에 가면 누구나 자연히 목이 마르는 마른 땅입니다. 그곳에 가려면 꼭 물을 가지고 가야 하는 곳입니다.

다윗의 영혼은 하나님으로 목이 말랐습니다. 여러 성도님들, 다윗처럼 우리 주님 만나고 싶어 목말라 보았습니까? 우리 주님을 이렇게 사랑 하십니까? 우리 온 교인들이 우리 주님 만나고 싶어 광야에서 목말라 죽어 가는 사람처럼 되기를 기도합니다.

II. 다윗은 주의 인자를 사모하였습니다

[3] "주의 인자하심이 생명보다 나으므로 내 입술이 주를 찬양할 것이라"

[4] "이러므로 나의 평생에 주를 송축하며 주의 이름으로 말미암 아 나의 손을 들리이다"

[5] "골수와 기름진 것을 먹음과 같이 나의 영혼이 만족할 것이라 나의 입이 기쁜 입술로 주를 찬송하되"

"주의 인자하심이 생명보다 나으므로" ─주의 인자하심을 경험하는 것 이 생명 그 자체보다 더욱 귀하다. 하나님께 가까이 하는 것만이 인 생에게 그 가치와 의미를 주기 때문이다.

세상에서 제일 귀한 것은 생명입니다. 그러므로 예수님께서 이와 같이 말씀 하셨습니다.

(마 16:26) "사람이 만일 온 천하를 얻고도 제 목숨을 잃으면 무 엇이 유익하리요 사람이 무엇을 주고 제 목숨과 바꾸겠느냐"

목숨, 곧 생명 보다 더 귀한 것은 없습니다.

그런데 다윗이 말하기를 "주의 인자하심이 생명보다 나으므로"라고 하였는데 왜 "주의 인자" 하나님의 사랑이 자기의 생명보다 귀하다고 했습니까? 왜냐하면 하나님의 사랑을 받지 못하면 지옥에 가 영원히 멸망 당할 불쌍한 목숨이요 생명이기 때문입니다.

> (요 3:16,17) "하나님이 세상을 이처럼 사랑하사 독생자를 주셨으니 이는 그를 믿는 자마다 멸망하지 않고 영생을 얻게 하려 하심이니라" "하나님이 그 아들을 세상에 보내신 것은 세상을 심판하려 하심이 아니요 그로 말미암아 세상이 구원을 받게 하려 하심이라"

> [4] "나의 손을 들리이다"—내가 손을 들고 기도하며 찬송하리이다.

하나님의 사랑을 믿지 않고 그 사랑을 받지 않으면 멸망할 것을 다윗은 알고 있었기 때문에 "주의 인자가 생명보다 나으므로"라고 했습니다.

그리고 다윗은 "골수와 기름진 것을 먹음과 같이 내 영혼이 만족할 것이라" 우리 주님과 같이 사귀는 것 즉 주님과 교제하는 것을 제일 기쁘고 즐거운 것으로 생각 했습니다.

> "골수와 기름진 것을 먹음과 같이"
> "그것은 마치 기름과 풍족함을 가진 것 같이"—맛있는 것을 마음껏 먹어 배고픔을 달래어 내 소원과 내 육신이 만족함 같이—하나님의 찬송을 부르는 것은, 내 영혼에 즐거움이니이다.

> [6] "내가 나의 침상에서 주를 기억하며 새벽에 주의 말씀을 작은 소리로 읊조릴 때에 하오리니"

> [7] "주는 나의 도움이 되셨음이라 내가 주의 날개 그늘에서 즐겁게 부르리이다"

다윗은 밤에 잠들기 전에 침상에서 하나님께 기도하며 그의 선하심을 묵상했습니다. 하나님이 자기에게 주신 은혜를 생각하고 감사 할 뿐더러 주님의 능력을 묵상했습니다. 하나님의 선하심으로 모든 죄는 용서하시고 의의 길로 인도하시는 은혜를 묵상합니다.

여러분들도 밤에 잠이 오지 않을 때는 침상에서 주님의 권능을 묵상하세요. 주님이 나에게 베푸시는 사랑을 묵상하세요. 언제나 나의 편이 되어주시는 주님을 묵상하시고 감사하세요.

결론

[8] "나의 영혼이 주를 가까이 따르니 주의 오른손이 나를 붙드시거니와"
[9] "나의 영혼을 찾아 멸하려 하는 그들은 땅 깊은 곳에 들어가며"
[10] "칼의 세력에 넘겨져 승냥이의 먹이가 되리이다"
[11] "왕은 하나님을 즐거워하리니 주께 맹세한 자마다 자랑할 것이나 거짓말하는 자의 입은 막히리로다"

"주를 가까이 따르니"-내가 주를 가까이 따른다고 말하는 것은 너무 말하기가 건방진 것 같지만 나는 어떤 일이 생겨도 주님을 따르려고 노력합니다 라고는 말 할 수 있다.
"주여 주의 오른손이 나를 이제까지 붙들어 주셨고 지금도 잡고 계십니다."

이와 같이 내가 주를 가까이 따르니 주의 오른손이 나를 붙드시고 보호 하시고 인도해 주십니다. 그러므로 나를 해하려던 원수들은 칼에 멸하여 죽어 짐승의 밥이 되었나이다.

그러므로 나는 즐거워하며 주를 자랑하리니 거짓된 말을 하던 모든 입이 막힐 것입니다. 악의를 품은 중상모략의 희생자가 되어 집과 가정과 국가에서 도망하여 황막한 광야에 가서 살면서도, 다윗은 하나님을 사랑하는 마음이 변하지 않았으므로 하나님의 특별한 보호와 사랑을 받았습니다.

Goal 그러므로 우리도 주님이 우리를 도우시고 사랑하는 것을 믿고 의지하고 주님의 붙드시는 손 안에서 승리하기를 축복합니다.

시편 64편

원수의 칼날에서 피하는 길

[다윗의 시, 인도자를 따라 부르는 노래]

[1] 하나님이여 내가 근심하는 소리를 들으시고 원수의 두려움에서 나의 생명을 보존하소서

[2] 주는 악을 꾀하는 자들의 음모에서 나를 숨겨 주시고 악을 행하는 자들의 소동에서 나를 감추어 주소서

[3] 그들이 칼 같이 자기 혀를 연마하며 화살 같이 독한 말로 겨누고

[4] 숨은 곳에서 온전한 자를 쏘며 갑자기 쏘고 두려워하지 아니하는도다

[5] 그들은 악한 목적으로 서로 격려하며 남몰래 올무 놓기를 함께 의논하고 하는 말이 누가 우리를 보리요 하며

[6] 그들은 죄악을 꾸미며 이르기를 우리가 묘책을 찾았다 하나니 각 사람의 속 뜻과 마음이 깊도다

[7] 그러나 하나님이 그들을 쏘시리니 그들이 갑자기 화살에 상하리로다

[8] 이러므로 그들이 엎드러지리니 그들의 혀가 그들을 해함이라 그들을 보는 자가 다 머리를 흔들리로다

[9] 모든 사람이 두려워하여 하나님의 일을 선포하며 그의 행하심을 깊이 생각하리로다

[10] 의인은 여호와로 말미암아 즐거워하며 그에게 피하리니 마음이 정직한 자는 다 자랑하리로다

Theme: 원수들이 해치려고 악한 음모를 꾸밀 때, 날카로운 공격의 칼을 갈 때, 그리고 덫을 놓을 때, 사람은 하나님 안으로 피난해야 한다.

서론

이 시편도 다윗의 생애에 대한 역사적인 배경이 있는 줄 압니다. 그러나 언제 이 시를 썼는지 무슨 일을 당해서 된 일인지 확실히 알 수 없습니다. 다윗을 죽이려고 악을 음모하고 공격의 칼을 갈고 덫을 놓고… 큰 고통을 준 원수들이 다윗의 평생에 많았습니다. 그러므로 이 시가 언제 쓴 것인지 무슨 사건이 있던 때인지 짐작할 필요가 없습니다.

하여간 이것은 대단히 아름다운 시편입니다. 이 시편에서 우리가 배울 교훈은 "원수들이 악한 음모를 꾸밀 때, 날카로운 공격의 칼을 갈 때, 그리고 덫을 놓을 때, 사람은 하나님 안으로 피난해야 한다"는 것입니다.

I. 다윗은 환난 날에 하나님께 기도합니다

본문에서 다윗은 자기에게 닥친 위험과 자기 원수들의 성격을 하나님 앞에 다 진술하고 하나님께서 자기를 보호해 주시고 그들을 처벌해 달라고 강하게 간구합니다.

[1] "하나님이여 내가 근심하는 소리를 들으시고 원수의 두려움에서 나의 생명을 보존하소서"

하나님이여 내 목소리를 들으소서! 주여 기도하오니 응답하소서! 내가
두려워하는 원수로부터 내 생명을 보존하소서! 다윗은 자기 생명을 위해
서 간구합니다. 그의 생명은 하나님께 특별하게 사랑받는 생명입니다. 다
윗은 자기 생명이 하나님께, 그리고 자기 세대에 귀하게 봉사하도록 계획
된 것이라는 것을 알고 있기 때문에 그것을 보존해 달라고 간구합니다.

왕후 에스더가 이스라엘 백성을 진멸하려는 하만의 일을 알고 나서는
잠잠하지 아니하고 죽으면 죽으리라 하고 왕에게 그것을 고하고 이스라
엘을 구원해 낸 것과 같습니다.(에 7:2)

다윗은 자기를 원수의 눈에서 숨겨 달라고 기도합니다. 그는 이런 기
도를 자주 합니다. 하나님만이 그의 피난처요 요새입니다. 하나님만이 환
란 중에 도움이 되시고 하나님만이 소망이 되십니다. 하나님의 백성에게
는 하나님만이 요새입니다.

II. 다윗의 원수들의 성격은 악독합니다

그의 원수들은 사람들 중에서 가장 못 돼먹은 자들이라, 눈감아 줄 수
없는 자들이요, 위험한 자들입니다. 어떤 일도 주저하지 않고 해치우는
자들입니다. 그러므로 "하나님이 내 편을 들어주시지 않으면 나는 죽습
니다."라고 다윗은 말합니다.

1. 그들의 중상과 비난에는 악의가 뚝뚝 떨어집니다.

[3] "그들이 칼 같이 자기 혀를 연마하며 화살 같이 독한 말로 겨누고"

[4] "숨은 곳에서 온전한 자를 쏘며 갑자기 쏘고 두려워하지 아니하는도다"

그들은 칼과 활을 가지고 있는 군인들 같습니다. 활 쏘는 자는 정확하게 겨냥을 하고 숨어서, 갑자기, 무심중에 있는 사람을 쏩니다.

(1) 그들의 혀가 그들의 칼입니다. 불 붙는 칼, 양날 가진 칼, 뺀 칼, 화가 나서 빼든 칼, 그것으로 그들은 찌르고, 상하게 하고, 이웃의 선한 이름을 죽여 버립니다. 혀는 작은 지체이지만 그러나 칼 같습니다. 혀는 참 위험한 무기입니다.

(약 3:5) "혀도 작은 지체로되 큰 것을 자랑하도다 보라 얼마나 작은 불이 얼마나 많은 나무를 태우는가"

(2) 원망이 그들의 화살입니다. 비난하는 말, 욕설들, 거짓진술, 중상모략은, 다 악한 자의 불타는 화살이요 그것은 지옥의 불로 쏘아댑니다.

(3) 의로운 사람이 그들의 표적입니다. 그들은 의로운 자를 대적해서 울화통을 터뜨립니다. 그들은 의인에 대하여 평화로이 말을 하지 못합니다. 그들은 누가 조금 잘하면, 좀 더 질투하고 나쁘게 말합니다.

(4) 그들은 그것을 굉장히 기술 있게 그리고 음흉하게 합니다.

숨어서 쏘고 자신을 방어할 기회도 안주고 갑자기 쏩니다. 이와 같이 이웃의 명성을 숨어서 치는 사람은 저주를 받습니다.

> (신 27:24) "그의 이웃을 암살하는 자는 저주를 받을 것이라 할 것이요 모든 백성은 아멘 할지니라"

(5) 그들은 그들의 숨긴 악의가 폭로되는 것을 두려워하지 않는다.

이 짓을 하면서도 그들은 두려움이 없습니다. 그들은 하나님이 보고 계시는 것을 모르기 때문에 하나님의 진노를 두려워하지 않습니다. 뻔뻔해져서 그 죗값을 결코 치르게 되지 않을 것처럼 무모하게 선한 사람들을 겁 없이 해칩니다.

2. 그들은 서로 가까이 그리고 단결해 그 악한 계획을 합니다.

> [5] "그들은 악한 목적으로 서로 격려하며 남몰래 올무 놓기를 함께 의논하고 하는 말이 누가 우리를 보리요 하며"

(1) 그들은 이 악한 일을 서로 격려하며 함께 의논합니다.

원망하고 미워하는 마음을 더 가지도록 서로 격려하여 좀 더 대담하게 악행을 하게 만듭니다. 그들의 비난은 끝이 없습니다. 누구를 미워하는 마음으로 하나로 뭉치게 됩니다. 틀린 짓을 하는 것도 잘못이지만, 그 짓을 하면서 서로서로 격려하는 것은 더욱 악합니다. 이것은 마귀 짓입니다.

(2) 그들은 자기들의 악한 짓을 하나님이 알지 못하리라고 생각하고 즐거워합니다. 그들은 말하기를 "누가 보리요?" 합니다. 하나님의 전지전능하심을 믿지 않는 짓입니다.

3. 그들은 부지런히 자기 계획을 실행합니다.

[6] "그들은 죄악을 꾸미며 이르기를 우리가 묘책을 찾았다 하나
니 각 사람의 속 뜻과 마음이 깊도다"

"그들은 죄악을 꾸미며" 이런 저런 악행을 하기 위하여 저들은 "묘책
을" 찾습니다. 깊이 파고, 먼 옛날 과거를 뒤집어 봅니다.

"나에게 죄를 씌우려고 그들은 부지런히도 찾습니다. 비용도 수고도
아끼지 않고" 그들 각 사람의 마음속 깊이 있는 독성과 악성을 다 파냅니
다. 그들의 마음은 지옥 같이 깊고 깊습니다.

우리가 지금 세상을 볼 때 이 옛 싸움은 계속하고 있습니다. 세상에 소
망 둘 곳이 하나도 없습니다. 정치계를 볼 때도 소망이 없고 교육계를 보
아도 소망이 없습니다. 우리의 소망은 온전히 주 예수 그리스도 뿐입니다.
그가 뱀의 머리를 상하게 하실 것이요, 악의 권세를 깨뜨리실 것입니다.

III. 하나님의 심판

[7] "그러나 하나님이 그들을 쏘시리니 그들이 갑자기 화살에 상
하리로다"

[8] "이러므로 그들이 엎드러지리니 그들의 혀가 그들을 해함이라
그들을 보는 자가 다 머리를 흔들리로다"

[9] "모든 사람이 두려워하여 하나님의 일을 선포하며 그의 행하
심을 깊이 생각하리로다"

[10] "의인은 여호와로 말미암아 즐거워하며 그에게 피하리니 마
음이 정직한 자는 다 자랑하리로다"

1. 죄악을 도모하면 다 망하고 하나님을 의지하는 자는 다 자랑합니다

하나님의 심판은 틀림없이 다윗을 핍박하는 자들에게 오게 되어 있습니다.

1. 그들은 다윗을 상하게 하려고 숨어서 또한 갑자기 기습하여 쏘았지만 그러나 하나님은 핍박자들의 얼굴을 쏘실 것이요 그들을 죽일 화살들을 예비하셨습니다.

> (시 7:13) "죽일 도구를 또한 예비하심이여 그가 만든 화살은 불화살들이로다"

> (시 21:12) "왕이 그들로 돌아서게 함이여 그들의 얼굴을 향하여 활시위를 당기리로다"

하나님의 화살은 그들의 화살 보다 더욱 확실하게, 더욱 빠르게 날아갑니다. 그리고 더욱 깊이 박힐 것입니다.

그들은 많은 화살을 가지고 있지만 그게 다 원망의 말들일 뿐입니다. 하나님의 화살은 한 개 뿐이지만 그것이 그들의 사망이 될 것입니다. 하나님의 저주는 이유 없는 것이 결코 없습니다. 그들이 "안전하다, 어떤 위험도 오지 않으리라" 생각하고 있을 때, 하나님의 심판은 오고야 말았습니다.

2. 그들의 혀는 다윗을 해하려고 하였지만, 그러나 하나님은 그들의 악담과 저주가 도리어 그들 위에 떨어지게 하셨습니다. 마땅히 받을 저들의 죗값이요, 죄의 벌입니다. 하나님은 그 진노의 공의로 그들을 치십니다.

[8] "이러므로 그들이 엎드러지리니 그들의 혀가 그들을 해함이라
그들을 보는 자가 다 머리를 흔들리로다"

혀로 지은 죄를 따라 하나님이 사람을 벌하실 때 보면, 악인들이 열을 내며 악감으로 다른 사람에게 쏟아지라고 빌어온 그 불행을 하나님은 돌이켜서 악인들을 해치게 만드십니다. 그들의 혀가 그들 자신을 해하게 하십니다 그리고 그 무게가 얼마나 무거운지 사람을 지옥 밑창까지 가라앉게 만듭니다.

"오 이스라엘이여! 네가 너를 멸망시켰도다. 네 입의 말로 올무에 걸렸도다. 저주하기를 사랑하더니 그 저주가 그 위에 닥치도다".

2. 이런 심판의 영향

"그들을 악한 자로 여겨 사람의 눈앞에서 치심은"(욥 34:26)

이 심판은 모든 사람의 목전에서 공개적으로 시행됩니다.

1. 그들의 이웃은 이것을 보고 자신들의 안전을 위하여 그들을 떠나갑니다.
이스라엘 사람들이 고라와, 다단과 아비람의 장막에서 그랬듯이 그들은 빨리 도망할 것입니다

(민 16:27): "무리가 고라와 다단과 아비람의 장막 사방을 떠나고
다단과 아비람은 그들의 처자와 유아들과 함께 나와서 자기 장막
문에 선지라"

2. 구경꾼들은 하나님을 두려워하며 하나님의 섭리를 경외할 것입니다. (9절)

"모든 사람이 두려워하여 하나님의 일을 선포하며 그의 행하심을 깊이 생각하리로다"

(1) 그들은 깨닫고 모든 일에서 하나님의 손을 보게 될 것입니다.

(호 14:9) "누가 지혜가 있어 이런 일을 깨달으며 누가 총명이 있어 이런 일을 알겠느냐 여호와의 도는 정직하니 의인은 그 길로 다니거니와 그러나 죄인은 그 길에 걸려 넘어지리라"

(2) 그들은 그것을 생각하고 거룩하신 하나님을 두려워하게 될 것입니다. 모든 사람이 두려워 떨며 하나님의 심판을 두려워 할 것입니다.(시 119:120)

"하나님께서 행하시는 일을 보라 하나님께서 굽게 하신 것을 누가 능히 곧게 하겠느냐" (전 7:13)

(3) 그들은 하나님의 일을 선포할 것입니다. 박해자들을 처벌하시는 하나님의 공의에 대하여 서로 말을 주고받을 것입니다. 우리가 지혜롭게 생각한 것을 그들의 건덕과 하나님의 영광을 위하여 다른 이들에게 선포해야 합니다.

3. 착한 사람들은 하나님의 공의를 보고 거룩한 기쁨과 즐거움을 가지게 됩니다.

[10] "의인은 여호와로 말미암아 즐거워하며 그에게 피하리니 마

음이 정직한 자는 다 자랑하리로다"

(1) 이것은 그들의 기쁨을 더 많아지게 할 것입니다. 의인은 주 안에서 즐거워 할 것이요, 같은 피조물의 비참과 멸망을 보고 즐거워하지는 않지만, 그러나 하나님이 영광 받으시고 그의 말씀이 이루어진 것을 즐거워합니다.

(2) 이것은 그들의 믿음에 격려가 될 것입니다. 그들은 주님께 자신을 맡기고, 주님의 율례와 법도를 따라 의무를 감당하며, 전적으로 주님을 신뢰하며 주님을 위하여 즐거이 모험하게 됩니다.

(3) 그들의 기쁨과 믿음은 거룩한 자랑으로 나타납니다. 마음이 의로운 자는 다 선한 양심을 지키고 하나님께 인정을 받고 자신 안에서가 아니라 하나님의 은총 안에서 하나님의 의로우심과 선하심, 하나님과 그들 관계 그리고 주 안에서 받을 그들의 유익을 자랑할 것입니다.

"자랑하는 자는 주 안에서 자랑할 지니라"(고후 10:18)

결론

"하나님이여 내가 근심하는 소리를 들으시고 원수의 두려움에서 나의 생명을 보존하소서" (1)라는 기도로 시작 하였으나

[7] "그러나 하나님이 그들을 쏘시리니 그들이 갑자기 화살에 상 하리로다"

이같이 전쟁을 하나님께 맡기고 하나님께 피하면,

> [10] "의인은 여호와로 말미암아 즐거워하며 그에게 피하리니 마
> 음이 정직한 자는 다 자랑하리로다"

하나님으로 인하여 승리로 끝날 것을 말합니다.

Goal 그러므로 우리는 원수들이 악한 음모를 꾸밀 때, 날카로운 공격의 칼을 갈 때, 그리고 덫을 놓을 때, 우리가 싸우려 하지 말고 하나님 안으로 피난해서 주 안에서 승리하시기를 기도합니다.

시편 65편

회복의 찬송

[다윗의 시, 인도자를 따라 부르는 노래]

[1] 하나님이여 찬송이 시온에서 주를 기다리오며 사람이 서원을 주께 이행하리이다

[2] 기도를 들으시는 주여 모든 육체가 주께 나아오리이다

[3] 죄악이 나를 이겼사오니 우리의 허물을 주께서 사하시리이다

[4] 주께서 택하시고 가까이 오게 하사 주의 뜰에 살게 하신 사람은 복이 있나이다 우리가 주의 집 곧 주의 성전의 아름다움으로 만족하리이다

[5] 우리 구원의 하나님이시여 땅의 모든 끝과 먼 바다에 있는 자가 의지할 주께서 의를 따라 엄위하신 일로 우리에게 응답하시리이다

[6] 주는 주의 힘으로 산을 세우시며 권능으로 띠를 띠시며

[7] 바다의 설렘과 물결의 흔들림과 만민의 소요까지 진정하시나이다

[8] 땅 끝에 사는 자가 주의 징조를 두려워하나이다 주께서 아침 되는 것과 저녁 되는 것을 즐거워하게 하시며

[9] 땅을 돌보사 물을 대어 심히 윤택하게 하시며 하나님의 강에 물이 가득하게 하시고 이같이 땅을 예비하신 후에 그들에게 곡식을 주시나이다

[10] 주께서 밭고랑에 물을 넉넉히 대사 그 이랑을 평평하게 하시며 또 단비로 부드럽게 하시고 그 싹에 복을 주시나이다

[11] 주의 은택으로 한 해를 관 씌우시니 주의 길에는 기름 방울이 떨어지며

[12] 들의 초장에도 떨어지니 작은 산들이 기쁨으로 띠를 띠었나이다

[13] 초장은 양 떼로 옷 입었고 골짜기는 곡식으로 덮였으매 그들이 다 즐거이 외치고 또 노래하나이다

🖋 **Theme:** 가뭄이나 재난을 당하면, 사람은 회개해야 한다. 아무리 강한 힘도 제어 하시는 하나님은 가장 말라터진 땅도, 가장 말라비틀어진 나라도 다시 활력 있게 하실 수 있다.

서론

시편 65~68편은 찬양이라는 주제로 묶여 있습니다. 하나님의 '엄위하신' 행동은 '모든 땅 끝'의 놀라움을 불러 일으키며 '온 땅'을 움직여 이스라엘과 함께 이스라엘의 하나님을 찬양합니다.

이 시편은 회복의 찬송이라고 부릅니다. 세상이 시작될 때부터 하나님께서는 선지자들을 통하여 말씀 하셨습니다.

(행 3:21) "하나님이 영원 전부터 거룩한 선지자들의 입을 통하여 말씀하신 바 만물을 회복하실 때까지는 하늘이 마땅히 그를 받아 두리라"

"만물을 회복" 하신다는 말은 세상에 난 사람은 다 구원 하신다는 뜻이 아닙니다. 예수를 믿는 자만이 구원을 얻습니다.

(빌 3:8) "또한 모든 것을 해로 여김은 내 주 그리스도 예수를 아는 지식이 가장 고상하기 때문이라 내가 그를 위하여 모든 것을 잃어버리고 배설물로 여김은 그리스도를 얻고"

그리스도를 아는 지식이 무엇보다 앞서야 합니다. 무엇보다 그리스도를 얻고 그 안에서 발견되어야 합니다.

바울이 "모든 것"을 버렸다고 하셨는데 참으로 다 버렸나요? 아니요 예수님을 아는데 방해가 되는 것만 다 버렸습니다.

본문이 우리에게 가르쳐 주시는 것은 "가뭄이라든가 재난을 당하면, 사람은 회개해야 한다. 가장 강력한 힘도 제어 하시는 하나님은 가장 말라터진 땅도, 가장 말라비틀어진 나라도 다시 활력 있게 하실 수 있다."는 것입니다.

I. 하나님 백성의 고통

[2] "기도를 들으시는 주여 모든 육체가 주께 나아오리이다"
[3] "죄악이 나를 이겼사오니 우리의 허물을 주께서 사하시리이다"

"죄악이 나를 이겼사오니" 죄악이 우리 사람보다 힘이 강합니다. 사람이 아무리 죄를 이기고 살려고 해도 죄악이 강함으로 늘 죄악에 빠지게 됩니다.

"죄악이 나를 이겼사오니" 하나님의 은혜가 아니면 우리의 죄는 하나님의 공의의 재판정에서 우리를 이길 것이고, 양심의 재판정에서, 그리고 인생의 전쟁에서 우리를 이길 것입니다.

그러나 우리가 아무리 죄를 범하고 더러워졌어도 예수 그리스도를 믿고 주 안에 있으면 하나님은 우리의 모든 죄를 다 사하여주십니다.

[2] "기도를 들으시는 주여 모든 육체가 주께 나아오리이다"

죄 사함 받기를 원하면 누구를 막론하고 모든 육체가 주 예수 그리스도에게로 나아와야 합니다. 여기에는 누구나 다 입니다.

"모든 육체"—세상에 난 사람은 누구나 다, 유대인이나 이방인이나 다 예수님의 공로로만 죄를 씻음 받을 수 있습니다.

"우리의"—1인칭 대명사입니다. 회개한 사람의 믿음은 자기 죄를 말하고 있습니다. 회개하지 못하면 항상 다른 사람의 죄만 말합니다. 죗짐을 지고 고통하다가 주께로 나와 기도하면 하나님은 우리의 기도를 들어 주십니다.

"기도를 들으시는 주여" 감사합니다. 죄가 우리를 발로 짓밟았지만, 그러나 성령의 역사로 회개하는 우리 마음은 믿음을 가지고 갈보리 십자가에 달리신 예수 그리스도를 바라봅니다.

그 때 믿음은 "네 죄 씻음을 받았느니라" 말해 줍니다. 우리를 이긴 죄는 하나님을 이기지는 못합니다. 죄는 우리로 하나님을 떠나게 하려고 하지만 하나님은 죄를 하나님 앞에서 쓸어버리시고 또 우리 앞에서 쓸어버리십니다. 죄가 우리 앞에서는 너무 강합니다. 그러나 우리 구주 앞에서는 아닙니다. 우리 주님은 능하십니다. 구원 하시기에 전능하십니다. 과거에 바로와 그의 백성에게 재앙으로 심판하신 하나님은 장차 적그리스도와 그 졸개들에게 의를 좇아 엄위하신 일로 그와 같이 하실 것입니다. 이렇게 하나님은 그의 성도들에게 영원히 그들의 구원의 하나님이 되실 것입니다.

II. 서원을 이행하는 자에게 주시는 기쁨

"하나님이여 찬송이 시온에서 주를 기다리오며" 여기 시온은 천국을 말하는 것이 아닙니다. 지금 예루살렘에 가면 볼 수 있는 지리적 시온 산입니다. 나는 그곳을 보고 그 길로 시온 산에 올라가 보았습니다.

그곳은 쉬운 길이 아닙니다. 꼭대기까지 올라가는 데는 힘이 듭니다. 다윗은 이 길을 말하는 것입니다.

"시온"은 자기의 왕 하나님께 믿음을 지켰습니다. 시온은 하나님께, 오직 하나님께만 예배를 드렸습니다.

"서원을 주께 이행하리이다" 하는 데는 의미가 있습니다. 우리가 하나님께 기도할 때 기도에 서원이 따라가야 합니다. 서원은 하나님과 약속하는 것입니다. 죄를 용서해 달라고 기도할 때 우리는 "내가 죄를 미워합니다. 그러므로 다시는 이런 죄를 짓지 않도록 노력 하겠습니다." 하고 기도 했으면 다시 그런 죄를 짓지 않도록 노력하는 것이 서원을 갚는 것입니다.

또한 우리가 서원 기도를 이렇게도 합니다. "내가 장사하여 이익을 남기면 십일조를 하겠습니다. 그러므로 장사할 때 하나님이 복을 주시옵소서." 했으면 장사해서 장사가 잘되면 십일조를 내야합니다. 이것이 서원 기도입니다.

그러나 본문에서 특별히 "서원을 주께 이행하리이다" 한 것은 가뭄 또는 정치적 위험의 때에 특별 서원을 한 것 같습니다. 열방과 교회들은 주님께 한 약속을 이행할 때 반드시 정직해야 하고 속히 갚아야 합니다. 하나님은 만홀히 여김을 받으실 수 없습니다. 서원을 하는 것도 생각 많이 해야 하고 서원을 갚을 때도 시간 놓치지 말고 아주 정확하게 이행해야 되는 것입니다.

"죄악이 나를 이겼사오니 우리의 허물을 주께서 사하시리이다" 한 것을 보면 죄를 사해달라고 서원한 기도입니다. 그러므로 회개를 철저히 하고 서원을 갚아야 합니다.

이와 같이 회개한 자는 주안에서 기뻐하는 복이 있습니다.

[4] "주께서 택하시고 가까이 오게 하사 주의 뜰에 살게 하신 사
람은 복이 있나이다 우리가 주의 집 곧 주의 성전의 아름다움으로
만족하리이다"

모든 죄를 그리스도의 보혈로 씻음 받고 나면 하나님과 사귐이 가능해집니다.

(요일 1:7) "그가 빛 가운데 계신 것 같이 우리도 빛 가운데 행하
면 우리가 서로 사귐이 있고 그 아들 예수의 피가 우리를 모든 죄
에서 깨끗하게 하실 것이요"

그 사귐의 즐거움은 우리가 알고 느끼는 경험이 됩니다. 그리스도의 보혈로 씻음 받고 거듭난 우리는 더 이상 손님이 아니요 하나님의 집에 거하는 아들들입니다.

"주의 뜰에 살게 하신 사람은 복이 있나이다" 영구한 축복은 귀중합니다. 좋은 받던 축복이 끊어지기도 합니다. 아들의 복은 끊어지지 않고 영구합니다. 위대하신 하나님의 성전에서 살면서 우리는 주님을 닮아 가는 것입니다. 무엇보다 아침에도 저녁에도 하나님을 기뻐하는 기쁨이 충만합니다.

[8] "땅 끝에 사는 자가 주의 징조를 두려워하나이다 주께서 아침
되는 것과 저녁 되는 것을 즐거워하게 하시며"

예수님이 정말 좋습니다. 하나님께 찬송과 감사가 저절로 올라가는 것 같습니다. 그리고 하나님은 자기 백성의 기도를 응답하십니다. 자기 백성이 박해를 받으며 구원해 달라고 부르짖으면 그 악행 하는 자들에게 의로 무서운 심판을 실행하심으로 응답하십니다.

“의를 따라 엄위하신 일로 우리에게 응답하시리이다”(5)

과거에 바로와 애굽 백성에게 열 가지 재앙으로 심판하신 하나님은 장차 적그리스도와 그 졸개들에게 그와 같이 하실 것입니다. 주님은 이렇게 그의 성도들에게 영원히 그들의 구원의 하나님이 되실 것입니다.

구원은 택함을 받은 자만이 받을 수 있습니다.

(엡 1:3-6) [3] “찬송하리로다 하나님 곧 우리 주 예수 그리스도의 아버지께서 그리스도 안에서 하늘에 속한 모든 신령한 복을 우리에게 주시되”
[4] “곧 창세 전에 그리스도 안에서 우리를 택하사 우리로 사랑 안에서 그 앞에 거룩하고 흠이 없게 하시려고”
[5] “그 기쁘신 뜻대로 우리를 예정하사 예수 그리스도로 말미암아 자기의 아들들이 되게 하셨으니”
[6] “이는 그가 사랑하시는 자 안에서 우리에게 거저 주시는 바 그의 은혜의 영광을 찬송하게 하려는 것이라”

[시 65:5] “우리 구원의 하나님이시여 땅의 모든 끝과 먼 바다에 있는 자가 의지할 주께서 의를 따라 엄위하신 일로 우리에게 응답하시리이다”

땅의 모든 끝에 거하는 자들과 멀리 바닷가에 사는 사람들은 아직 주 예수를 믿지 않고 있지만 그러나 이제 열방이 주님을 믿고 우리와 함께 하나님을 예배하는 날이 옵니다. 주님은 멀리 땅 끝에 거하는 자들에게 산들을 굳게 세우시고 능력으로 띠를 띠신 것을 증명해 보이셨고, 또 멀리 바닷가에 사는 사람들에게는 설렘과 물결의 거센 파도를 잔잔케 다스리시는 분임을 보여 주셨습니다. 그는 또한 인간들의 소동을 조용하게 하시고 평화를 이루십니다. 참으로 놀라운 우리 주님이십니다. 자연과 인간을 다스리시는 그의 능력은 땅 끝에 거하는 모든 사람들로 하여금 주님을 예배하지 않을 수 없게 합니다.

[8] "땅 끝에 사는 자가 주의 징조를 두려워하나이다 주께서 아침 되는 것과 저녁 되는 것을 즐거워하게 하시며"

"징조"는 하나님이 임재하신 표적을 말합니다. 예를 들면, 지진, 전염병, 회오리바람, 그리고 폭풍 가운데서 하나님의 손길을 보는 것입니다. 여기 나오는 동사 "두려워하다"는 "예배하다"라는 뜻입니다. 이 시편의 중심부분은 "징조"라는 말로 끝을 맺고 마지막 구절은 이렇게 시작합니다.

"주께서 아침 되는 것과 저녁 되는 것을 즐거워하게 하시며" 말하자면 "온 지구에" 즐거움이 가득하게 하신다는 말입니다. 8-13절에 그려놓은 천년왕국의 기쁨은 황홀합니다. 매일 아침과 저녁에 천국의 한 쪽 끝에서부터 저쪽까지 기쁨을 증거하고 공급합니다.

[9] "땅을 돌보사 물을 대어 심히 윤택하게 하시며 하나님의 강에 물이 가득하게 하시고 이같이 땅을 예비하신 후에 그들에게 곡식

을 주시나이다"

하나님의 강 하나님은 땅을 방문하시고 물을 대어 주십니다. 하나님
의 심방은 언제나 축복을 뒤에 두고 가십니다. 지구 위에 감사한 소
나기로 물을 내리시고,

[10] "주께서 밭고랑에 물을 넉넉히 대사 그 이랑을 평평하게 하시
며 또 단비로 부드럽게 하시고 그 싹에 복을 주시나이다"

그 결과는 해마다 날마다, 하나님의 인자로 관을 씌워 주실 것이다. 언
덕과 골짜기는 황금 곡식 물결로 관을 쓰고, 푸른 초장들은 양 떼로 덮일
것이다. 그리고 땅의 거민들은 즐거움으로 외칠 것이요, 큰 소리로 노래
할 것이다. (13)

III. 모든 만물이 하나님을 찬송합니다.

[13] "초장은 양 떼로 옷 입었고 골짜기는 곡식으로 덮였으매 그들
이 다 즐거이 외치고 또 노래하나이다"

여기 히브리 본문은 רוע(루아—즐거움으로 외칠 것이요) שיר(시이
르—큰 소리로 노래할 것이다.) 강동사 강조형이다.

즐거운 소리 큰 소리로 부르는 노래를 최고로 강조하고 있습니다. 직
역하면, "그들은 각자 확실히 노래할 것이다." 노래가 절로 나온다는 뜻
입니다.

결론

이것은 그리스도의 왕국이 이루어 졌을 때 만물이 주를 찬양하며 기뻐하는 것을 말합니다. 그러나 육신의 즐거움뿐만 아니라 하나님께서 성령을 강에 물이 가득함 같이 풍성하게 내려 주시어 우리의 영혼이 즐거워할 것을 말씀하는 것입니다. 그야말로 육과 영혼이 주님 오실 때 모든 성도가 은혜 충만으로 기쁨이 충만 할 것입니다.

가뭄이라든가 재난을 당하면, 사람은 회개해야 합니다. 가장 강력한 힘도 제어 하시는 하나님은 가장 말라터진 땅도, 가장 말라비틀어진 나라도 주 안에서 다시 활력 있게 하십니다.

Goal 우리는 항상 회개를 철저히 하며 서원을 지킵시다. 그리하면 가장 말라터진 땅도, 가장 말라비틀어진 나라도 다시 활력 있게 회복 시키십니다. 그 하나님의 능력으로 생명과 힘이 항상 충만하시기를 예수님의 이름으로 축복합니다.

전능하시고 무소부재 하신 하나님

[시, 인도자를 따라 부르는 노래]

[1]   온 땅이여 하나님께 즐거운 소리를 낼지어다

[2]   그의 이름의 영광을 찬양하고 영화롭게 찬송할지어다

[3]   하나님께 아뢰기를 주의 일이 어찌 그리 엄위하신지요 주의 큰 권능으로 말미암아 주의 원수가 주께 복종할 것이며

[4]   온 땅이 주께 경배하고 주를 노래하며 주의 이름을 노래하리이다 할지어다 (셀라)

[5]   와서 하나님께서 행하신 것을 보라 사람의 아들들에게 행하심이 엄위하시도다

[6]   하나님이 바다를 변하여 육지가 되게 하셨으므로 무리가 걸어서 강을 건너고 우리가 거기서 주로 말미암아 기뻐하였도다

[7]   그가 그의 능력으로 영원히 다스리시며 그의 눈으로 나라들을 살피시나니 거역하는 자들은 교만하지 말지어다 (셀라)

[8]   만민들아 우리 하나님을 송축하며 그의 찬양 소리를 들리게 할지어다

[9]   그는 우리 영혼을 살려 두시고 우리의 실족함을 허락하지 아니하시는 주시로다

Theme: 사람의 사건에 하나님이 개입 하신다는 것은 단순한 추측이 아

니라 그것은 역사가 증명한다. 육신적으로도 알 수 있고 반박할 수 없는 것이다.

서론

[1] "온 땅이여 하나님께 즐거운 소리를 낼지어다"
[2] "그의 이름의 영광을 찬양하고 영화롭게 찬송할지어다"

온 땅에 거하는 사람은 즐거운 소리만 발해야 합니다. 그 일반적인 이유는 두 가지입니다.

첫째는 하나님의 권능을 찬양하면 하나님의 권능으로 하나님의 백성을 돕습니다.

둘째로 그 이유는 하나님을 찬양하지 않고 불평하고 원망하면 멸망하기 때문입니다. 우리가 하나님께 영광을 돌리고 찬양해야 할 이유는

[3] "하나님께 아뢰기를 주의 일이 어찌 그리 엄위하신지요 주의 큰 권능으로 말미암아 주의 원수가 주께 복종할 것이며"

[4] "온 땅이 주께 경배하고 주를 노래하며 주의 이름을 노래하리이다 할지어다 (셀라)"

이것이 찬양할 이유입니다.

"주의 큰 권능으로 말미암아 주의 원수가 주께 복종할 것이며"

주의 원수가 누구입니까? 하나님이 보내라고 하는데 보내지 않는 애

굽 왕 바로 같은 사람입니다. 그는 10 가지 재앙을 받은 후에야 이스라엘 백성을 내보냈습니다. 뿐만 아니라 내보내고 또 잡으러 군인을 몰고 따라와서 홍해에 수장되었습니다. 이것이 하나님의 원수가 받을 것입니다. 그러므로 본문이 우리에게 가르쳐 주시는 것은 "사람의 사건에 하나님이 개입 하신다는 것은 단순한 추측이 아니라 그것은 역사가 증명하고, 육신적으로도 알 수 있고 반박할 수 없는 것이다"

I. 하나님의 권능을 봅시다

1, 이것이 하나님을 찬양하고 영광을 돌려야할 이유입니다

[5] "와서 하나님께서 행하신 것을 보라 사람의 아들들에게 행하심이 엄위하시도다"
[6] "하나님이 바다를 변하여 육지가 되게 하셨으므로 무리가 걸어서 강을 건너고 우리가 거기서 주로 말미암아 기뻐하였도다"

"와서 하나님께서 행하신 것을 보라 사람의 아들들에게 행하심이 엄위하시도다" 하나님이 인간사에 간섭하셔서 지배하심이 단지 추측과 이론으로만 알려진 것이 아니다. 그것은 역사적으로 증명되었고 육체로 느낄 수 있었고 반박을 할 수가 없다.
다만 와서 하나님의 행하신 것을 보기만 하면 된다. 눈을 뜨고 있는 모든 사람들의 목전에 그것들은 잘 보인다.

[7] "그가 그의 능력으로 영원히 다스리시며 그의 눈으로 나라들을 살피시나니 거역하는 자들은 교만하지 말지어다 (셀라)"

"거역하는 자들은 교만하지 말지어다 (셀라)" 애굽 군대가 수장된 무덤들은 미래의 제국들이 그 비슷한 신성모독을 하지 않도록 주의를 준다. (R' Hirsch).

"바다를 변하여 육지가 되게 하셨으므로 무리가 걸어서 강을 건너고"

애굽 군인들은 잡아 죽이려고 따라옵니다. 이때 하나님은 홍해 가운데를 신작로를 만들어서 육지로 건너가게 만드셨습니다. 그뿐 아니라 먹을 것이 없는 광야에서 40년 동안 만나와 메추라기로 먹이시고 물이 없을 때 반석에서 샘물이 나오게 하사 먹여 주셨습니다. 이런 큰 권능을 찬양하지 않을 수 없습니다.

하나님이 "그의 능력으로 영원히 다스리시며 그의 눈으로 나라들을 살피시나니 거역하는 자들은 교만하지 말지어다"

하나님을 믿지 아니하는 자들이 얼마나 잘 났는지 꼴불견입니다. 꼴사납게 놀지 말라는 것입니다. 사람들은 흔히 하나님이 우리 사람들의 일이나 생활하는 가운데 들어오시지 않고 무관심인 줄 압니다. 그러나 우리 하나님은 우리의 생활을 일일이 감찰하시고 관계 하십니다.

II. 하나님께 영광을 돌려야할 이유가 있습니다

[8] "만민들아 우리 하나님을 송축하며 그의 찬양 소리를 들리게 할지어다"

[9] "그는 우리 영혼을 살려 두시고 우리의 실족함을 허락하지 아
니하시는 주시로다"

"그는 우리 영혼을 살려 두시고" 어떻게 우리의 영혼을 살리십니까? 우리
가 우리의 죄로 다 멸망 당할 것을 자기의 독생자 예수 그리스도를 보내
서 우리의 죗값을 다 치러 주시고 우리를 구원하여 주셨습니다.

그뿐 아니라 그때는 "우리의 실족함을 허락하지 아니하시는 주시로다" 우리
가 그리스도의 공로로 구원 얻었으나 때때로 실족하고 넘어집니다. 그러
므로 예수 그리스도는 성령을 우리에게 보내주시어 우리가 잘못할 때 깨
우쳐 주시고 시험을 이길 힘을 주시여 실족하지 않게 도와주십니다. 할렐
루야!

신병 훈련 중에 머리 위로 윙윙 총알이 날아가는 바로 밑으로 기어가
는 훈련이 있습니다. 그러므로 땅에서 1미터 위로 총을 계속해서 쏘는데
그 밑으로 포복하여 기어가야 합니다. 만일 포복하다가 무서워서 일어서
면 총에 맞아 죽습니다. 훈련병은 때를 맞추어 기기도하고 뛰기도 해야
합니다. 그래야 적군과 싸워서 이길 수 있습니다

Goal 그러므로 우리는 어떤 때든지 하나님이 우리의 행위를 다 보시
는 줄 알고 어려운 시험을 당하나 불평하지 맙시다. 오히려 찬송하며
간구하여 도움을 받아 승리하는 용사, 성도가 되시기를 축복합니다.

해방과
자유를 주신 하나님 (광복절)

[시 곧 노래, 인도자를 따라 현악에 맞춘 것]

[1] 하나님은 우리에게 은혜를 베푸사 복을 주시고 그의 얼굴 빛을 우리에게 비추사 (셀라)

[2] 주의 도를 땅 위에, 주의 구원을 모든 나라에게 알리소서

[3] 하나님이여 민족들이 주를 찬송하게 하시며 모든 민족들이 주를 찬송하게 하소서

[4] 온 백성은 기쁘고 즐겁게 노래할지니 주는 민족들을 공평히 심판하시며 땅 위의 나라들을 다스리실 것임이니이다 (셀라)

[5] 하나님이여 민족들이 주를 찬송하게 하시며 모든 민족으로 주를 찬송하게 하소서

[6] 땅이 그의 소산을 내어 주었으니 하나님 곧 우리 하나님이 우리에게 복을 주시리로다

[7] 하나님이 우리에게 복을 주시리니 땅의 모든 끝이 하나님을 경외하리로다

Theme: 하나님이 우리에게 복을 주시리니 땅의 모든 끝이 하나님을 경외하리로다.

서론

내일은 8월 15일, 즉 1945년 8월 15일 해방된 지 만 60년이 되는 날입니다. 해방 60년을 맞을 때 감개무량합니다. 저는 어려서 집을 떠나 할아버지와 세 살 위인 누님과 망명생활을 하고 있었습니다. 아버지는 상해 임시정부에서 외무원으로 일하던 저의 작은 할아버지의 지시를 받아 독립단을 조직하고 독립운동을 하고 있었습니다.

일본정치 때 몰래 한국에 들어온 작은 할아버지께서 저의 아버님에게 주신 사명이 일본사람들이 항복하고 꼭 망하는 날이 있을 터이니 그때 한국 안에 독립단원을 조직하였다가 치안을 유지하라는 임무를 받았습니다. 일본인들이 전쟁에서 항복하고 일본으로 돌아갈 때 많은 한국인들을 죽일지 모르니 일본이 망하는 즉시 일본인들의 무장을 해제하고 한국 사람들을 해하지 못하도록 하라는 사명이었습니다.

그때 저의 아버님은 승호리 중부교회 목사님이셨는데 교회 집사님 두 분과 일본 헌병대에서 일하던 영어를 잘하는 김병준이라는 사람까지 4명이 결사대를 조직하고 일을 했습니다. 그러다가 김병준이 배신을 하고 투서를 하였습니다. 일본 고등계에서 저의 아버님을 체포하려고 하여 밤 12시경 비가 내리는 어떤 날 집을 떠나 망명생활이 시작 되었습니다. 일주일 후에 일본 경찰들이 저의 아버님을 잡지 못하자 대신에 우리 온 식구를 잡으려 함으로 온 식구가 헤어졌습니다. 저의 할아버지는 저와 저의 누님을 데리고 망명의 길을 떠났습니다. 일본사람들에게 잡히면 무서운 고문 끝에 죽을 줄 알기 때문에 깊은 산중으로 들어가 알지 못하는 산을 타고 짐승처럼 생활했습니다. 해방 될 때까지 일본사람들을 두려워하며 살았습니다. 독립운동하다 잡혀간 사람들은 일본경찰들이 전부 장애인으로 만들어 내보내든가 죽였습니다. 그러므로 항상 공포 속에 살았습니다. 그런데 오늘 본문을 보니까 본문이 가르치기를 "하나님은 우리에게 은혜를 베푸사 복을 주시고 … 땅의 모든 끝이 하나님을 경외하리로다" 라고 하였습니다.

I. 축복기도

이 시는 축복기도로 시작합니다. 인간에게 복을 주신다는 구절이 3번이나 반복 강조되고 있습니다.(1, 6, 7절) 그 하나님께, 전세계 모든 나라가 찬양에 참여하고 있습니다. 첫 두 절은 축복의 기도이고 마지막 두 절은 기도 응답에 대한 찬양입니다.

> "하나님은 우리에게 은혜를 베푸사 복을 주시고 그의 얼굴 빛을 우리에게 비추사 (셀라) 주의 도를 땅 위에 주의 구원을 모든 나라에 알리소서"(1-2절)

이 기도는 민수기 6장에 있는 축복기도올시다.

> "여호와는 네게 복을 주시고 너를 지키시기를 원하며 여호와는 그의 얼굴을 네게 비추사 은혜 베푸시기를 원하며 여호와는 그 얼굴을 네게로 향하여 드사 평강 주시기를 원하노라" (민 6:24-26)

아버지 하나님과 주 예수 그리스도와 성령의 역사로 "주의 구원을 모든 나라에 알리소서" 한 축복의 기도입니다. 하나님께서 나라들로 주를 찬송하게 하시며 모든 민족으로 주를 찬양하게 하소서 하는 기도입니다.

아버지 하나님의 사랑하심, 예수 그리스도의 은혜와 성령의 역사가 있으면 반드시 민족이 주를 찬양하게 되지 않을 수가 없습니다.

이와 같이 하나님이 역사하시면 온 백성은 기뻐 노래하는데 왜 기쁘냐? 그야말로 압제자가 다시는 압제하지 못합니다. 하나님의 역사가 있어 사람들이 예수를 믿으면 독재자, 압제자는 물러갑니다. 그때 주님은 모든 것을 공평하게 판단하십니다. 우리 하나님이 치리하실 때는 공의가 섭니다. 백성이 자유를 얻고 참 해방을 얻습니다.

> "하나님이 우리에게 복을 주시리니 땅의 모든 끝이 하나님을 경외하리로다."(7절)

II. 은혜로 얻은 우리나라의 해방과 자유

우리 한국 사람들은 8월 15일에 해방을 맞고 자유를 얻었습니다. 집을 가지고도 집에서 살 수 없고 곡식이 있어도 먹을 수 없고, 일본사람들에게 전부 빼앗겼습니다. 젊은 청년들은 군인으로 끌려가 일본 위해 싸우다 죽은 이가 얼마나 많이 있습니까? 군인 못 갈 조금 나이 든 이는 징용당하여 나가 일했습니다. 학생들은 책을 가지고 등교하는 것이 아니라 삽을 가지고 등교하여 보국대라고 하여 비행장을 닦든가 노동들을 했습니다. 전문학교 대학생은 전부 학도병으로 끌려가 일본군이 되었습니다. 군대 가는 것을 거부한 학생은 강제노동 수용소로 끌려가 강제노동을 시켰습니다. 젊은 처녀들은 위안부로 끌려가 창녀생활을 했습니다. 여기서 누가 일본세력을 대항하여 한국에서 그들을 몰아내고 해방을 시키며 자유를 주겠습니까?

독립운동 한다는 것이 고작 일본사람들의 눈을 피해 다니며 산 생활을
한 것뿐입니다. 얼마나 무섭고 떨리는지 잡히면 세 가지 무서운 고문을
당합니다. 코에 물을 부어 넣어 기절할 때까지 물을 먹입니다. 손톱사이
에 참대를 넣어서 참대 침을 놨습니다. 못을 판자에 많이 박고 사람을 거
기에다 굴렸습니다. 저는 어렸을 때 독립운동하다 잡혀서 고문당하는 소
리를 너무나 들어서 산으로 피해 다니면서 일본순사가 따라오나 눈치 보
며 도망치는 생활을 했습니다.

거기서 누가 우리에게 해방과 자유를 주었습니까? 미국입니다. 미국
사람들이 일본에 원자폭탄을 떨어뜨려 죽게 될 때 항복했습니다. 우리 한
국 사람은 일본의 무서운 손에서 해방 되었습니다. 자유를 얻었습니다.
우리가 싸워 얻은 해방이 아니고 미국이 해방을 가져다주고 미국이 자유
를 주었습니다. 우리는 한 것 없이 공짜로 해방과 자유를 맞았습니다. 하
나님의 은혜입니다.

III. 하나님의 은혜로 구원과 자유를 얻었습니다

오늘 본문은 하나님의 사랑과 예수 그리스도의 은혜와 성령님의 역사
로 우리가 완전히 해방되고 자유를 얻은 것을 말해줍니다. 우리가 해방을
맞아 대한독립 만세를 부르듯이 구원을 얻을 때 하나님의 역사를 찬양합
니다.

[3] "하나님이여 민족들이 주를 찬송하게 하시며 모든 민족들이

주를 찬송하게 하소서

[4] 온 백성은 기쁘고 즐겁게 노래할지니 주는 민족들을 공평히

심판하시며 땅 위의 나라들을 다스리실 것임이니이다

[7] 하나님이 우리에게 복을 주시리니 땅의 모든 끝이 하나님을
경외하리로다"

7절 찬양은 65:8의 말씀과 함께 온 땅의 인류를 찬양의 공동체로 만듭니다.

"땅 끝에 사는 자가 주의 징조를 두려워하나이다 주께서 아침 되
는 것과 저녁 되는 것을 즐거워하게 하시며"

우리가 마귀의 손에서 풀려나 해방을 얻고 자유를 얻은 것은 온전히 삼위일체 되시는 하나님의 역사로 우리가 구원 얻은 것을 말씀합니다. 우리가 구원 얻기 위해 한 것 없습니다. 온전히 하나님의 은혜입니다.

결론

오늘 해방 60주년을 맞으면서 생각해 볼 때 우리가 해방을 맞은 것은 온전히 미국이 일본을 이겨서 해방과 자유가 우리 민족에게 거저 은혜로 왔습니다. 이것이 은혜입니다. 하나님이 미국을 시켜서 역사하사 60 년 전에 우리에게 해방과 자유를 주셨습니다.

마찬가지로 우리를 모든 죄에서 구원하신 것도 하나님 아버지의 사랑과 예수 그리스도의 은혜와 성령님의 역사로 구원 얻었습니다. 우리는 일본의 압박에서도 해방과 자유를, 죄에서도 해방과 자유를 얻었습니다. 이 모든 것은 하나님의 은혜로 된 것입니다. 그러므로 우리는 방종하지 말고

하나님께서 우리에게 주신 해방과 구원을 지켜서 영원토록 자유를 지켜
나가야합니다. 갈라디아서 5장 1절에 말씀했습니다.

"그리스도께서 우리를 자유롭게 하려고 자유를 주셨으니 그러므로
굳건하게 서서 다시는 종의 멍에를 메지 말라"

Goal 하나님이 우리에게 해방과 자유의 복을 주셨으니 모든 한국 땅
끝까지 하나님을 경외하게 되기를 기도합니다.

시편 68편

왕 되시는 예수 그리스도

[다윗의 시, 인도자를 따라 부르는 노래]

[1]   하나님이 일어나시니 원수들은 흩어지며 주를 미워하는 자들은 주 앞에서 도망하리이다

[2]   연기가 불려 가듯이 그들을 몰아내소서 불 앞에서 밀이 녹음 같이 악인이 하나님 앞에서 망하게 하소서

[3]   의인은 기뻐하여 하나님 앞에서 뛰놀며 기뻐하고 즐거워할지어다

[4]   하나님께 노래하며 그의 이름을 찬양하라 하늘을 타고 광야에 행하시던 이를 위하여 대로를 수축하라 그의 이름은 여호와이시니 그의 앞에서 뛰놀지어다

[5]   그의 거룩한 처소에 계신 하나님은 고아의 아버지시며 과부의 재판장이시라

[6]   하나님이 고독한 자들은 가족과 함께 살게 하시며 갇힌 자들은 이끌어 내사 형통하게 하시느니라 오직 거역하는 자들의 거처는 메마른 땅이로다

[7]   하나님이여 주의 백성 앞에서 앞서 나가사 광야에서 행진하셨을 때에 (셀라)

[8]   땅이 진동하며 하늘이 하나님 앞에서 떨어지며 저 시내 산도 하나님 곧 이스라엘의 하나님 앞에서 진동하였나이다

[9]   하나님이여 주께서 흡족한 비를 보내사 주의 기업이 곤핍할 때에 주께서 그것을 견고하게 하셨고

[10] 주의 회중을 그 가운데에 살게 하셨나이다 하나님이여 주께서 가난한 자를 위하여 주의 은택을 준비하셨나이다
[11] 주께서 말씀을 주시니 소식을 공포하는 여자들은 큰 무리라
[12] 여러 군대의 왕들이 도망하고 도망하니 집에 있던 여자들도 탈취물을 나누도다
[13] 너희가 양 우리에 누울 때에는 그 날개를 은으로 입히고 그 깃을 황금으로 입힌 비둘기 같도다
[14] 전능하신 이가 왕들을 그 중에서 흩으실 때에는 살몬에 눈이 날림 같도다
[15] 바산의 산은 하나님의 산임이여 바산의 산은 높은 산이로다
[16] 너희 높은 산들아 어찌하여 하나님이 계시려 하는 산을 시기하여 보느냐 진실로 여호와께서 이 산에 영원히 계시리로다
[17] 하나님의 병거가 천천이요 만만이라 주께서 그 중에 계심이 시내 산 성소에 계심 같도다
[18] 주께서 높은 곳으로 오르시며 사로잡은 자들을 취하시고 선물들을 사람들에게서 받으시며 반역자들로부터도 받으시니 여호와 하나님이 그들과 함께 계시기 때문이로다
[19] 날마다 우리 짐을 지시는 주 곧 우리의 구원이신 하나님을 찬송할지로다 (셀라)
[20] 하나님은 우리에게 구원의 하나님이시라 사망에서 벗어남은 주 여호와로 말미암거니와
[21] 그의 원수들의 머리 곧 죄를 짓고 다니는 자의 정수리는 하나님이 쳐서 깨뜨리시리로다
[22] 주께서 말씀하시기를 내가 그들을 바산에서 돌아오게 하며 바다 깊은 곳에서 도로 나오게 하고
[23] 네가 그들을 심히 치고 그들의 피에 네 발을 잠그게 하며 네 집의 개의 혀로 네 원수들에게서 제 분깃을 얻게 하리라 하시도다
[24] 하나님이여 그들이 주께서 행차하심을 보았으니 곧 나의 하나님, 나의 왕이 성소로 행차하시는 것이라
[25] 소고 치는 처녀들 중에서 노래 부르는 자들은 앞서고 악기를 연주하는

자들은 뒤따르나이다

[26] 이스라엘의 근원에서 나온 너희여 대회 중에 하나님 곧 주를 송축할지
어다

[27] 거기에는 그들을 주관하는 작은 베냐민과 유다의 고관과 그들의 무리
와 스불론의 고관과 납달리의 고관이 있도다

[28] 네 하나님이 너의 힘을 명령하셨도다 하나님이여 우리를 위하여 행하
신 것을 견고하게 하소서

[29] 예루살렘에 있는 주의 전을 위하여 왕들이 주께 예물을 드리리이다

[30] 갈밭의 들짐승과 수소의 무리와 만민의 송아지를 꾸짖으시고 은 조각
을 발 아래에 밟으소서 그가 전쟁을 즐기는 백성을 흩으셨도다

[31] 고관들은 애굽에서 나오고 구스인은 하나님을 향하여 그 손을 신속히
들리로다

[32] 땅의 왕국들아 하나님께 노래하고 주께 찬송할지어다 (셀라)

[33] 옛적 하늘들의 하늘을 타신 자에게 찬송하라 주께서 그 소리를 내시니
웅장한 소리로다

[34] 너희는 하나님께 능력을 돌릴지어다 그의 위엄이 이스라엘 위에 있고
그의 능력이 구름 속에 있도다

[35] 하나님이여 위엄을 성소에서 나타내시나이다 이스라엘의 하나님은 그
의 백성에게 힘과 능력을 주시나니 하나님을 찬송할지어다

Theme: 이 시편을 통하여 그리스도가 다스리시는 왕국과 왕의 영광과
권능을 알 수 있다.

서론

이 시편은 구원과 승리의 찬송입니다. 네 편의 연속적인 시편의(65~68

편) 마지막 시입니다. 예배 공동체가 성전으로 행진하면서 불렀으리라 생각됩니다. 그리스도가 다스리는 67편에서 우리는 그리스도 우리의 왕이 다스리는 왕국에 대하여 보았습니다. 68편은 우리의 왕의 영광과 권능을 보게 됩니다. 하나님께서 그의 백성을 구원하실 뿐만 아니라 이 땅의 모든 나라가 이스라엘의 하나님께 예물을 드리고 그를 노래하는 그 날이 올 때까지 하나님의 강력한 힘이 나타나길 기도합니다. 18절은 엡 4:8~13 절에서 인용되어 초대교회가 그리스도의 부활과 승천과 천국에서의 다스림, 그리고 그의 교회가 적대적인 세상을 향해 최종적인 승리를 거두는 예표적인 본문으로 삼았습니다. 본문이 우리에게 가르쳐 주시는 것은 이 시편을 통하여 그리스도가 다스리시는 왕국과 왕의 영광과 권능을 알 수 있다는 것입니다.

I. 하나님께서 일어나심으로 승리의 행진을 하옵소서 (1~18)

[1] "하나님이 일어나시니 원수들은 흩어지며 주를 미워하는 자들은 주 앞에서 도망하리이다"–

이 말씀은 민수기 10:35를 참조 할 수 있습니다. 매일 이스라엘 백성이 일어나 떠나 갈 때 모세가 외쳤습니다.

(민 10:35) "궤가 떠날 때에는 모세가 말하되 여호와여 일어나사 주의 대적들을 흩으시고 주를 미워하는 자가 주 앞에서 도망하게 하소서 하였고"

참으로 하루를 시작하며 기분 좋고 신나는 시작입니다. 물론 67편도 신나는 시편이지만 68편도 신나는 시편입니다. 승리의 찬송이요 영광의 찬송입니다. 하나님과 함께하여 힘차게 일어나십시오.

언약궤와 함께 행진하는 이스라엘은 하나님과 동행하고 있습니다. 언약궤는 이동하는 시내산입니다. (17절)

여기서 언약을 거부하는 악인(2절)은 망하지만 언약의 백성들 의인(3절)은 기뻐하며 즐거워합니다.(1~3)

[3] "의인은 기뻐하여 하나님 앞에서 뛰놀며 기뻐하고 즐거워할지어다"

"뛰놀며" "기뻐하고" "즐거워할지어다" 3중적 표현으로 큰 기쁨을 표현합니다.

[4] "하나님께 노래하며 그의 이름을 찬양하라 하늘을 타고 광야에 행하시던 이를 위하여 대로를 수축하라 그의 이름은 여호와이시니 그의 앞에서 뛰놀지어다"

"하나님께 노래하며 그의 이름을 찬양하라" 지금 사람들은 하나님을 찬양하지 않습니다. 그러나 예수 그리스도께서 왕국을 건설하시고 다스릴 때는 사람들이 예수 그리스도를 찬양하지 않을 수 없습니다. 하나님의 능력은 가장 연약한 자들을 돌보시고 있습니다.(5~6)

하나님은 고아의 아버지시며 과부의 재판장이시라, 고독한 자들은 가족과 함께 살게 하시며 갇힌 자들은 이끌어 내사 갇힌 자들 즉 애굽에서 이스라엘을 끌어내신 것처럼 하나님은 자기 힘으로 구원 받지 못하는 백성을 위하여 은혜를 베푸셨습니다. 교회는 영적 가정입니다.

[13] "너희가 양 우리에 누울 때에는 그 날개를 은으로 입히고 그 깃을 황금으로 입힌 비둘기 같도다"

드보라가 같은 의미로 예언하며 말했습니다.

(삿 5:16) "네가 양의 우리 가운데에 앉아서 목자의 피리 부는 소리를 들음은 어찌 됨이냐 르우벤 시냇가에서 큰 결심이 있었도다"

이 말은 전쟁에 참가 하지 않은 르우벤을 말합니다. 이것은 같은 의미로 말한 것입니다. 이것은 무관심하고, 같이 행동하지 않고 이기적인 것을 말합니다. 이 시편을 보면 이스라엘 사람들은 아무런 결정도 하지 않고 아무것도 하지 않는 사람들입니다. "너희가 양 우리에 누울 때에는" 하는 말은 너희가 하나님의 백성들 가운데 있을 때에는 "그 날개를 은으로 입히고 그 깃을 황금으로 입힌 비둘기 같도다" 비둘기도 보통 비둘기가 아니고 날개는 은으로 입힌 것 같고 털은 황금으로 입힌 것 같은 비둘기 같다는 것입니다. 비둘기는 하나님께 제사 드리는 제물입니다.

이 말씀은 이스라엘이 보기에는 그렇게 훌륭하고 아름답게 보이지만 하나님께 대하여는 무관심합니다. 교인들이 일할 때 자기는 아무것도 하지 않는 게으름뱅이라는 말입니다. 그러나 예수 그리스도께서 십자가에서 죽으심으로 이 모든 게으른 것까지도 용서하시고 구속 하신다는 것입니다.

우리는 이 시편을 예수님의 승천 시라고도 부르는데 에베소에 있는 말씀 때문입니다.

(엡 4:8) "그러므로 이르기를 그가 위로 올라가실 때에 사로잡혔

던 자들을 사로잡으시고 사람들에게 선물을 주셨다 하였도다"

[18] "주께서 높은 곳으로 오르시며 사로잡은 자들을 취하시고 선
물들을 사람들에게서 받으시며 반역자들로부터도 받으시니 여호와
하나님이 그들과 함께 계시기 때문이로다"

예수 그리스도께서 십자가에서 죽으시고 부활하셔서 승천하실 때 그는 두 가지를 행했다고 생각합니다. 그는 낙원에 있는 모든 성도들을 천국으로 인도 하십니다. 다음으로는 땅에서 그때까지 복음을 전하기 위하여 수고한 사람들에게 상을 주십니다. 이 사건은 굉장한 일로서 믿는 성도들이 큰 위로를 받고 기쁨을 얻는 날입니다.

그리스도인들은 이 땅의 온갖 유혹과 불신앙과 싸워야합니다. 그때마다 하나님은 우리와 함께 하실 것입니다. 마치 광야에서 가나안과 싸울 때 하나님의 도우심으로 승리하였음을 기억해야합니다.

II. 현재와(19~27) 미래에서(28~35) 이루어 질 메시아 왕국의 승리를 예언함

[19] 날마다 우리 짐을 지시는 주 곧 우리의 구원이신 하나님을 찬
송할지로다

하나님은 우리의 구원이시지만 동시에 일상생활에서의 무거운 짐도 해결하심으로 우리의 구원은 완성되어 갑니다.

[21] "그의 원수들의 머리 곧 죄를 짓고 다니는 자의 정수리는 하
나님이 쳐서 깨뜨리시리로다"
[22] "주께서 말씀하시기를 내가 그들을 바산에서 돌아오게 하며
바다 깊은 곳에서 도로 나오게 하고"

이 말씀은 장차 얻을 영광스러운 승리의 찬송입니다. 여기에 지저분하
게 나오는 모든 것은 적그리스도입니다. 적그리스도는 온갖 반대와 발악
을 하지만 실패할 것뿐입니다. 하나님은 자기의 백성은 바다 밑에 있을지
라도 끌어올릴 것입니다. 이것이 이스라엘을 회복시키는 것입니다.

[27] "거기에는 그들을 주관하는 작은 베냐민과 유다의 고관과 그
들의 무리와 스불론의 고관과 납달리의 고관이 있도다"

이 말씀은 이스라엘의 자손을 말한 것입니다. 남쪽 두 지파 유다와 베
냐민, 북쪽 두 지파 스불론과 납달리는 모든 이스라엘을 대표하는 시적
표현입니다. 어떤 사람은 생각하기를 대영 제국은 이스라엘의 잃어버린
10 지파라고 생각합니다. 그들은 작은 베냐민이 런던의 Big Ben이라고
합니다. 작은 베냐민에게서 최초의 사울 왕이 나왔습니다. 이 작은 베냐
민도 위대하신 하나님을 소유하고 있습니다.

[29] "예루살렘에 있는 주의 전을 위하여 왕들이 주께 예물을 드
리리이다"
[30] "갈밭의 들짐승과 수소의 무리와 만민의 송아지를 꾸짖으시고"

장차 예루살렘성전에 세계의 왕들이 모여와서 주께 예물을 드릴 것입니

다. 이를 위해 하나님은 이스라엘에게 힘과 능력을 주실 것입니다. (29, 35)

갈밭은 애굽의 바로(겔 29:3), 수소의 무리와 만민의 무리는 애굽을 지지하는 강력한 군주들.

결론

> [35] "하나님이여 위엄을 성소에서 나타내시나이다. 이스라엘의 하나님은 그의 백성에게 힘과 능력을 주시나니 하나님을 찬송할지어다"

우리도 작은 자입니다. 그러나 위대하시고 전능하신 하나님을 소유하고 있습니다. 그리고 하나님은 우리를 강하게 하시고 우리가 필요한 모든 능력을 주시는 분이십니다. 할렐루야

오늘의 자리가 어떠하든지 힘을 주시는 하나님을 의지하고 일어나십시오

"네 하나님이 너의 힘을 명령하셨도다"(28) - "네 힘을 불러모으셨도다"(너를 위해 능력을 나타내 보이셨다).

Goal 그러므로 우리는 우리에게 능력과 권능을 주시는 주님만 의지하고 하나님의 은혜로 만사에 승리하시기를 축복합니다.

예수님의 숨겨진 생활

[다윗의 시, 인도자를 따라 소산님에 맞춘 노래]

[7] 내가 주를 위하여 비방을 받았사오니 수치가 나의 얼굴에 덮였나이다

[8] 내가 나의 형제에게는 객이 되고 나의 어머니의 자녀에게는 낯선 사람
이 되었나이다

[9] 주의 집을 위하는 열성이 나를 삼키고 주를 비방하는 비방이 내게 미
쳤나이다

[10] 내가 곡하고 금식하였더니 그것이 도리어 나의 욕이 되었으며

[11] 내가 굵은 베로 내 옷을 삼았더니 내가 그들의 말 거리가 되었나이다

[12] 성문에 앉은 자가 나를 비난하며 독주에 취한 무리가 나를 두고 노래
하나이다

[13] 여호와여 나를 반기시는 때에 내가 주께 기도하오니 하나님이여 많은
인자와 구원의 진리로 내게 응답하소서

[14] 나를 수렁에서 건지사 빠지지 말게 하시고 나를 미워하는 자에게서와
깊은 물에서 건지소서

[15] 큰 물이 나를 휩쓸거나 깊음이 나를 삼키지 못하게 하시며 웅덩이가
내 위에 덮쳐 그것의 입을 닫지 못하게 하소서

[16] 여호와여 주의 인자하심이 선하시오니 내게 응답하시며 주의 많은 긍
휼에 따라 내게로 돌이키소서

[17] 주의 얼굴을 주의 종에게서 숨기지 마소서 내가 환난 중에 있사오니
속히 내게 응답하소서

[18] 내 영혼에게 가까이하사 구속하시며 내 원수로 말미암아 나를 속량하
소서

서론

신약 성경은 예수님이 30세가 되어서 성역을 시작할 때의 생활만 소개합니다. 그전의 일은 기술한 바가 별로 없어서 알지를 못합니다. 누가복음에서 예수님의 탄생과 예수님이 12살 때 예루살렘을 방문한 일만 알뿐이지 그 외에는 전혀 감감입니다.

그런데 다윗 왕이 예수님이 십자가에 못 박혀 죽으실 때 일을 시편 22편에 상세히 예언하였습니다. 69편에는 예수님이 탄생하셔서 자라나실 때와 12살 이후 십자가에서 죽으실 때까지 어떤 생활을 하였는지에 대하여 보여 주고 있습니다. 그러므로 시편 69편은 신약 중에 제일 많이 인용된 것을 볼 수 있습니다. 마태복음, 마가복음, 누가복음, 요한복음에 다 인용 되었고 사도행전과 로마서에도 인용되었고 이외에도 그 의미만 인용된 곳도 많이 있습니다.

그러므로 "시편 69편은 신약 성경에서 볼 수 없는 예수님의 생애에 대하여 가르쳐 줍니다."

I. 본문 해석

1. [7] "내가 주를 위하여 비방을 받았사오니 수치가 나의 얼굴에 덮였나이다"

사람들에게서 비방을 당했다는 말씀은 왕따를 당했고 욕을 보았다는
말씀입니다. 왜 이렇게 왕따를 당하고 미움을 받았는가 하면 두 가지 이
유입니다.

첫째는 그들과 같이 죄인이 아니고 의인이기 때문입니다. 지금도 죄인
들은 참으로 예수 믿고 의를 행하는 사람은 미워합니다.

둘째로는 낮은 자리에서 겸손하기 때문입니다. 지금도 마찬가지 입니
다. 예를 들면 제가 '저는 목사입니다' 하면, 예수님 모르는 사람들은 저
를 무시합니다. 예수님은 겸손해서 무시를 당했습니다.

2. [8] "내가 나의 형제에게는 객이 되고 나의 어머니의 자녀에게는 낯선 사람이 되었나이다"–

"내가 나의 형제에게는 … 나의 어머니의 자녀에게는 낯선 사람이
되었나이다"

내 형제들 (이스마엘의 후손들) … 나의 어머니의 자녀 (에서의 후손
들) (Radak)

이 말씀이 우리에게 많은 것을 가르쳐 줍니다. 이 말씀을 보면 집안 형
제 중에서도 왕따를 당하고 살았습니다. 예수님은 동생들이 여럿이 있었
습니다. 야고보, 요셉, 시몬, 유다가 있었습니다. 그들은 틀림없이 마리아
에게 말하기를 "어머니! 사람들이 말하기를 예수는 우리 진짜 형이 아니
라고 하고, 예수는 아버지 아들이 아니라고 하는데 진짜 우리 형이요?"

하고 말 했을 것입니다. 그래서 "내가 나의 형제에게는 객이 되고 나의 어머니의 자녀에게는 낯선 사람이 되었나이다" 한 것입니다. 동생들이 형으로 대접을 하지 않을 뿐 아니라 미워하고 모욕했습니다.

3. [9] "주의 집을 위하는 열성이 나를 삼키고 주를 비방하는 비방이 내게 미쳤나이다."

"주의 집을 위하는 열성이" 이방인들이 이스라엘을 미워하는 것은 그들의 예루살렘에 성전이 있기 때문이다. 그리고 그 성전이 이스라엘에게 상징하는 특별한 관계 때문이다.

이 말씀은 예수님이 성전에 들어 가셨을 때 소와 양과 비둘기 파는 사람들과 돈 바꾸는 사람들을 보시고 분히 여겨 채찍으로 다 내쫓으실 때 인용되었습니다. (요 2:16,17)

[16] "비둘기 파는 사람들에게 이르시되 이것을 여기서 가져가라 내 아버지의 집으로 장사하는 집을 만들지 말라 하시니"
[17] "제자들이 성경 말씀에 주의 전을 사모하는 열심이 나를 삼키리라 한 것을 기억하더라"

저들은 하나님을 위하여 열심히 일한다고 하지만 실상은 하나님과는 먼 것입니다.

4. [10] "내가 곡하고 금식하였더니 그것이 도리어 나의 욕이 되었으며"–
[11] "내가 그들의 말 거리가 되었나이다"
사람들이 모이면 나의 곤경에 대한 말이요, 술집의 노래 제목이다.

예수님이 젊었을 때 금식하고 기도하면 그 동생들은 비웃고 혼자 거룩
한 것처럼 연극한다고 욕합니다.

5. [11] "내가 굵은 베로 내 옷을 삼았더니 내가 그들의 말 거리가
되었나이다"

"말 거리"라는 말씀은 잠언이라는 말씀입니다. 잠언은 한 때에만 말
하는 것이 아니라 세대 세대에 두고두고 하는 말을 잠언이라고 합니
다. 예수님에 대해서 세대를 거쳐 두고두고 하는 말이 무엇입니까.
예수님은 사생아라는 것입니다.

6. [12] "성문에 앉은 자가 나를 비난하며 독주에 취한 무리가 나를
두고 노래하나이다"

"성문에 앉은 자"는 누구입니까. 판사들이요 동네의 장로들입니다.
원문에는 성문에 앉은 자들이 나를 대적하여 말한다고 했습니다. 그
러니까 나사렛 그 작은 동리에서도 지도자들에게서 배척을 받았습
니다.
"취한 무리가 나를 두고 노래하나이다"는 술집에 앉은 술꾼들이 예수
는 아버지를 모르는 사생아라. 그의 어머니 마리아는 재주도 많다.
술꾼들이 노래를 합니다.

7. [13] "여호와여 나를 반기시는 때에 내가 주께 기도하오니
하나님이여 많은 인자와 구원의 진리로 내게 응답하소서"

복음서에는 예수님이 기도하신 기도문들이 있는데 이 시편은 무엇을
기도했는지를 가르쳐 줍니다.

II. 예수님의 기도입니다

예수님이 십자가를 앞에 놓고 하신 기도는 요한복음 17장에 제자들과 모든 성도들을 위하여 하신 기도가 있습니다. 그러나 십자가를 앞에 두고 자기를 위하여 기도하신 것은 없습니다. 자기를 위한 기도는 오늘 본문에서 볼 수 있습니다.

> (시 69:14-18) [14] "나를 수렁에서 건지사 빠지지 말게 하시고 나를 미워하는 자에게서와 깊은 물에서 건지소서"
> [15] "큰 물이 나를 휩쓸거나 깊음이 나를 삼키지 못하게 하시며 웅덩이가 내 위에 덮쳐 그것의 입을 닫지 못하게 하소서"
> [16] "여호와여 주의 인자하심이 선하시오니 내게 응답하시며 주의 많은 긍휼에 따라 내게로 돌이키소서"
> [17] "주의 얼굴을 주의 종에게서 숨기지 마소서 내가 환난 중에 있사오니 속히 내게 응답하소서"
> [18] "내 영혼에게 가까이하사 구원하시며 내 원수로 말미암아 나를 속량하소서"

우리는 예수님의 기도에서 그가 당하는 어려움을 볼 수 있습니다. 그러나 그는 극심한 어려움 속에서도 하나님 아버지께서 자기를 도우시고 구원해 주실 확신을 가지고 있었습니다. 14, 15절은 예수님이 죽어서 장사 지내어도 다시 부활하게 해 주실 것을 믿고 기도하신 기도입니다.

> [15] "큰 물이 나를 휩쓸거나 깊음이 나를 삼키지 못하게 하시며 웅덩이가 내 위에 덮쳐 그것의 입을 닫지 못하게 하소서"

결론

우리는 예수 그리스도께서 우리를 구원하시려고 십자가의 고난을 당하신 것은 잘 알고 있습니다. 그러나 예수님의 어렸을 때 일은 복음서에서 말씀하지 않았기 때문에 대개 모르고 있습니다. 그러나 오늘 본문을 볼 때 예수님은 불우한 사람들의 불행함을 감당하시고 친히 돕기 위하여 불행한 일생을 사셨습니다. 외양간에서 나실 때부터 십자가에서 죽으실 때까지 하루도 고난이 없는 날이 없었습니다. 시편 69편은 신약 성경에서 볼 수 없는 예수님의 생애에 대하여 가르쳐 주셨습니다.

이같이 고난을 당하심으로 우리의 죗값을 완전히 치러 주시고 고생과 슬픔을 치료해 주셨습니다. 또한 우리를 의롭다 여겨 주시고 은혜로 구원하여 주시어 예수님은 우리의 구주가 되셨습니다.

Goal 그러므로 우리는 예수님에게 무엇으로 보답 하겠습니까. 우리는 감사할 것 밖에 없습니다. 우리는 괴로우나 즐거우나 항상 감사하며 예수님의 기뻐하시는 뜻이 무엇인지 알아서 순종하는 생활을 하게 되기를 우리 위해 고난 당하신 예수님의 이름으로 축복합니다.

시 69편 묵상자료

길고 쓰라린 망명 중에 있는 이스라엘의 형편을 예언적으로 생생하게
그려낸 모습, 그리고 속히 그곳에서 구원해 달라는 뜨거운 간구

(시 69:1) [다윗의 시, 인도자를 따라 소산님에 맞춘 노래]

1. 소산님에 맞춘 {노래}, 소산님은 음악 악기의 일종이다.

2. "내 마음이 좋은 말로 왕을 위하여 … 내 혀는 글솜씨가 뛰어난 서기
관의 붓끝과 같도다." (시45:1)—많은 시인들이 자기 생각을 자기가 잘 아
는 말들을 따라 세워 올린다. 이 시편 저자는 그렇지 않다. 그의 혀는 단지
마음이 움직이는 것을 분명하게 소리할 뿐이다. "너의 입술에는 은혜가
넘치나니 너는 현명하게 인상 깊게 말을 하는도다." (1절 직역)

이 시편을 읽는 독자는 마침내 "왕을 영원히 찬송하리로다" (시45:7) 그
리스도를 찬송하리로다

3. "물들이 내 영혼에까지 흘러 들어왔나이다" (1)—하나님이여 나를
구원하소서—이스라엘은 그 받는 고통으로 말미암아 거의 익사직전이
다. (물에 빠져 죽게 되었다.}

4. "까닭 없이 나를 미워하는 자가 … 내가 빼앗지 아니한 것도 물어 주
게 되었나이다" (4절)—이스라엘의 망명사를 보면 그들의 재산을 압수하
기 위하여 유대인들을 대항하여 고소한 사건들로 가득 차 있다.

5. "하나님이여 주는 나의 우매함을 아시오니" (5절)—나의 모든 유죄
함을 아시는 하나님은 저들의 비난이 근거 없다는 것을 아신다. 그것은
자기들의 탐욕을 덮고 그것에 합법적 인상을 주려는 수단일 뿐이다.

6. "주를 바라는 자들이 나를 인하여 수치를 당하게 하지 마옵소서"(6
절)―나라를 잃어버린 유대인은 각자 기도한다. "하나님 우리 백성의 원
수들이 나를 핍박하지 못하게 하소서, 제가 박해를 당하면 주님을 의지하
는 모든 사람들이 나 때문에 "그들 소망이 헛되다"고 하는 비웃음을 당할
까 하나이다.

7. "내가 주를 위하여"(7절)―믿는 사람은 믿음 없는 자들의 부류와 연
합함으로 자기 고통을 덜 수는 있다. 그러나 하나님께 충성하는 자로 남
기 위하여 그는 멸시와 천대를 견딘다.

8. "내가 나의 형제에게는 … 나의 어머니의 자녀에게는 낯선 사람이
되었나이다"(8절)―내 형제들 (이스마엘의 후손들) … 내 모친의 자녀
(에서의 후손들) (Radak)

9. "주의 집을 위하는 열성이"(9절)―이방인들이 이스라엘을 미워하는
것은 그들의 예루살렘에 성전이 있기 때문이다. 그리고 그것이 이스라엘
에게 상징하는 특별한 관계 때문이다.

10. "내가 그들의 말 거리가 되었나이다"(11절)―사람들이 모이면 나
의 곤경에 대한 말이요, 술집의 노래 제목이다.

11. "여호와여 나를 반기시는 때에 내가 주께 기도하오니"(13절)―나
는 저들의 모욕을 무시하고 그 대신 주님께 드리는 나의 기도에 열중하나
이다.

12. "여호와여 주의 인자하심이 선하시오니" (16절)―하나님의 인자하
심은 무엇을 정하던지 그것이 아무리 우리에게 가혹하게 보일지라도 그
것은 항상 선하다.

13. "내 원수로 말미암아"(18절)-나를 속량하소서. 나의 원수로 나의 하나님, 주님이 권능이 없다 하지 못하게 하소서.

14. "그들의 밥상이"(22절)-그들의 풍성한 번성을 언급한 말이다. 그들의 부요함과 권능은 저희 문명의 쇠퇴를 자초할 것이다.

15. "무릇 그들이 주께서 치신 자를 핍박하며"(26절)-하나님은 하나님의 백성의 죄를 위하여 열방에게 그들을 처벌할 권세를 어느 정도 허락하셨다. 그러나 열방은 필요 이상 그리고 야만적 즐거움을 가지고 그들을 핍박하였다. (Rashi)

16. "주의 공의에 들어오지 못하게 하소서"(27)-하나님은 이스라엘의 악한 원수들은 최종 상급에 참여하게 하시지 않는다. 하나님은 그것을 자기 백성에게 주실 것이다.

17. "이것이 소 곧 뿔과 굽이 있는 황소"(31)-뿔과 굽. 황소의 뿔은 외부 공격을 막는 능력을 상징하고, 굽은 독립을 지키는 견고히 선 자리를 말한다. 이와 같이 황소를 드림은 자기의 권능과 독립을 하나님을 봉사하는데 바침을 의미한다. 그러나 이스라엘이 고난과 고통 중에 하나님께 부르는 찬송(위 두 절의 찬송)은 황소를 드림보다 "여호와를 더욱 기쁘시게 함이 될 것이다" 안전하고 좀 더 번창한 가운데 드리는 찬송보다 권능과 독립을 빼앗기고 난 하나님의 백성이 하나님께 드리는 충성은 더욱 큰 것이다.

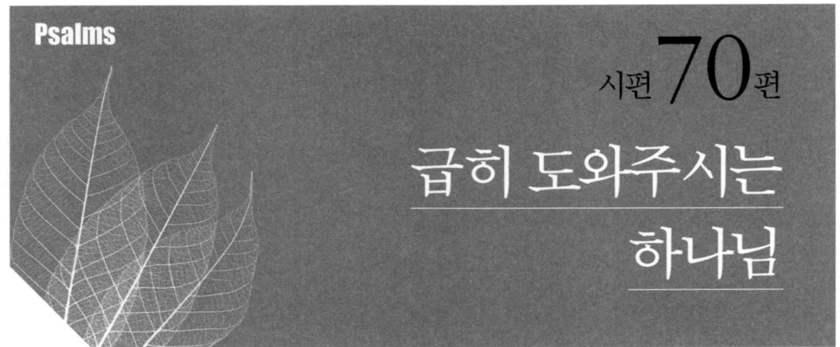

[다윗의 시로 기념식에서 인도자를 따라 부르는 노래]

[1] 하나님이여 나를 건지소서 여호와여 속히 나를 도우소서

[2] 나의 영혼을 찾는 자들이 수치와 무안을 당하게 하시며 나의 상함을
기뻐하는 자들이 뒤로 물러가 수모를 당하게 하소서

[3] 아하, 아하 하는 자들이 자기 수치로 말미암아 뒤로 물러가게 하소서

[4] 주를 찾는 모든 자들이 주로 말미암아 기뻐하고 즐거워하게 하시며 주
의 구원을 사랑하는 자들이 항상 말하기를 하나님은 위대하시다 하게
하소서

[5] 나는 가난하고 궁핍하오니 하나님이여 속히 내게 임하소서 주는 나의
도움이시요 나를 건지시는 이시오니 여호와여 지체하지 마소서

Theme: 사람이 참으로 급한 자리에 임하면 "하나님이여 나를 건지소서
여호와여 속히 나를 도우소서" 할 것 뿐입니다.

서론

다윗의 인생길은 험난하기 한이 없습니다. 그는 원수의 손에서 여러 번 죽을 뻔할 때마다 그는 "하나님이여 나를 건지소서 여호와여 속히 나를 도우소서" 하였습니다.

시편 40편에서도 같은 기도를 하였습니다.

> (시 40:13) "여호와여 은총을 베푸사 나를 구원하소서 여호와여 속히 나를 도우소서."

어떤 사람은 70편과 40편 마지막 5절이 너무나 같기 때문에 40편에서 떨어져 나온 것이라고 합니다. 그러나 다윗은 원수들에게 죽을 뻔한 때가 여러 번이므로 같은 기도를 두 번이고 세 번이고 할 수 있었을 것입니다.

> (시 40:13-17) [13] "여호와여 은총을 베푸사 나를 구원하소서 여호와여 속히 나를 도우소서"
> [14] "내 생명을 찾아 멸하려 하는 자는 다 수치와 낭패를 당하게 하시며 나의 해를 기뻐하는 자는 다 물러가 욕을 당하게 하소서"
> [15] "나를 향하여 하하 하하 하며 조소하는 자들이 자기 수치로 말미암아 놀라게 하소서"
> [16] "주를 찾는 자는 다 주 안에서 즐거워하고 기뻐하게 하시며 주의 구원을 사랑하는 자는 항상 말하기를 여호와는 위대하시다 하게 하소서"
> [17] "나는 가난하고 궁핍하오나 주께서는 나를 생각하시오니 주는 나의 도움이시요 나를 건지시는 이시라 나의 하나님이여 지체하지 마소서"

본문이 우리에게 가르치는 말씀은 사람이 참으로 급한 자리에 임하면

"하나님이여 나를 건지소서 여호와여 속히 나를 도우소서" 할 것 뿐입니다.

기념식에서 부르는 시(제목)—모든 사람들에게 난관이 닥쳤을 때 기도로 사용하라고 가르친 시.

'기념의 소제'(레 2:1-3, 24:7)를 바칠 때에 부른 노래이다. 여호와께서 언약의 신실함으로 제사 드리는 자를 기억하시고 축복하시도록 하는 제사이다. NIV는 탄원시라고 했다. 시편 38편과 70편에만 나온다.

I. "하나님이여 나를 건지소서 여호와여 속히 나를 도우소서"

"하나님이여 … 여호와여"—"하나님"은 공의로 행하시는 하나님을, 반면 "여호와"는, 그의 긍휼하심을 표시한다. 따라서 시편 저자는 기도한다. 하나님의 정의가 자기를 구원받아야 마땅하다고 명하시면, 하나님은 자비롭게 그 도움을 속히 베푸사 나를 도우소서.

"아하, 아하 하는 자로"—나의 곤란을 보고 즐거워서 축하하는 자들—이들은 물러가 욕을 받게 하소서

이 기도는 죽게 된 사람이 죽기 직전에 하나님께 구원을 호소하는 기도입니다. 나는 공산 치하에서 몇 번 죽을 뻔 하였습니다. 그때 나는 다른 기도는 하지 못 했습니다. "주여 살려 주시옵소서, 주여 도와주시옵소서" 이 기도 뿐이었습니다. 그러나 하나님은 그때마다 나를 살려 주셨습니다.

우리 집 한 모퉁이에 마룻방이 있었습니다. 공산치하에서 잡혀 죽지 않으려고 나는 그 마루를 뜯고 그 밑을 파고 두 사람이 누워 잘 수 있도록 자리를 만들고 거기 숨어 있었습니다. 어떤 날 공산당원 십여 명이 우리

집을 수색하기 시작 했습니다. 이 방 저 방 다 조사하다가 내가 숨어 있는 마룻방으로 왔습니다. 와서 마루를 보더니 이 마루를 뜯으라는 것입니다. 밤이라 그 밑이 보이지 않는데 그들은 손전등이 없어서 성냥불을 켜고 들여다봅니다. 마루 사이로 빛이 칼날처럼 가늘게 내 머리로 내려 비치는데 칼로 나를 베는 것 같았습니다. 그들이 마루만 뜯으면 저는 잡혀 죽습니다. 순간적인 시간이었습니다. 그때 저는 기도했습니다. "주여 살려 주시옵소서, 주여 도와주시옵소서" 다른 기도할 여유가 없었습니다. "주여 살려 주시옵소서, 주여 도와주시옵소서" 할 뿐이었습니다.

한번은 부엌 천정이 높음으로 부엌 천정 위, 일 미터 이상 위에 마루를 놓고 거기에 숨어 있었습니다. 그때는 낮이었습니다. 공산당원 몇 명이 제가 숨어 있는 줄 알고 와서 전부 뒤집니다. 한 사람이 긴 장대를 가지고 부엌으로 와서 천정을 찌릅니다. 장대 끝이 달아 올린 마룻바닥까지 와서 거의 닿을 것 같았습니다. 그때 꼭 잡혀 죽는 줄 알았습니다. 그때 거기서도 기도하기를 "주여 살려 주시옵소서, 주여 도와주시옵소서" 그것뿐이었습니다. 사람이 죽게 된 때에 이르면 하나님께 드리는 기도는 "주여 살려 주시옵소서, 주여 도와주시옵소서" 뿐입니다. 자비로우신 우리 하나님은 그 숨 막히는 순간에도 곧 나를 도와 주셔서 내가 원수들의 손에서 벗어났습니다.

그 후에 저는 산에 숨어 있다가 이질에 걸렸습니다. 어찌 아픈지 산에 더 있을 수가 없었습니다. 그래서 산 밑에 있는 동리로 내려와 구동창이라는 동리에 들어갔습니다. 그곳 친척 집에 가서 사정을 하였는데 대문 안에도 못 들어오게 합니다. 그래서 구동창교회 목사님 댁을 찾아 갔습니다. 최감은 목사님이 반갑게 맞이하여 주었습니다. 자기 집은 위험하다고 그 동리 공산당 세포 위원장 부인이 그 교회 집사님이니 세포위원장 집으로 가자고 합니다. 홍내성이라는 분이 위원장인데 반가이 맞아 주면서 자기 집은 세포 위원장 집이므로 조사를 못한다고 합니다. 그러면서 그 비밀실로 저를 데리고 갔습니다. 그 비밀실 문은 부엌에 있는데 불 때는 아궁이입니다. 부엌 옆에는 방이 하나 있었습니다. 그 방 옆에는 소 외양간이 있는데 물론 볏짚 같은 것으로 널려 있고 소똥은 한 뼘이나 쌓여 있었습니다. 그곳에 큰 황소 한 마리가 있었습니다. 아궁이로 기어 들어가 방 밑에 있는 구들장을 통과하면 소 외양간 밑에 있는 비밀실에 들어갑니다. 그러기 때문에 그곳은 안전한 비밀실이었습니다. 그곳에 두 사람이 잘 수 있는 방을 만든 것입니다.

저는 안심하고 며칠 지냈는데 어떤 날 인민군대 약 2개 소대가 국군에게 밀려서 북쪽으로 후퇴하면서 그 동리에 새벽 4시에 들어 와서 각 집 수색을 합니다. 그날 그 동리에서 73명이 잡혔는데 그 교회 최감은 목사님도 잡히셨습니다. 잡은 자들을 다 대동강변으로 끌고 가 총살시켰는데 최 목사님은 총 4발을 맞고 순교를 하셨습니다. 그날 저가 숨어 있는 거기에 동네 청년들이 들어와 8명이 숨어 있었습니다. 그중 한 명이 담배를 피우는데 그 좁은데서 견딜 수가 없어서 잡혀 죽어도 할 수 없다 하고 이따금씩 나가곤 했습니다.

저는 그날 하루 종일 잡혀 죽을까봐 마음이 조마조마 하여서 계속 기도했습니다. "주여 살려 주시옵소서, 주여 도와주시옵소서." 이 기도를 수도 없이 했습니다. 이 기도를 하면서 나는 또 "나를 여기서 살려 주시면 내가 주의 종이 되겠습니다. 충성하겠습니다." 기도했습니다.

결론 : 다급한 기도를 들어주시는 하나님

제가 보기에 본문은 다윗이 다급해서 살려 달라고 기도한 것은 사실이지만 그래도 1, 2 분을 다투는 긴급한 상황은 아니었던 것 같습니다. 40편의 기도는 시간적으로 더 여유가 있었던 것 같습니다. 물론 두 시가 다 원수들에게서 구출해 달라고 하나님께 호소하고 있습니다.

> (시 70:1, 5) [1] "하나님이여 나를 건지소서 여호와여 속히 나를 도우소서"

> [5] "나는 가난하고 궁핍하오니 하나님이여 속히 내게 임하소서 주는 나의 도움이시요 나를 건지시는 이시오니 여호와여 지체하지 마소서"

> (시 40:13, 17) [13] "여호와여 은총을 배푸사 나를 구원하소서 여호와여 속히 나를 도우소서"

> [17] "나는 가난하고 궁핍하오나 주께서는 나를 생각하시오니 주는 나의 도움이시요 나를 건지시는 이시라 나의 하나님이여 지체하지 마소서"

이 기도들은 급할 때 한 기도임에 틀림없습니다. 그러나 40편은 긴 기도임으로 70편 기도보다 여유가 있을 때의 기도입니다.

여하튼 우리 하나님은 두 번 다 다윗의 기도를 들어 주셨습니다. 우리 하나님은 성도의 기도를 들어 주신다는 것을 믿으시기 바랍니다.

> (롬 8:32) "자기 아들을 아끼지 아니하시고 우리 모든 사람을 위하여 내주신 이가 어찌 그 아들과 함께 모든 것을 우리에게 주시지 아니하겠느냐"

우리 주님이 주시겠다고 약속하셨습니다. 우리는 하나님의 말씀을 기억합시다. 사람이 참으로 급한 자리에 임하면 "하나님이여 나를 건지소서 여호와여 속히 나를 도우소서" 할 것 뿐입니다. 감사한 것은 하나님이 우리의 기도를 들으시고 우리 원수들에게서 우리를 시간을 놓치지 않으시고 도와주시는 것입니다.

Goal 그러므로 우리는 어떤 급한 경우를 당하여도 "하나님 아버지 도와주시옵소서" 기도하여 도움을 얻는 성도가 되기를 축복합니다.

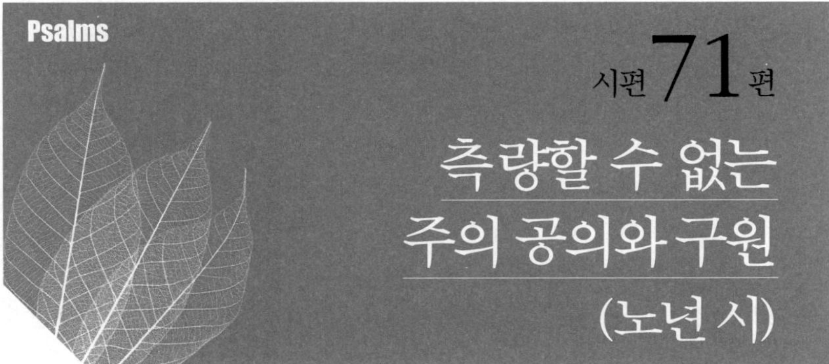

[1] 여호와여 내가 주께 피하오니 내가 영원히 수치를 당하게 하지 마소서

[2] 주의 의로 나를 건지시며 나를 풀어 주시며 주의 귀를 내게 기울이사
나를 구원하소서

[3] 주는 내가 항상 피하여 숨을 바위가 되소서 주께서 나를 구원하라 명
령하셨으니 이는 주께서 나의 반석이시요 나의 요새이심이니이다

[4] 나의 하나님이여 나를 악인의 손 곧 불의한 자와 흉악한 자의 장중에
서 피하게 하소서

[5] 주 여호와여 주는 나의 소망이시요 내가 어릴 때부터 신뢰한 이시라

[6] 내가 모태에서부터 주를 의지하였으며 나의 어머니의 배에서부터 주
께서 나를 택하셨사오니 나는 항상 주를 찬송하리이다

[7] 나는 무리에게 이상한 징조 같이 되었사오나 주는 나의 견고한 피난처
시오니

[8] 주를 찬송함과 주께 영광 돌림이 종일토록 내 입에 가득하리이다

[9] 늙을 때에 나를 버리지 마시며 내 힘이 쇠약할 때에 나를 떠나지 마소서

[10] 내 원수들이 내게 대하여 말하며 내 영혼을 엿보는 자들이 서로 꾀하여

[11] 이르기를 하나님이 그를 버리셨은즉 따라 잡으라 건질 자가 없다 하오니

[12] 하나님이여 나를 멀리 하지 마소서 나의 하나님이여 속히 나를 도우소서

[13] 내 영혼을 대적하는 자들이 수치와 멸망을 당하게 하시며 나를 모해하
려 하는 자들에게는 욕과 수욕이 덮이게 하소서

[14] 나는 항상 소망을 품고 주를 더욱더욱 찬송하리이다

[15] 내가 측량할 수 없는 주의 공의와 구원을 내 입으로 종일 전하리이다

[16] 내가 주 여호와의 능하신 행적을 가지고 오겠사오며 주의 공의만 전하
      겠나이다

Theme: 우리가 늙으면 난관을 싸워 이기는 힘도 적어진다. 그런 노년기
에도 사람은 반드시 하나님께 호소해야 한다. 하나님의 위로는
결단코 끊어지는 법이 없다.

서론

나는 밤하늘에 둥근 달을 볼 때마다, 나도 모르게 옛날 노래가 나옵니다.

달아 달아 밝은 달아 이태백이 놀던 달아
저기 저기 저 달 속에 계수나무 박혔으니
옥도끼로 찍어내고 금도끼로 다듬어서
초가삼간 집을 짓고 양친 부모 모셔다가
천년만년 살고지고 천년만년 살고지고

어렸을 때는 이런 노래를 진심으로 불렀습니다. 초가삼간에서도 늙으
신 양친 부모 모시고 천년만년 살고 싶다는 노래입니다. 그런데 웬일입니
까. 그 마음은 다 없어지고 지금은 큰 집에서 새끼들은 독방을 하나씩 다
주지만 늙은 부모에게는 줄 방이 없고 또 귀찮아서 양로원으로 보내는 세
상이 되었으니 무슨 말을 해야겠습니까.

다윗 왕은 비록 왕이었으나 늙었을 때 아들이 죽이려고 반란을 꾸몄고 자식이 이렇게 수모하는데 다른 사람들이야 오죽 했겠습니까? 솔로몬의 형 아도니야가 아버지, 다윗의 공신들을 모아 놓고 자기가 왕임을 공포할 때 충신들은 배반하고 다윗을 비난했습니다. 단지 늙었다는 이유로 배신하고 죽이려한 것입니다.

다윗이 이 시편을 언제 썼는지 정확하게 모르나 나이 많아 늙었을 때 쓴 것만은 사실입니다. 오늘 본문이 우리에게 가르치는 말씀은 "우리가 늙으면 싸워 이길 힘도 적어집니다. 그런 노년기에는 반드시 하나님께 더욱 호소해야 합니다. 하나님의 도우심은 결코 끊어지는 법이 없습니다. 지금 세상은 늙으면 자식도 수모하고 배척합니다. 왜 배척합니까? 가정 제도가 다 깨졌습니다. 누가 깼습니까? 부모가 깼습니다.

I. 다윗이 늙어서 한 기도

[1] "여호와여 내가 주께 피하오니 내가 영원히 수치를 당하게 하지 마소서"

[2] "주의 공의로 나를 건지시며 나를 풀어 주시며 주의 귀를 내게 기울이사 나를 구원하소서"

[3] "주는 내가 항상 피하여 숨을 바위가 되소서 주께서 나를 구원하라 명령하셨으니 이는 주께서 나의 반석이시요 나의 요새이심이니이다"

[4] "나의 하나님이여 나를 악인의 손 곧 불의한 자와 흉악한 자의 장중에서 피하게 하소서"

"여호와여 내가 주께 피하오니 내가 영원히 수치를 당하게 하지 마소서"
이 기도는 다윗이 어렸을 때부터 한 기도입니다. 그러나 나이 많아서
자기를 해하려는 원수가 더 많아짐을 알 때 사람을 의지하지 않고 여
호와 하나님께만 피하고 의지해야 할 것을 알았습니다. 그러므로
"여호와여 내가 주께 피하오니 내가 영원히 수치를 당하게 하지 마
소서" 하는 기도로 시작합니다.

"주의 공의로 나를 건지시며" 하는 것은 하나님이 다윗을 보지 마시고
하나님의 공의를 보시고 하나님을 위하여 나를 도와주시옵소서 하
는 기도입니다. 우리 사람에게서는 볼 것이 아무 것도 없습니다.

"나를 건지시며 나를 풀어 주시며" 이 말씀은 다윗이 늙어서 사방을 돌
아보니 전부 자기를 해하려는 원수들뿐입니다. 그는 그때 자기가 꽁
꽁 묶여서 장마에 떠내려가는 느낌 이었습니다. 그러므로 "나를 건
지시며 나를 풀어 주시며 주의 귀를 내게 기울이사 나를 구원하소
서" 기도합니다.

[3] "주는 내가 항상 피하여 숨을 바위가 되소서" 언제 무슨 일이
일어날는지 알 수 없는 늙은 몸입니다.

[4] "나의 하나님이여 나를 악인의 손 곧 불의한 자와 흉악한 자
의 장중에서 피하게 하소서" 그러므로 "항상 피하여 숨을 바위
가 되소서" 기도한 것입니다.

II. 여호와 하나님만이 다윗 왕의 소망이심을 고백합니다

[5] "주 여호와여 주는 나의 소망이시요 내가 어릴 때부터 신뢰한

이시라”

[6] “내가 모태에서부터 주를 의지하였으며 나의 어머니의 배에서
부터 주께서 나를 택하셨사오니 나는 항상 주를 찬송하리이다”

[7] “나는 무리에게 이상한 징조 같이 되었사오나 주는 나의 견고
한 피난처시오니”

“나는 무리에게 이상한 징조 같이 되었사오나”—무리에게 내가 견본이
되었습니다. 내 형편이 그렇게 낮아져서 내 이름은 고통의 속담이 되
었사오나 주 하나님은 여전히 나의 피난처였나이다.

[8] “주를 찬송함과 주께 영광 돌림이 종일토록 내 입에 가득하리
이다”

[9] “늙을 때에 나를 버리지 마시며 내 힘이 쇠약할 때에 나를 떠
나지 마소서”

“늙을 때에 나를 버리지 마시며”—시편에서 가장 통렬한 구절 중 한 구
절입니다. 시편 저자는 여기서 노인의 절박감, 거의 필사적인 마음으
로 하나님의 손을 집요하게 붙잡는 것을 기록하고 있습니다. 건강과
기력의 쇠약은 역경을 극복하고 인생의 할 일을 성취할 힘도 기술도
모자람을 폭로합니다. 이런 때 참 행복은 오직 하나님의 사랑과 보호
의 피난처에서만 발견됩니다. 사람이 청춘의 전성기에 있거나, 노년
기의 길어지는 그림자 안에 있든지 하나님은 상관하시지 않고 피난
처를 찾는 자들에게 베풀어 주십니다.

[10] “내 원수들이 내게 대하여 말하며 내 영혼을 엿보는 자들이
서로 꾀하여”

[11] “이르기를 하나님이 그를 버리셨은즉 따라 잡으라 건질 자가

"없다 하오니"

"하나님이 그를 버리셨은즉"—저들은 말하기를 나의 죄 때문에 하나님이 나를 버리셨고 더 이상 보호하시지 않는다고 한다.

[12] "하나님이여 나를 멀리 하지 마소서 나의 하나님이여 속히 나를 도우소서"
[13] "내 영혼을 대적하는 자들이 수치와 멸망을 당하게 하시며 나를 모해하려 하는 자들에게는 욕과 수욕이 덮이게 하소서"
[14] "나는 항상 소망을 품고 주를 더욱더욱 찬송하리이다"

"나는 항상 소망을 품고 주를 더욱더욱 찬송하리이다"—하지만 나는 과거 구원에 대하여 하나님께 드린 찬송에 더 첨가할 이유가 있다. 주께서 정녕 미래에도 또다시 나를 구원하실 것이기 때문이다.

여호와 하나님만이 다윗의 소망이신 것은 하나님만이 자기를 모태에서부터, 날 때부터, 붙들어 주셨으니 항상 주님께 찬송할 것 밖에는 없고 소망을 주님께 밖에는 둘 곳이 없습니다.

더욱이 나이 들어 모든 사람이 무용지물로 여겨 자식들까지 양로원에 갔다 버릴 때 주님 밖에 어디에 소망을 두겠습니까?

III. 소망을 주님께만 두는 자가 가지는 결심이 있습니다

[15] "내가 측량할 수 없는 주의 공의와 구원을 내 입으로 종일 전하리이다"

"주의 공의와 구원"—주의 의는 하나님 아버지께서 우리 모든 죄인을 구원하시려고 독생자 예수 그리스도를 세상에 보내신 것이요. 구원은 예수님께서 십자가에서 죄인 대신 죽으심으로 이루셨습니다. 그러므로 이제 예수를 믿기만 하면 죄인이 죄 사함을 받을 뿐 아니라 의롭다함을 얻고 구원을 받습니다. 다윗은 "그가 측량할 수 없는" 하나님의 공의와 구원을 쉬지 않고 "종일" 전하겠다는 것입니다.

[16] "내가 주 여호와의 능하신 행적을 가지고 오겠사오며 주의 공의만 전하겠나이다"

"내가 주 여호와의 능하신 행적을 가지고 오겠사오며"—내가 나 자신의 군사적 솜씨를 의지하기 보다는 주 여호와의 능하신 행적을 가지고 오겠사오며 [그것으로 내 원수들과 대결할 것이오며] 나는 승리할 것이고 그 승리를 내 자신의 기술이나 공로보다는 하나님의 공의에만 돌릴 것입니다.

소망이 하나님께만 있을 때에는 누구나 다짐하는 결심이 있습니다. 그것은 죽기까지 예수 잘 믿으라고 전도해야 하겠다는 결심입니다. 오늘까지 내가 어떻게 살았건 앞으로 남은 삶은 예수 잘 믿는 것만이 제일이라는 것입니다. 늙어서 죽음이 가까웠을 때, 주님 밖에 어디에 소망을 두겠습니까? 기도 한다면 주여 나에게 생명을 더 연장 해 주시면 내가 한 사람이라도 더 예수 믿게 전도하고 주님께 가겠습니다. 도와주시옵소서 할 것입니다.

결론

구원 받은 하나님의 백성은 세상 사람과 다른 것이 있습니다. 그것은 내가 좀 더 살면 주님 위해 일하다 죽겠습니다 하는 것입니다.

오래 전 일입니다. 우리교회 약 75세 쯤 난 권사님이 중풍에 걸려서 걷지를 못하게 되었습니다. 제가 몇 명 권사님들과 함께 심방을 갔습니다. 그때 중풍 걸려 걷지 못하는 권사님 하는 말이 "목사님, 내가 이제 이 몸 바쳐 주님 위해 일 하겠습니다." 그러니까 다른 권사님이 허! 하고 웃으면서 하는 말이 "저 꼴하고 무슨 일을 해" 하고 말했습니다. 거기 있던 모든 사람이 다 웃었습니다. 사실은 통렬한 장면입니다.

병들어 죽기 전에 후회 하는 말로만 하지 말고 지금 일할 수 있을 때 "주의 공의와 구원을 내 입으로 종일 전하리이다" 합시다. 부모에게도, 자녀에게도, 친구에게도, 기회 있는 대로 전합시다. 이것이 하나님께 영광 돌리는 길이요 내가 주님 만날 때 떳떳하게 서서 상 받을 일이요 나의 후손이 복 받는 일입니다.

Goal 그러므로 우리는 죽게 되기를 기다려서 그때부터가 아니라 지금부터 때를 얻든지 못 얻든지 결단합시다. 다윗 왕 같이 "주의 공의와 구원을 내 입으로 종일 전하리이다" 하는 결단으로 다윗에게 주신 축복 받게 되시기를 축복합니다.

시편 72편

다윗 왕의 지도력
(메시아 시)

[솔로몬의 시]

[1]   하나님이여 주의 판단력을 왕에게 주시고 주의 공의를 왕의 아들에게 주소서

[2]   그가 주의 백성을 공의로 재판하며 주의 가난한 자를 정의로 재판하리니

[3]   의로 말미암아 산들이 백성에게 평강을 주며 작은 산들도 그리하리로다

[4]   그가 가난한 백성의 억울함을 풀어 주며 궁핍한 자의 자손을 구원하며 압박하는 자를 꺾으리로다

[5]   그들이 해가 있을 동안에도 주를 두려워하며 달이 있을 동안에도 대대로 그리하리로다

[6]   그는 벤 풀 위에 내리는 비 같이, 땅을 적시는 소낙비 같이 내리리니

[7]   그의 날에 의인이 흥왕하여 평강의 풍성함이 달이 다할 때까지 이르리로다

[18] 홀로 기이한 일들을 행하시는 여호와 하나님 곧 이스라엘의 하나님을 찬송하며

[19] 그 영화로운 이름을 영원히 찬송할지어다 온 땅에 그의 영광이 충만할지어다 아멘 아멘.

[20] 이새의 아들 다윗의 기도가 끝나니라

Theme: 다윗 왕은 자기의 아들 솔로몬이 좋은 왕, 훌륭한 왕이 되기를 위해 기도했다.

서론

오늘 본문 성경 말씀이 보여주는 것은 나이든 다윗 왕이 자기가 미처 다하지 못한 일을 자기의 아들 솔로몬에게 넘기면서 그의 성공을 위하여 기도하는 내용입니다. 다시 말하면 "다윗 왕은 자기의 아들 솔로몬이 좋은 왕, 훌륭한 왕이 되기를 위해 기도했다"는 것입니다.

I. 메시아 시

[1] "하나님이여 주의 판단력을 왕에게 주시고 주의 공의를 왕의
아들에게 주소서"

이 시는 앞으로 오실 메시아에 대하여 예언한 시이기도 합니다. 메시아가 오시면 "하나님의 판단력과 하나님의 공의"로 다스릴 것을 예언한 것입니다. 그러므로 여기에서는 솔로몬이 예수님의 모형으로 나타납니다.

예수님은 아무것도 자기 뜻대로 행하지 않으시고 오직 아버지 하나님의 공의를 따라 행하였습니다.

(요 6:38, 39; 5:30) [38] "내가 하늘에서 내려온 것은 내 뜻을
행하려 함이 아니요 나를 보내신 이의 뜻을 행하려 함이니라"
[39] "나를 보내신 이의 뜻은 내게 주신 자 중에 내가 하나도 잃
어버리지 아니하고 마지막 날에 다시 살리는 이것이니라"
[30] "내가 아무 것도 스스로 할 수 없노라 듣는 대로 심판하노니
나는 나의 뜻대로 하려 하지 않고 나를 보내신 이의 뜻대로 하므

로 내 심판은 의로우니라"

십자가를 앞에 놓고 겟세마네 동산에서 기도하신 것을 보세요.

(마 26:39) "조금 나아가사 얼굴을 땅에 대시고 엎드려 기도하여
이르시되 내 아버지여 만일 할 만하시거든 이 잔을 내게서 지나가
게 하옵소서 그러나 나의 원대로 마시옵고 아버지의 원대로 하옵
소서 하시고"

예수님은 자기의 뜻대로 하시지 않으시고 아버지 하나님의 뜻을 행하
셨습니다. 예수 그리스도는 아버지 하나님의 판단력과 하나님의 공의로
다스리려 오셨고, 또한 그리하셨습니다.

II. "주의 판단력과 주의 공의"

1. "주의 판단력"은 무엇을 말하느냐 하면 어떤 문제가 있을 때 우리
주님은 어떻게 하시겠나 하고 주님의 뜻을 따라 해결하는 것을 말합니다.
예수님이 우리의 해결하는 것을 보시고 "참 잘했다"하고 칭찬 받도록 해
결하게 하소서 하는 기도입니다. 그러므로 "주의 판단력"을 주시옵소서
하고 다윗은 아들 솔로몬 왕을 위하여 기도했습니다.

2. 다음으로 "주의 공의"는 무엇인가 하면 "사랑"입니다.

[1] "하나님이여 주의 판단력을 왕에게 주시고 주의 공의를 왕의
아들에게 주소서"

사랑은 공의에서만 나옵니다. 그러므로 공의는 사랑입니다.

(요 3:16) "하나님이 세상을 이처럼 사랑하사 독생자를 주셨으니 이는 그를 믿는 자마다 멸망하지 않고 영생을 얻게 하려 하심이라"

다윗 왕은 아들 솔로몬 왕을 위하여 기도할 때 하나님이 죄인을 구원하시기 위하여 독생자를 내주신 사랑을 솔로몬 왕에게 주시기를 기도했습니다. 왕이 이런 하나님의 사랑으로 백성을 사랑하며 다스리면 백성들이 얼마나 행복하게 잘 살겠습니까. 다윗 왕은 이것을 솔로몬 왕을 위해 기도했습니다.

III. 주의 판단력과 주의 공의를(사랑) 하나님께서 주시면 왕이 어떻게 할 것인가?

우리가 보통 기도할 때 주시옵소서, 주시옵소서 달라고만 할 뿐 받으면 어떻게 하겠다는 기도는 별로 하지 않습니다. 다윗 왕은 주시면 어떻게 하겠다고 약속합니다. 주의 판단력과 주의 공의(주의 사랑)로 백성을 다스리는데 2절 이하에 말씀했습니다.

1. [2] "그가 주의 백성을 공의로 재판하며 주의 가난한 자를 정의로 재판하리니"
주의 판단력과 주의 공의를 주시면 가난한 주의 백성을 사랑하고 주님의 뜻대로 다스릴 것입니다.

2. [3] "공의로 말미암아 산들이 백성에게 평강을 주며 작은 산들도 그리하리로다

"산들이 … 작은 산들도"—세계의 강한 민족들도 이스라엘과 화평할 것은 단지 이스라엘의 우수한 권능 때문이 아니라 열국이 이스라엘의 공의를 인정할 것이기 때문이다.

다르게 해석하면 "산들"은 고등법원을 말하고 "작은 산들"은 지방법원을 말한다. 왕이 주의 판단력과 주의 공의로 다스릴 때 온 나라에는 공법이 서고 모든 법원에서 백성들에게 평강을 줄 것이다.

"공의로 말미암아 산들이" 왕이 주의 판단력과 주의 공의로 다스릴 때, 열국은 이스라엘을 침범하지 못하고 그리하여 이스라엘 백성들은 외세에서도 화평을 누리게 됩니다. 뿐만 아니라, 윗물이 맑으면 아랫물도 맑다는 말이 있습니다. 왕이 주의 판단력과 주의 공의로 다스릴 때 나라에는 공법이 서고 고등법원에서도 백성들에게 평강을 주며,"작은 산들" 즉 지방법원에서도 백성들에게 평강을 줄 것이라는 말씀입니다.

3. [4] "그가 가난한 백성의 억울함을 풀어 주며 궁핍한 자의 자손을 구원하며 압박하는 자를 꺾으리로다"

"백성의 가난한 자 … 궁핍한 자"—일반적으로 압박자들의 미끼가 되기 쉬운 불행한 사람들의 주장과 권리를 위해 왕은 싸워준다. 그리하여 그는 이 땅의 모든 군주들 중에 가장 고상한 군주를 대표하며 그 이유로 자기 국민뿐만 아니라 이웃 나라들의 사랑과 존경을 받을 것이다. 그는 가장 미약한 사람의 공의와 권리일지라도 완전히 헌신적으로 돌보고 자기 권세욕이나 자기를 확대하기 위하여 무시하고 배제하지 않는다.

가난하고 어려움을 당하는 자의 자손을 도와주고 구원할 뿐만 아니라 이런 불쌍한 자를 압제하는 사람은 꺾어 없이 하겠다는 말씀입니다. 있는 자가 없는 자를 괄시하고 압박하는 것은 하나님이 미워하시는 것입니다. 일국의 왕이나 대통령이 되면 우선할 것은 어려움을 당하는 사람들을 사랑하여 살길을 열어 주어야 합니다. 주의 판단력과 주의 공의를 주시면 솔로몬이 사랑으로 가난한 자를 도와 줄 것입니다.

"구원하며" — 왕이 궁핍한 자의 자손을 구원하며 압박하는 자를 꺾어 주니 왕 앞에서 그들이 삶을 얻는다.

4. [5] "그들이 해가 있을 동안에도 주를 두려워하며 달이 있을 동안에도 대대로 그리하리로다"

"주를 두려워하며 … 대대로 그리하리로다." — 주를 영원히 두려워하리로다. 의로운 유대인 왕은 자기의 명예와 영광을 크게 하고 불멸하게 하려고 노력하지 않는다. 도리어 이스라엘과 인류가 하나님 두려워하기를 배우게 하고 그리고 이 두려움과 경외함을 그 자녀들에게 서서히 가르치려고 한다.

모든 백성들은 대대로 낮이나 밤이나 주를 두려워하여 주를 섬길 것입니다.

Ⅳ. 주의 판단력과 주의 공의로 다스린 결과

1. [6] "그는 벤 풀 위에 내리는 비 같이, 땅을 적시는 소낙비 같이 내리리니"

그는 하나님의 축복을 말합니다. 하나님의 축복이 소낙비 같이 내린다는 말씀입니다. 왕이 하나님의 판단력과 하나님의 사랑으로 백성을 다스리면 비가 내리듯, 소낙비가 내리듯 하나님의 복이 임할 것이라는 말씀입니다.

2. [7] "그의 날에 의인이 흥왕하여 평강의 풍성함이 달이 다할 때까지 이르리로다"

왕이 하나님께서 기뻐하시는 뜻을 따라 백성들을 사랑으로 다스리면 의인이 흥왕하고 평강이 달이 없어 질 때까지, 영원히 계속할 것이라는 말씀입니다.

이런 왕이나 대통령이 나오면 의인이 흥왕하고 나라는 태평하지만 도둑질 하는 데만 급급한 대통령이나 왕이 나오면 도둑놈들이 기승을 부리고 날개를 칩니다.

V. 위대한 하나님의 판단력과 사랑으로 다스리시는 하나님을 찬송하라고 격려합니다

[18] "홀로 기이한 일들을 행하시는 여호와 하나님 곧 이스라엘의 하나님을 찬송하며"
[19] "그 영화로운 이름을 영원히 찬송할지어다 온 땅에 그의 영광이 충만할지어다 아멘 아멘"
[20] "이새의 아들 다윗의 기도가 끝나니라"

"이새의 아들 다윗의 기도가 끝나니라" 이 구절은 나머지 시편들 (86,101,103,108,109, 등등)은 다윗이 저작한 것이 아니라는 의미가 아니다. 그의 생애 마지막에 그의 아들이요 후계자인 솔로몬에게 헌사한 것으로 보아 이것이 다윗의 최종 시일 가능성도 있다. 그리하여 "이새의 아들 다윗의 기도가 끝나니라"라는 말로 끝맺음하고 있다. 성경은 연대적이라기 보다는 주제별로 배열된 것이 많다. 다윗은 이 시를 시편 마지막에 배열하지 아니하고 여기에 두었다.

결론

다윗 왕이 아들 솔로몬 왕을 위한 기도는 자기의 경험에서 나온 기도입니다. 다윗은 주님의 판단력을 알기 위해 기도하고 노력했습니다. 이하의 성경들을 보십시다.

(삼하 2:1-3) [1] "그 후에 다윗이 여호와께 여쭈어 아뢰되 내가 유다 한 성읍으로 올라가리이까 여호와께서 이르시되 올라가라 다윗이 아뢰되 어디로 가리이까 이르시되 헤브론으로 갈지니라"
[2] "다윗이 그의 두 아내 이스르엘 여인 아히노암과 갈멜 사람 나발의 아내였던 아비가일을 데리고 그리로 올라갈 때에"
[3] "또 자기와 함께 한 추종자들과 그들의 가족들을 다윗이 다 데리고 올라가서 헤브론 각 성읍에 살게 하니라"

(삼하 5:17-19) [17] "이스라엘이 다윗에게 기름을 부어 이스라엘 왕으로 삼았다 함을 블레셋 사람들이 듣고 블레셋 사람들이 다윗을 찾으러 다 올라오매 다윗이 듣고 요새로 나가니라"
[18] "블레셋 사람들이 이미 이르러 르바임 골짜기에 가득한지라"

[19] "다윗이 여호와께 여쭈어 이르되 내가 블레셋 사람에게로 올
라가리이까 여호와께서 그들을 내 손에 넘기시겠나이까 하니 여호
와께서 다윗에게 말씀하시되 올라가라 내가 반드시 블레셋 사람을
네 손에 넘기리라 하신지라"

(삼하 5:22-25) [22] "블레셋 사람들이 다시 올라와서 르바임 골
짜기에 가득한지라"
[23] "다윗이 여호와께 여쭈니 이르시되 올라가지 말고 그들 뒤로
돌아서 뽕나무 수풀 맞은편에서 그들을 기습하되"
[24] "뽕나무 꼭대기에서 걸음 걷는 소리가 들리거든 곧 공격하라
그 때에 여호와가 너보다 앞서 나아가서 블레셋 군대를 치리라 하
신지라"
[25] "이에 다윗이 여호와의 명령대로 행하여 블레셋 사람을 쳐서
게바에서 게셀까지 이르니라"

다윗 왕은 모든 일에 하나님의 뜻을 찾아 행함으로 100전 100승 하였
습니다. (시편 60편은 실패의 경우를 보여줍니다).

저는 이 말씀, "주의 판단력과 주의 공의"는 물론, 대통령이나 왕들이
꼭 가져야 할 것이지만 이것은 교회 목사에게도 있어야 하고 모든 단체
지도자가 가져야 할 것으로 압니다. 우리가 교회를 위하여 일할 때 내 뜻
대로 하는 것이 아니라 주님의 뜻을 알아 주님이 원하시는 대로 하고 온
교인이 서로 사랑하며 주님을 섬기면 얼마나 좋겠습니까. 우리 하나님이
복을 소낙비처럼 부어주신다고 하셨습니다. 모든 단체도 마찬가지입니
다. 하나님의 판단을 따라 사랑으로 단체를 운영해 나가면 하나님의 복을

받아 흥왕할 것입니다.

Goal 그러므로 우리는 만사에 주님의 판단력과 주님의 공의를 구합시다. 사랑으로 주님이 원하시는 대로 실천하여 새해에는 소낙비 같은 복 받으시기를 예수님의 이름으로 기도합니다.

악한 자가 형통 하는 것

[아삽의 시]

[1] 하나님이 참으로 이스라엘 중 마음이 정결한 자에게 선을 행하시나

[2] 나는 거의 넘어질 뻔하였고 나의 걸음이 미끄러질 뻔하였으니

[3] 이는 내가 악인의 형통함을 보고 오만한 자를 질투하였음이로다

[4] 그들은 죽을 때에도 고통이 없고 그 힘이 강건하며

[5] 사람들이 당하는 고난이 그들에게는 없고 사람들이 당하는 재앙도 그들에게는 없나니

[6] 그러므로 교만이 그들의 목걸이요 강포가 그들의 옷이며

[7] 살찜으로 그들의 눈이 솟아나며 그들의 소득은 마음의 소원보다 많으며

[8] 그들은 능욕하며 악하게 말하며 높은 데서 거만하게 말하며

[9] 그들의 입은 하늘에 두고 그들의 혀는 땅에 두루 다니도다

[10] 그러므로 그의 백성이 이리로 돌아와서 잔에 가득한 물을 다 마시며

[11] 말하기를 하나님이 어찌 알랴 지존자에게 지식이 있으랴 하는도다

[12] 볼지어다 이들은 악인들이라도 항상 평안하고 재물은 더욱 불어나도다

[13] 내가 내 마음을 깨끗하게 하며 내 손을 씻어 무죄하다 한 것이 실로 헛되도다

[14] 나는 종일 재난을 당하며 아침마다 징벌을 받았도다

[15] 내가 만일 스스로 이르기를 내가 그들처럼 말하리라 하였더라면 나는 주의 아들들의 세대에 대하여 악행을 행하였으리이다

[16] 내가 어쩌면 이를 알까 하여 생각한즉 그것이 내게 심한 고통이 되었더니

[17] 하나님의 성소에 들어갈 때에야 그들의 종말을 내가 깨달았나이다

[18] 주께서 참으로 그들을 미끄러운 곳에 두시며 파멸에 던지시니

[19] 그들이 어찌하여 그리 갑자기 황폐되었는가 놀랄 정도로 그들을 전멸
하였나이다

[20] 주여 사람이 깬 후에는 꿈을 무시함 같이 주께서 깨신 후에는 그들의
형상을 멸시하시리이다

[21] 내 마음이 산란하며 내 양심이 찔렸나이다

[22] 내가 이같이 우매 무지함으로 주 앞에 짐승이오나

[23] 내가 항상 주와 함께 하니 주께서 내 오른손을 붙드셨나이다

[24] 주의 교훈으로 나를 인도하시고 후에는 영광으로 나를 영접하시리니

[25] 하늘에서는 주 외에 누가 내게 있으리요 땅에서는 주 밖에 내가 사모
할 이 없나이다

[26] 내 육체와 마음은 쇠약하나 하나님은 내 마음의 반석이시요 영원한 분
깃이시라

[27] 무릇 주를 멀리하는 자는 망하리니 음녀 같이 주를 떠난 자를 주께서
다 멸하셨나이다

[28] 하나님께 가까이 함이 내게 복이라 내가 주 여호와를 나의 피난처로
삼아 주의 모든 행적을 전파하리이다

Theme: 악한 자가 형통 하는 것 같고 하나님의 벌을 면제 받는 것 같으
나, 그러나 더 깊고 더 넓은 관점에서 보면, 그들의 화려한 생활
은 공허와 무용뿐임을 드러낸다.

서론

앞으로 나오는 열한 편의 시편은 시편 73편과 같이 음악인 아삽의 시

편으로 본 시편은 첫 번째 시입니다. 본 시편이 우리에게 가르쳐 주는 진리는 "악한 자가 형통하는 것 같고 하나님의 벌을 면제 받는 것 같으나, 그러나 더 깊고 더 넓은 관점에서 보면, 그들의 화려한 생활은 공허와 무용뿐임을 드러냅니다."

I. [1] "하나님이 참으로 이스라엘 중 마음이 정결한 자에게 선을 행하시나"

여기에서 눈에 띄는 말씀은 "이스라엘에게 선하신 하나님"입니다. 이 말씀은 모든 이스라엘 사람에게는 누구에게나 선하신 하나님이라는 말씀입니까? 아닙니다. 그의 선하심은 제한되어 있는데 "참으로 이스라엘 중 마음이 정결한 자에게 선하시다"고 하셨습니다. 마음이 정결한 자는 하나님에게 예배드리고 하나님을 섬기기를 원하며, 하나님과 동행하는 자를 말합니다.

성도들이 참으로 예수를 믿으면 예수님과 동행하기를 원하며 또한 교제하기를 원하실 것입니다. 만일 예수를 믿으면서 옛 행위를 그냥 계속 한다면 교인이라고 할 수가 없습니다. 만일 더러운 생활을 계속 한다면 구원 받은 사람이 아닙니다. 하나님은 우리를 부르시고 주님께로 오면 먼저 우리를 깨끗하게 씻기시고 믿음을 넣어주십니다. 우리를 그리스도의 피로 정결하게 하시고 말씀으로 깨끗하게 하십니다.

아삽이 하나님께로 올 때 그 마음에 의심이 나기를 어떻게 악한 자가 잘되느냐 하는 것입니다. 왜 그것을 허락하십니까? 때때로 저도 마음에 혼돈을 일으킵니다. 이해하기 어려운 문제입니다.

맥기 목사의 간증을 보았습니다. 자기 아내가 해산을 하게 되어 병원에 갔는데 아이 우는 소리가 나더니 그만 죽었습니다. 앞방에 산모는 아들을 낳았다고 사람들이 꽃을 사들고 축하하러 옵니다. 그 사람은 부자요, 잘 사는 집으로 보입니다. 나는 가난한 목사로 복음 전하는 데만 전념하는데 하나님은 왜 내 딸은 세상에 나오자마자 데려가고 저 부잣집 아들은 저렇게 세상에 나오자 환영을 받는가? 우리는 알지 못할 하나님의 뜻입니다. 아마도 아삽도 같은 문제가 있었을 것 같습니다.

II. 악한 자가 잘되는 것을 볼 때 고민이 옵니다

[2] "나는 거의 넘어질 뻔하였고 나의 걸음이 미끄러질 뻔하였으니"
[3] "이는 내가 악인의 형통함을 보고 오만한 자를 질투하였음이로다"

그는 주위를 살펴보니 악한 자는 잘되고 정직하게 살려는 자는 잘되지 못 하는 것을 보았습니다.

[4] "그들은 죽을 때에도 고통이 없고 그 힘이 강건하며"

악한 자는 죽을 때도 고통 없이 잘 죽습니다.

[5] "사람들이 당하는 고난이 그들에게는 없고 사람들이 당하는 재앙도 그들에게는 없나니"
[6] "그러므로 교만이 그들의 목걸이요 강포가 그들의 옷이며"

세상에서 살 때 고통이 없고 만사가 형통하여 모든 것이 자랑거리입니다. 그러므로 다른 사람을 무시하고 교만합니다.

[7] "살찜으로 그들의 눈이 솟아나며 그들의 소득은 마음의 소원보다 많으며"

"살찜으로 그들의 눈이 솟아나며" 이 말씀은 밤새도록 술 마시고 담배 피우고 이런 추잡한 생활을 하여 눈이 퉁퉁 부어 오른 것을 말합니다. 그럼에도 소득은 생각보다 더 많다는 것입니다.

[8] "그들은 능욕하며 악하게 말하며 높은 데서 거만하게 말하며"

가난하고 못 사는 사람을 압제하며 사람대우를 하지 아니합니다. 거만하기 짝이 없습니다. 사람에게 기분 나쁘게 말합니다.

[9] "그들의 입은 하늘에 두고 그들의 혀는 땅에 두루 다니도다"

자기의 잘난 것을 자랑하고 다니는 것을 말합니다.

[10] "그러므로 그의 백성이 이리로 돌아와서 잔에 가득한 물을 다 마시며"
[11] "말하기를 하나님이 어찌 알랴 지존자에게 지식이 있으랴 하도다"

그들은 하나님에 대하여 알려고도 하지 않고 하나님이 우리가 하는 일을 알 리가 없다고 합니다.

[12] "볼지어다 이들은 악인들이라도 항상 평안하고 재물은 더욱 불어나도다"

여러 성도들은 이 말을 들을 때 마음이 어떻습니까? 기분이 묘합니다.

[13] "내가 내 마음을 깨끗하게 하며 내 손을 씻어 무죄하다 한 것이 실로 헛되도다"

아삽은 말합니다. 내가 하나님을 위하여 오늘까지 살았는데 잘못 한 것 같다고 했습니다.

[14] "나는 종일 재난을 당하며 아침마다 징벌을 받았도다"
[15] "내가 만일 스스로 이르기를 내가 그들처럼 말하리라 하였더라면 나는 주의 아들들의 세대에 대하여 악행을 행하였으리이다"
[16] "내가 어쩌면 이를 알까 하여 생각한즉 그것이 내게 심한 고통이 되었더니"

아삽은 고민하며 밤새도록 어찌하여 저들은 잘되나 생각하였습니다. 마음이 심히 곤란 하였습니다. 그러다가 답을 얻었습니다.

III. 이 고민은 하나님의 전에서 말씀을 들을 때만 해결이 됩니다

[17] "하나님의 성소에 들어갈 때에야 그들의 종말을 내가 깨달았

나이다"

악인의 형통을 보고 그로 인하여 질시가 내 안에 일어날 때 우리가 할 일은 무엇입니까? 무엇보다도 예배를 통하여 하나님의 살아계심을 지각해야 합니다. 원망과 시샘의 구덩이에서 벗어나는 첫걸음은 예배입니다.

아삽은 성전에 들어가서야 깨달음이 왔습니다. "종말"을 알았습니다. 죽는 날입니다. 예수님은 부자와 나사로의 비유로 누가복음 16:19-31에서 부자의 종말을 가르쳐 주셨습니다. 부자는 결국 지옥에 가서 고통을 당하고 가난한 나사로는 천국에 갔습니다. 거기서 애원을 하는 부자를 보십니까? 이것이 하나님을 모르는 거만한 부자의 결국입니다.

[20] 주여 사람이 깬 후에는 꿈을 무시함 같이 주께서 깨신 후에는 그들의 형상을 멸시하시리이다

꿈속에서는 힘센 존재가 두려우나 잠을 깨고 나면 거기서 마주쳤던 존재들이 아무런 해도 끼치지 못한다는 사실에 헛웃음을 짓게 됩니다. 세상의 온갖 권세와 부귀는 한낱 꿈과 같습니다. 일장춘몽을 기억합시다.

[22] 내가 이같이 우매 무지함으로 주 앞에 짐승이오나

인간의 내면에는 본능적이고 강렬한 자기의지가 야수처럼 도사리고 있습니다. 마음에 깃들인 이런 어두운 구석을 인정하자 그제야 은혜가 생생하게 다가왔습니다.

어둠이 깊을수록 별들은 더 분명하고 아름답게 보입니다. 나의 죄를 깨달을수록 주님의 은혜는 추상적인 개념이 아니라 더욱 엄연한 현실이

됩니다. 내가 하나님께 오만했음을 깨닫습니다.

[23] "내가 항상 주와 함께 하니 주께서 내 오른손을 붙드셨나이다"

우리 주님은 자기와 함께 하는 자를 붙들어 주십니다. 주님과 동행하여야 합니다. 이것을 아삽은 주와 동행하는 자가 깨달을 것을 말해 줍니다. 저자가 주와 동행할 때 깨달아 알았습니다.

결론

[24] "주의 교훈으로 나를 인도하시고 후에는 영광으로 나를 영접하시리니"
[25] "하늘에서는 주 외에 누가 내게 있으리요 땅에서는 주 밖에 내가 사모할 이 없나이다"
[26] "내 육체와 마음은 쇠약하나 하나님은 내 마음의 반석이시요 영원한 분깃이시라"
[27] "무릇 주를 멀리하는 자는 망하리니 음녀 같이 주를 떠난 자를 주께서 다 멸하셨나이다"

"주를 멀리하는 자, … 주를 떠난 자" –
히브리 원어는 영적 간음과 매춘의 죄를 의미합니다. 현실에서는 난잡한 우상숭배이거나(신31:16 렘2:20) 하나님의 보호를 의뢰하지 않고 세상 권력과 정치적 동맹을 맺습니다. 악인의 약탈적인 정치, 경제적인 책략, 다른 사람을 희생시켜 자신의 부를 축적하는 모든 수단을 말한다고 볼 수 있습니다.

[28] "하나님께 가까이 함이 내게 복이라 내가 주 여호와를 나의
피난처로 삼아 주의 모든 행적을 전파하리이다"

내가 모를 때 하나님을 원망하지 말고 주 안에서 깨달음을 주실 때까지 기다리면 주의 성령은 가르쳐 주십니다. 항상 주님과 동행하는 자는 복이라고 하였습니다. 악한 자가 형통하는 것 같고 하나님의 벌을 면제받는 것 같으나, 그러나 더 깊고 더 넓은 관점에서 보면, 그들의 화려한 생활은 공허와 무용뿐임을 알 수 있습니다. 주님과 같이 있는 것이 복된 생활입니다. 하나님과 함께 영광스럽게 사는 삶(24절)은 우리가 세상에서 받은 상처를 남김없이 치유하며 온갖 의심을 말끔히 해소하기에 충분합니다.

Goal 때로 현실적인 고난이라 하여도 하나님의 사랑 안에 나를 더 깊이 박히게 만드는 훈련과 기회입니다. 그러므로 항상 주님과 같이 있어 주님의 식구가 되어 복된 생활이 되시기를 축복합니다.

망명의 고뇌 속에서 드리는 기도

[아삽의 마스길]

[1] 하나님이여 주께서 어찌하여 우리를 영원히 버리시나이까 어찌하여 주께서 기르시는 양을 향하여 진노의 연기를 뿜으시나이까

[2] 옛적부터 얻으시고 속량하사 주의 기업의 지파로 삼으신 주의 회중을 기억하시며 주께서 계시던 시온 산도 생각하소서

[3] 영구히 파멸된 곳을 향하여 주의 발을 옮겨 놓으소서 원수가 성소에서 모든 악을 행하였나이다

[4] 주의 대적이 주의 회중 가운데에서 떠들며 자기들의 깃발을 세워 표적으로 삼았으니

[5] 그들은 마치 도끼를 들어 삼림을 베는 사람 같으니이다

[6] 이제 그들이 도끼와 철퇴로 성소의 모든 조각품을 쳐서 부수고

[7] 주의 성소를 불사르며 주의 이름이 계신 곳을 더럽혀 땅에 엎었나이다

[8] 그들이 마음속으로 이르기를 우리가 그들을 진멸하자 하고 이 땅에 있는 하나님의 모든 회당을 불살랐나이다

[9] 우리의 표적은 보이지 아니하며 선지자도 더 이상 없으며 이런 일이 얼마나 오랠는지 우리 중에 아는 자도 없나이다

[10] 하나님이여 대적이 언제까지 비방하겠으며 원수가 주의 이름을 영원히 능욕하리이까

[11] 주께서 어찌하여 주의 손 곧 주의 오른손을 거두시나이까 주의 품에서 손을 빼내시어 그들을 멸하소서

[12] 하나님은 예로부터 나의 왕이시라 사람에게 구원을 베푸셨나이다

[13] 주께서 주의 능력으로 바다를 나누시고 물 가운데 용들의 머리를 깨뜨리셨으며

[14] 리워야단의 머리를 부수시고 그것을 사막에 사는 자에게 음식물로 주셨으며

[15] 주께서 바위를 쪼개어 큰 물을 내시며 주께서 늘 흐르는 강들을 마르게 하셨나이다

[16] 낮도 주의 것이요 밤도 주의 것이라 주께서 빛과 해를 마련하셨으며

[17] 주께서 땅의 경계를 정하시며 주께서 여름과 겨울을 만드셨나이다

[18] 여호와여 이것을 기억하소서 원수가 주를 비방하며 우매한 백성이 주의 이름을 능욕하였나이다

[19] 주의 멧비둘기의 생명을 들짐승에게 주지 마시며 주의 가난한 자의 목숨을 영원히 잊지 마소서

[20] 그 언약을 눈여겨 보소서 무릇 땅의 어두운 곳에 포악한 자의 처소가 가득하나이다

[21] 학대 받은 자가 부끄러이 돌아가게 하지 마시고 가난한 자와 궁핍한 자가 주의 이름을 찬송하게 하소서

[22] 하나님이여 일어나 주의 원통함을 푸시고 우매한 자가 종일 주를 비방하는 것을 기억하소서

[23] 주의 대적들의 소리를 잊지 마소서 일어나 주께 항거하는 자의 떠드는 소리가 항상 주께 상달되나이다

Theme: 유대인은 망명의 고뇌 속에 들어가서야 비로소 자기 나라를 구해 주시라고 기도합니다. 아울러 그로 말미암아 온 세상이 하나님의 주권을 인정하게 해달라고 하나님께 기도했습니다.

서론

시편 74편도 성전에 관한 것입니다. 마스길 (교육적인) 시편인데 이것은 다윗의 것이 아니고 아삽의 시인데 아삽은 레위 지파 사람으로 음악가였습니다. 아삽은 우리에게 교육합니다. "하나님은 어떤 어려움에서도 우리를 도와주실 수 있는 하나님이시니 간구하라"는 것입니다. 본문이 우리에게 가르쳐 주는 것은 "유대인은 망명의 고뇌 속에 들어가서야 비로소 자기 나라를 구해 주시라고 기도합니다. 아울러 그로 말미암아 온 세상이 하나님의 주권을 인정하게 해달라고 하나님께 기도했다는 것입니다.

I. 하나님은 구원하시고 땅을 주시고 인도하시는 주님이십니다

[1] "하나님이여 주께서 어찌하여 우리를 영원히 버리시나이까 어찌하여 주께서 기르시는 양을 향하여 진노의 연기를 뿜으시나이까"–

저자는 하나님께 "왜 우리에게 이렇게 하시나이까?" 그리고 말을 시작합니다. 1~11절은 "어찌하여"라는 불평으로 싸여 있습니다. 10절은 "언제까지"라며 원수들의 파괴적이고 오만한 행위에 대하여 하나님의 전능한 행사를 원하는 탄식과 호소를 시작합니다.

[2] "옛적부터 얻으시고 속량하사 주의 기업의 지파로 삼으신 주의 회중을 기억하시며 주께서 계시던 시온 산도 생각하소서"–

하나님은 지리적인 이 땅을 우리에게 주셨습니다. 이 시편 저자는 팔레스틴 땅과 이스라엘 나라에 관하여 말하는 것입니다.

[3] "영구히 파멸된 곳을 향하여 주의 발을 옮겨 놓으소서 원수가 성소에서 모든 악을 행하였나이다"–

성전은 원수들로 더럽게 되었습니다.(바벨론과 로마군대의 성전파괴)

[4] "주의 대적이 주의 회중 가운데에서 떠들며 자기들의 깃발을 세워 표적으로 삼았으니"

어떻게 되었습니까? 이것은 안티오쿠스 에피파네스(Antiochus Epiphanes)의 군대가 이곳에 침략해 들어올 것을 예언하는 것입니다. 이 사람은 알렉산더(Alexander) 대제가 죽은 후 시리아(Syria)를 나눈 4 장군의 한 사람입니다. 주전 175년에 예루살렘 성전을 훼파하고 돼지 피를 성전 기구에 뿌렸습니다. 그리고 성전 안에 주피터(Jupiter) 신상을 세웠습니다. 주후 70년에는 티투스(Titus) 로마의 장군이 성전을 훼파하였습니다.

(마 24:2) "대답하여 이르시되 너희가 이 모든 것을 보지 못하느냐 내가 진실로 너희에게 이르노니 돌 하나도 돌 위에 남지 않고 다 무너뜨려지리라" 예수님이 말씀 하신대로 되었습니다.

II. 아삽의 기도

> [12] "하나님은 예로부터 나의 왕이시라 사람에게 구원을 베푸셨
> 나이다"

"예로부터" 출애굽한 날부터(출3:7, 19:5~6)

이 시편의 중심구절로서 하나님은 이스라엘의 왕이시며 이스라엘은 하나님의 왕국(백성)임을 전제합니다. 이것이 시인의 불평과 기도의 출발점입니다. 하나님을 찬양하며 과거에 구원을 주신 하나님을 바라봅니다.

> [15] "주께서 바위를 쪼개어 큰 물을 내시며 주께서 늘 흐르는 강
> 들을 마르게 하셨나이다"

하나님께서 홍해와 광야, 요단강에서 행하신 물로 일으킨 기적에 대한 회상을 하며 기도합니다.

> [18] "여호와여 이것을 기억하소서 원수가 주를 비방하며 우매한
> 백성이 주의 이름을 능욕하였나이다"-

이스라엘은 백성은 기도합니다. "원수가 우리를 취하였나이다. 이스라엘은 하나님의 백성이므로 그 백성의 능욕은 곧 하나님의 능욕이 되나이다."

시편에서 어리석음은 도덕적으로 결함이 있음을 표현합니다.(22절) 우리나라 백성은 참으로 어리석나이다. 그래도 하나님께로 돌아갈 줄 모르나이다. 그러나 하나님의 백성 중에 남은 자가 있나이다.

[19] "주의 멧비둘기의 생명을 들짐승에게 주지 마시며 주의 가난
한 자의 목숨을 영원히 잊지 마소서"–

"멧비둘기" 총애하는 이스라엘에 대한 상징(시68:13)

시편 저자는 자기의 생명을 구원받았습니다. 마치 자기를 잡아 먹으려고 독수리가 오는 데 멧비둘기가 어떻게 구원을 얻겠습니까? 하나님은 전능하신 분이시라 능히 하나님은 구원할 수 있음을 아나이다. 이스라엘을 애굽 군대의 손에서 구하시기 위하여 애굽 군인을 수장 시켰습니다. 그 하나님이 우리의 하나님이십니다. 그는 우리를 도우시는 하나님이십니다. 그는 우리를 도우십니다.

결론

[22] "하나님이여 일어나 주의 원통함을 푸시고 우매한 자가 종일
주를 비방하는 것을 기억하소서"

이것은 하나님이 하실 수 있음을 믿고 속히 원수를 물리치시고 승리할 것을 간구합니다. 이것은 아삽이 교육하는 시입니다. 나와 모든 성도를 교육하는 시입니다. 하나님은 모든 어려움에서 우리를 도와주십니다.

하나님은 우리를 절대로 버리시지 아니합니다. 우리를 도우시려고 자기의 독생자를 주신 우리 아버지십니다. 예수님을 기억하며, 예수님의 이름으로 간구 하세요, 반드시 도우십니다.

유대인은 망명의 고뇌 속에 들어가서야 자기 나라를 구해 달라고 기도합니다. 아울러 그로 말미암아 온 세상이 하나님의 주권을 인정하게 해

달라고 하나님께 기도했습니다. 우리는 지금부터 온 세상이 예수를 믿고 말씀에 순종하고 살도록 해 달라고 기도하며 열심히 전도하고 노력해야 합니다.

Goal 그러므로 모든 성도 여러분은 어려움에서 도우시는 주님을 믿고 의지하고 간구하여 도움을 얻을 수 있습니다. 어둠에서 영광, 약함에서 강함과, 슬픔에서 기쁨을 이끌어 내실 뿐만 아니라 그 고난에서 선한 일들을 더 풍성하고 강하게 하시는 하나님을 찬양합니다. 온 세상이 하나님의 주권을 믿고 예수 믿는 세상이 되게 해 달라고 기도하며 전도하는 성도가 되시기를 기도합니다.

시편 75편

아삽의 믿음 찬가

[아삽의 시, 인도자를 따라 알다스헷에 맞춘 노래]

[1]　하나님이여 우리가 주께 감사하고 감사함은 주의 이름이 가까움이라 사람들이 주의 기이한 일들을 전파하나이다

[2]　주의 말씀이 내가 정한 기약이 이르면 내가 바르게 심판하리니

[3]　땅의 기둥은 내가 세웠거니와 땅과 그 모든 주민이 소멸되리라 하시도다 (셀라)

[4]　내가 오만한 자들에게 오만하게 행하지 말라 하며 악인들에게 뿔을 들지 말라 하였노니

[5]　너희 뿔을 높이 들지 말며 교만한 목으로 말하지 말지어다

[6]　무릇 높이는 일이 동쪽에서나 서쪽에서 말미암지 아니하며 남쪽에서도 말미암지 아니하고

[7]　오직 재판장이신 하나님이 이를 낮추시고 저를 높이시느니라

[8]　여호와의 손에 잔이 있어 술 거품이 일어나는도다 속에 섞은 것이 가득한 그 잔을 하나님이 쏟아 내시나니 실로 그 찌꺼기까지도 땅의 모든 악인이 기울여 마시리로다

[9]　나는 야곱의 하나님을 영원히 선포하며 찬양하며

[10]　또 악인들의 뿔을 다 베고 의인의 뿔은 높이 들리로다

Theme: 하나님이 악은 무너지게 하시고, 이스라엘을 구원하시고 항상 높여 주시기를 간구했다.

서론

74편은 아삽의 기도이며 75편은 구원의 노래이며 승리를 얻을 노래입니다. 그러므로 이것은 믿음의 찬가라고 하겠습니다. 본 시편이 우리에게 보여 주시는 것은 "하나님이 악은 무너지게 하시고 이스라엘을 구원하시고 항상 높여 주시기를 간구했다."는 것입니다.

I. 오만한 자들을 낮추시며

[1] "하나님이여 우리가 주께 감사하고 감사함은 주의 이름이 가까움이라 사람들이 주의 기이한 일들을 전파하나이다"

하나님께서는 이 땅에서 자기의 이름을 방어하실 것입니다. 참으로 훌륭하고 영광스러운 진리의 말씀을 우리에게 주었습니다.

[2] "주의 말씀이 내가 정한 기약이 이르면 내가 바르게 심판하리니"

이 말씀은 "우리 주님이 말씀 하시기를 내가 정한 시간이 되면, 바르게 심판하리라" 하는 말씀입니다. 세상은 바르게 심판하지 않습니다. 다 치우치게 판단합니다. 뇌물이 많이 오고 가는데 많이 주는 사람이 정의가 됩니다. 그러나 예수 그리스도께서 재림 하시는 그때는 모든 것을 바르게 판단합니다. 그 때가 어느 때인지는 누구도 알지 못합니다.

(마 24:36) "그러나 그 날과 그 때는 아무도 모르나니 하늘의 천

예수님은 반드시 정한 때에 오십니다. 누구도 빨리 오시도록 할 수 없습니다. 그는 만세 전에 예정하신 그때 오십니다.

우리는 이따금씩 예수님이 언제 오신다는 날짜를 말하는 사람을 봅니다. 그들은 자기 목적을 가지고 사기 치는 사람들입니다.

[3] "땅의 기둥은 내가 세웠거니와 땅과 그 모든 주민이 소멸되리라 하시도다 (셀라)"

[4] "내가 오만한 자들에게 오만하게 행하지 말라 하며 악인들에게 뿔을 들지 말라 하였노니"

[5] "너희 뿔을 높이 들지 말며 교만한 목으로 말하지 말지어다"

"땅의 기둥" 세상의 질서를 확고하게 세우는 비유. 악의 세력 때문에 때로는 세상의 모든 질서가 무너진 것처럼 보일지라도 하나님은 여전히 확고함을 보증하신다.

예수님이 다시 오실 때는 세상의 모든 악한 자는 다 멸망당합니다. 그때는 오만한 자가 다 소멸되고 행악 자가 얼굴을 들고 뻔뻔하게 교만한 목소리를 내지 못할 것입니다. 지금 세상은 교만한 자의 목소리가 정의인 것 같습니다. 더욱이 한국에서는 잘못한 사람이 큰 소리를 내면 그 사람이 승자가 되기도 합니다. 우리 주님 오실 때는 모든 것을 바르게 판단하십니다.

II. 주님만이 우리의 구원자 이십니다

> [6] "무릇 높이는 일이 동쪽에서나 서쪽에서 말미암지 아니하며
> 남쪽에서도 말미암지 아니하고"

어디에서 도움이 오겠습니까? 동쪽에서도, 서쪽에서도, 남쪽에서도 오지 않습니다. 북쪽에서도 온다고 말하지 않았습니다. 왜냐하면, 북쪽으로부터 적군이 오기 때문입니다. 오직 하나님만이 자기 백성을 구원해 낼 수가 있기 때문입니다.

> [8] "여호와의 손에 잔이 있어 술 거품이 일어나는도다 속에 섞은
> 것이 가득한 그 잔을 하나님이 쏟아 내시나니 실로 그 찌꺼기까지
> 도 땅의 모든 악인이 기울여 마시리로다"

하나님이 이것을 쏟아 부으셨기 때문에 그들에게는 선택의 여지가 없다. 술거품이 일어나는 잔은 진노가 가득한 잔으로 영원한 징벌의 잔이기도 합니다. 예수님은 우리를 위해 그 진노의 잔을 마시셨습니다.

시편 75편은 이 일이 이루어지기 전에 감사의 기도를 올린 것입니다. 참으로 훌륭한 시들입니다. 그들은 우리가 세상에 나기도 전에 우리를 위해 복을 빌어 주십니다.

결론

예수 믿는 사람들은 복 받은 사람들입니다. 하나님은 만세 전부터 우

리를 복된 자리에 두시고 하나님이 우리 보다 앞서간 성도들을 통하여서 복을 빌어 주시니 너무나도 감사합니다. 그러므로 우리도 하나님의 크신 능력을 항상 찬양하며 감사해야 할 것입니다. 하나님이 악은 무너지게 하시고 이스라엘을 구원하시고 항상 높여 주십니다.

Goal 그러므로 우리는 앞으로 오실 예수님이 공의로 판단하실 것을 기억하고 재림의 그날을 기다리며 끝없는 찬양으로 감사하는 성도가 되기를 기도합니다.

마지막 때

[아삽의 시, 인도자를 따라 현악에 맞춘 노래]

[1] 하나님은 유다에 알려지셨으며 그의 이름이 이스라엘에 알려지셨도다

[2] 그의 장막은 살렘에 있음이여 그의 처소는 시온에 있도다

[3] 거기에서 그가 화살과 방패와 칼과 전쟁을 없이하셨도다 (셀라)

[4] 주는 약탈한 산에서 영화로우시며 존귀하시도다

[5] 마음이 강한 자도 가진 것을 빼앗기고 잠에 빠질 것이며 장사들도 모두 그들에게 도움을 줄 손을 만날 수 없도다

[6] 야곱의 하나님이여 주께서 꾸짖으시매 병거와 말이 다 깊이 잠들었나이다

[7] 주께서는 경외 받을 이시니 주께서 한 번 노하실 때에 누가 주의 목전에 서리이까

[8] 주께서 하늘에서 판결을 선포하시매 땅이 두려워 잠잠하였나니

[9] 곧 하나님이 땅의 모든 온유한 자를 구원하시려고 심판하러 일어나신 때에로다 (셀라)

[10] 진실로 사람의 노여움은 주를 찬송하게 될 것이요 그 남은 노여움은 주께서 금하시리이다

[11] 너희는 여호와 너희 하나님께 서원하고 갚으라 사방에 있는 모든 사람도 마땅히 경외할 이에게 예물을 드릴지로다

[12] 그가 고관들의 기를 꺾으시리니 그는 세상의 왕들에게 두려움이시로다

Theme: 믿는 자가 세상에서 악한 자들에게서 억압을 받으나

마지막 예수님이 오실 때는 모든 원수가 물러가고
주님 앞에 무릎을 꿇는다.

서론

이 시편은 하나님의 말씀일 뿐 아니라 그 배열이 중요합니다. 이 배열이 영감으로 되었다고 주장하는 것이 아니라 배열을 무시하면, 많은 내용을 잃어버릴 수 있습니다. 시편들을 배열하는데서 오는 큰 의미가 있습니다.

74편은 도움을 위하여 부르짖는 것입니다. "주여 일어나소서"

75편은 북쪽에서 밀려 내려오는 세력에서 구원을 주신 하나님께 감사하는 것입니다. 동에서나 서에서나 남에서는 북쪽 러시아에서 이스라엘로 오는 세력을 대 환난 때 막을 자 없습니다.

75편이 윤리적 입장에서 적군의 오만함을 꾸짖는다면 76편은 역사적 실재로 그 멸망을 묘사합니다.

그러나 예수 그리스도께서 76편에서는 왕으로, 선지자로, 제사장으로 다스리실 것입니다. 본문이 보여 주시는 것은 "믿는 자가 세상에서 악한 자들에게서 억압을 받으나 마지막 예수님이 오실 때는 모든 원수가 물러가고 주님 앞에 무릎을 꿇는다."는 것입니다.

I. 예수 그리스도가 재림하시면 될 일입니다

[1] "하나님은 유다에 알려지셨으며 그의 이름이 이스라엘에 알려

지셨도다"

[2] "그의 장막은 살렘에 있음이여 그의 처소는 시온에 있도다"-

옛날 예루살렘을 살렘이라고 불렀습니다. 이것은 "평화의 거주지"라는 말입니다. 지리적으로 4 곳을 말했습니다. 유다, 이스라엘, 살렘, 시온은 다 중동에 있고 이스라엘 안에 있습니다. 실상 이 시는 모든 믿는 사람에게 주는 축복입니다.

[3] "거기에서 그가 화살과 방패와 칼과 전쟁을 없이하셨도다 (셀라)"

예루살렘을 공격했던 앗수르 군대를 하나님은 물리치셨습니다.
이날은 선지자가 말한 바 '말일' 즉 미래에 대한 일반적 언급입니다.
(메시아의 날)

(사 2:4) "그가 열방 사이에 판단하시며 많은 백성을 판결하시리니 무리가 그들의 칼을 쳐서 보습을 만들고 그들의 창을 쳐서 낫을 만들 것이며 이 나라와 저 나라가 다시는 칼을 들고 서로 치지 아니하며 다시는 전쟁을 연습하지 아니하리라"

이 말씀은 이사야가 예수님이 오신 후에 이같이 되리라는 것이지 지금 된다는 것은 아닙니다. 인간의 죄를 해결해야 이런 일이 일어납니다. 죄는 회개해야 하며 아니면 심판을 받은 후에 될 것입니다. 그렇지 않고는 이 땅 위에 평화는 없습니다.

[4] "주는 약탈한 산에서 영화로우시며 존귀하시도다"-

"약탈한 산"은 예루살렘을 말합니다. 예루살렘은 27번 적에게 약탈 당하였습니다. 적들이 말할 때는 참으로 "약탈한 산"입니다. 적의 손에 27번 들어갔던 성입니다. 우리 주님께서는 그들을 심판하십니다. 모든 교만한 자와 거만한 자를 땅에서 심판하십니다. 그리고 예루살렘을 반대 하던 자를 심판하십니다.

II. 회개하지 않는 자와 사탄의 권세는 무너집니다

[5] "마음이 강한 자도 가진 것을 빼앗기고 잠에 빠질 것이며 장사들도 모두 그들에게 도움을 줄 손을 만날 수 없도다"

"마음이 강한 자도 가진 것을 빼앗기고 잠에 빠질 것이며"라는 말은 "회개 할 줄 모르는 마음이 굳은 자는 악한 손에 빠져 잠자고 있고, 장사는 사탄이 힘을 쓰지 못하게 한다."는 뜻입니다." 요한 1서에서도 말씀했습니다.

(요일 5:19) "또 아는 것은 우리는 하나님께 속하고 온 세상은 악한 자 안에 처한 것이며"

악을 좋아하는 사람, 세상에 속한 사람이 따로 있고 하나님께 속한 사람이 따로 있습니다.

우리가 사사기에서 보면 미디안 군사가 나팔 소리에 눈을 떠보니 사방에 불이 환한데 온 세상은 적의 소리로 꽉 찼습니다. 그러므로 군인들이 일어나 전쟁할 생각은 못하고 힘이 빠져 도망할 생각으로 달아납니다. 그 때 광경을 이같이 말했습니다.

(삿 7:21) "각기 제자리에 서서 그 진영을 에워싸매 그 온 진영의 군사들이 뛰고 부르짖으며 도망하였는데"

[6] "야곱의 하나님이여 주께서 꾸짖으시매 병거와 말이 다 깊이 잠들었나이다"

"꾸짖으시매" 이 단어가 하나님의 속성을 서술할 때 그 의미는 크게 2가지입니다.

(1) 온 우주의 존재를 다스리시는 주권을 행사하는 하나님으로 천둥 같은 엄청난 위엄을 의미합니다. 풍랑을 꾸짖으시는 예수님은 (막 4:39) 하나님의 능력을 나타내어 그의 신성을 증명해 보이신 것입니다.

(2) 천둥 같은 하나님의 진노를 의미합니다.(시 80:16, 사 51:20, 말 2:3)

우리 주님께서 오실 때 그가 꾸짖으시면 병거와 말이 다 깊은 잠을 자게 됩니다. 그때 우리 주님은 영광스럽게 빛을 비출 것입니다.

"그의 영광 광채가 세상 빛이 되셨네 왕이 나셨도다 왕이 나셨도다." (고요한 밤 거룩한 밤 4절) 우리가 성탄절에 부르는 노래와 같은 것입니다. 우리 주 예수 그리스도가 다시 오실 때 이와 같을 것입니다. 그야말로 기쁜 날입니다. 그러나 이것은 앞으로 될 일입니다. 이사야는 우리에게 더 말씀하여 주십니다.

(사 4:5) "여호와께서 거하시는 온 시온 산과 모든 집회 위에 낮이면 구름과 연기, 밤이면 화염의 빛을 만드시고 그 모든 영광 위에 덮개를 두시며"

그 영광은 우리 주 예수 그리스도와 같이 하시는 영광입니다.

우리 주님이 모든 원수를 갚아 주시는 날이 오고야 맙니다.

III. 예수님이 재림하시는 날은 믿는 자를 구원 하시는 날 입니다

[7] "주께서는 경외 받을 이시니 주께서 한 번 노하실 때에 누가
주의 목전에 서리이까"
[8] "주께서 하늘에서 판결을 선포하시매 땅이 두려워 잠잠하였나니"

[9] "곧 하나님이 땅의 모든 온유한 자를 구원하시려고 심판하러
일어나신 때에로다 (셀라)" -

하나님은 시온에 계시며(2절) 또한 하늘에서 주권적으로 다스리십니
다. 이 말씀은 이같이 번역 할 수 있습니다.

"주님을 두려워하라. 주님이 노하시면 그 앞에 누가 서리요. 주께
서 한 번 판결을 내리시면 두려워서 땅에서는 잠잠하리라. 하나님
이 땅에 있는 모든 온유한 자는 구원 하시고 심판을 내리실 때 악
한 자는 진노하심으로 판단하실 것임이라"

요한은 이같이 말씀했습니다.

(계 6:17) "그들의 진노의 큰 날이 이르렀으니 누가 능히 서리요
하더라"

[10] "진실로 사람의 노여움은 주를 찬송하게 될 것이요 그 남은
노여움은 주께서 금하시리이다"

"남은 노여움" 노를 모두 격발하시지 않은 하나님의 특별한 심판이며 다른 적대적인 열강들을 다루기 위해 남겨두신 것입니다.

하나님께서 말씀 하시기를 사람은 어느 정도만 가게 허락하십니다. 그러나 대 환란 때는 주께서 지금까지 제한된 모든 것을 다 없이하십니다. 그 제한된 데까지 가게 합니다. 우리 속담에 "갈 데까지 가보자"라는 말이 있습니다. 그러나 오늘 사람들에게 다 금지된 것이 있습니다. 금지하는 분은 성령님이십니다. 누가 이 세상에서 마귀를 할 수 없게 금하겠습니까? 사탄의 온갖 발악들은 주님의 승리를 더 크게 만들 뿐입니다. 하나님은 사람의 분노를 하나님의 찬양으로 바꾸게 하셨습니다.(창50:20, 행 4:27-28) 예수님의 죽음이 가장 좋은 본보기입니다.

결론

[11] "너희는 여호와 너희 하나님께 서원하고 갚으라 사방에 있는
모든 사람도 마땅히 경외할 이에게 예물을 드릴지로다"

사탄은 하나님께 대하여 거칠게 나오고 또 기름 부음을 받은 자에 대해서도 마찬가지입니다. 이것은 우리 주님이 막으십니다. 시편 110:3에서 말씀했습니다.

(시 110:3) "주의 권능의 날에 주의 백성이 거룩한 옷을 입고 즐거

이 헌신하니 새벽 이슬 같은 주의 청년들이 주께 나오는도다"

이방 나라들이 복종하고, 왕들이 선물을 가지고 찾아옵니다.

> [시72:10] "다시스와 섬의 왕들이 조공을 바치며 스바와 시바 왕
> 들이 예물을 드리리로다"
> [11] "모든 왕이 그의 앞에 부복하며 모든 민족이 다 그를 섬기리
> 로다"

이 날이야말로 예수 믿는 자에게는 기쁘고 즐거운 날이요 위대하신 우리 주님이 영광을 받으시는 날입니다. 믿는 자는 세상에서 악한 자들에게서 억압을 받아 왔으나 마지막 날 예수님이 오실 때는 모든 원수가 물러가고 주님 앞에 무릎을 꿇게 됩니다.

Goal 그러므로 우리는 신앙생활 할 때 많은 핍박이 있으나 예수님이 오시는 날만 기다리고 있습니다. 그날에 원수를 다 갚아 주시는 것을 보게 될 것입니다. 우리는 어떤 고난도 참고 신앙생활 잘 하시기를 축복합니다.

시편 77편

순결하게 하는 채찍

[아삽의 시, 인도자를 따라 여두둔의 법칙에 따라 부르는 노래]

[1] 내가 내 음성으로 하나님께 부르짖으리니 내 음성으로 하나님께 부르
짖으면 내게 귀를 기울이시리로다

[2] 나의 환난 날에 내가 주를 찾았으며 밤에는 내 손을 들고 거두지 아니
하였나니 내 영혼이 위로 받기를 거절하였도다

[3] 내가 하나님을 기억하고 불안하여 근심하니 내 심령이 상하도다 (셀라)

[4] 주께서 내가 눈을 붙이지 못하게 하시니 내가 괴로워 말할 수 없나이다

[5] 내가 옛날 곧 지나간 세월을 생각하였사오며

[6] 밤에 부른 노래를 내가 기억하여 내 심령으로, 내가 내 마음으로 간구
하기를

[7] 주께서 영원히 버리실까, 다시는 은혜를 베풀지 아니하실까,

[8] 그의 인자하심은 영원히 끝났는가, 그의 약속하심도 영구히 폐하였는가

[9] 하나님이 그가 베푸실 은혜를 잊으셨는가, 노하심으로 그가 베푸실 긍
휼을 그치셨는가 하였나이다 (셀라)

[10] 또 내가 말하기를 이는 나의 잘못이라 지존자의 오른손의 해

[11] 곧 여호와의 일들을 기억하며 주께서 옛적에 행하신 기이한 일을 기억
하리이다

[12] 또 주의 모든 일을 작은 소리로 읊조리며 주의 행사를 낮은 소리로 되
뇌이리이다

[13] 하나님이여 주의 도는 극히 거룩하시오니 하나님과 같이 위대하신 신
이 누구오니이까

[14] 주는 기이한 일을 행하신 하나님이시라 민족들 중에 주의 능력을 알리
시고

[15] 주의 팔로 주의 백성 곧 야곱과 요셉의 자손을 속량하셨나이다 (셀라)

[16] 하나님이여 물들이 주를 보았나이다 물들이 주를 보고 두려워하며 깊
음도 진동하였고

[17] 구름이 물을 쏟고 궁창이 소리를 내며 주의 화살도 날아갔나이다

[18] 회오리바람 중에 주의 우렛소리가 있으며 번개가 세계를 비추며 땅이
흔들리고 움직였나이다

[19] 주의 길이 바다에 있었고 주의 곧은 길이 큰 물에 있었으나 주의 발자
취를 알 수 없었나이다

[20] 주의 백성을 양 떼 같이 모세와 아론의 손으로 인도하셨나이다

Theme: 망명의 채찍이 하나님의 민족을 완전히 순결하게 하였을 때
하나님은 비로소 이스라엘을 애굽에서 구원하였을 때처럼 다시
개입하실 것이다.

서론

이 시편은 아삽이 찬양대장 여두둔에게 노래로 혹은 기악으로 연주하
도록 지어준 것입니다. 이것은 사람이 마음속에 큰 근심이 있을 때를 위
하여 지은 것입니다. 믿음이 있다고 하지만 내 믿음으로 해결할 수 없을
때가 있습니다. 해결은 다른데서 찾을 수 없고 성전 안에서 뿐입니다. 왜
냐하면 우리 하나님은 우리를 잊어버리지 않고 자비가 풍성하기 때문입
니다.

본문이 우리에게 가르치시는 것은 "망명의 채찍이 하나님의 민족을 완

전히 순결하게 하였을 때 하나님은 비로소 이스라엘을 애굽에서 구원하였을 때처럼 다시 개입하실 것이다.”라는 것입니다.

I. 이스라엘은 채찍을 맞을 때 회개하였다

[1] “내가 내 음성으로 하나님께 부르짖으리니 내 음성으로 하나님께 부르짖으면 내게 귀를 기울이시리로다”
[2] “나의 환난 날에 내가 주를 찾았으며 밤에는 내 손을 들고 거두지 아니하였나니 내 영혼이 위로 받기를 거절하였도다”

우리가 주님을 찾아 기도하기에 좋은 때는 어려운 문제가 있을 때입니다. 사람이 경제적으로 심히 어려울 때 또는 병으로 고생할 때 하나님을 찾게 됩니다. 이때는 하나님께 간절히 부르짖게 됩니다.

“내 음성으로 하나님께 부르짖으면 내게 귀를 기울이시리로다”

여러 성도님, 우리가 어려울 때 나를 돌아보고 하나님께 회개하며 부르짖으면 우리의 기도를 들으십니다. 여러분들! 주님께로 나아가 주님을 찾으십시오. 대답이 올 때까지 부르짖으십시오.

우리는 노래하지 않습니까. (찬송 545장)

“이 눈에 아무 증거 아니 뵈어도 믿음만을 가지고서 늘 걸으며
이 귀에 아무소리 아니 들려도 하나님의 약속 위에 서리라.
걸어가세 믿음 위에 서서 나가세 나가세 의심 버리고

걸어가세 믿음 위에 서서 눈과 귀에 아무증거 없어도"

사랑하는 성도들, 우리는 이 찬송을 노래로만 부르는 것이 아닙니다. 이것은 참말입니다. 하나님의 약속이 있습니다. 여러분이 부르짖으면 반드시 하나님의 약속을 경험할 것입니다. 여러분의 귀로 들리지 않아도, 여러분의 눈에 보이지 않아도 하나님의 약속은 이루어집니다. 나는 믿습니다.

II. 밤에 잠 못 들고 의심도 하지만 하나님은 위로 하십니다

[6] "밤에 부른 노래를 내가 기억하여 내 심령으로, 내가 내 마음으로 간구하기를"

우리는 근심이 있을 때 밤에 하나님께 노래하면 얼마나 좋고 평화가 옵니까. 남들이 다 자는 밤에 다른 사람이 잠에서 일어나게 큰 소리로 노래한다는 것이 아닙니다. 조용하게 오직 하나님만 들으시게 하는 노래입니다.

시인도 금욕주의자처럼 이를 악물고 억지로 참지 않습니다. 반대로 무절제하게 감정을 쏟아내지도 않습니다. 하나님에 관한 진리로 생각과 감정을 모읍니다. 묵상은 하루이틀로 되는 일이 아닙니다. 오래 익히고 습관처럼 훈련하는 평생의 과정입니다.

찬송가 (410장)

1. 내 맘에 한 노래 있어 나 즐겁게 늘 부르네
   이 노래를 부를 때에 큰 평화 임하도다

2.   주 십자가 지심으로 날 구원해 주셨으며
     주 예수님 고난 받아 나 평화 누리도다
3.   나 주님께 영광 돌려 참 평화가 넘치도다
     주 하나님 은혜로써 이 평화 누리도다
4.   이 평화를 얻으려고 주 앞으로 나아갈 때
     주 예수님 우리에게 이 평화 주시도다
후렴. 평화 평화 하나님 주신 선물
       그 놀라운 주의 평화 하나님 선물일세

밤에 이같이 노래할 때 하나님의 위로를 얻고 마음에 평화가 오지만 한편으로는 마음이 혼란해지고 겁이 납니다. 기도할 때도 혼란(당혹)이 옵니다.

> [7] "주께서 영원히 버리실까, 다시는 은혜를 베풀지 아니하실까,"
> [8] "그의 인자하심은 영원히 끝났는가, 그의 약속하심도 영구히 폐하였는가,"
> [9] "하나님이 그가 베푸실 은혜를 잊으셨는가, 노하심으로 그가 베푸실 긍휼을 그치셨는가 하였나이다 (셀라)"

하나님이 나를 버리셨는가?
이제는 은혜를 나에게 안 주시는가?
하나님이 나 같은 것을 뭐라고 귀하게 여기실까?
하나님이 계시는가?

사랑하는 성도들! 우리는 답답할 때 별별 생각이 다 납니다. 이것은 믿음이 떨어질 때 마귀가 갖다 줍니다. 하나님은 반드시 도와주십니다. 나중에는 반드시 하나님이 도와주신 것을 보게 됩니다. 우리가 아무리 의심을 했어도 은혜로우신 하나님은 우리를 도우신 것을 보게 됩니다.

우리는 한순간의 슬픔도 영원처럼 헤아리지만, 하나님의 자비는 아침마다 새롭습니다. 주님은 자녀들을 잊거나, 놓치지 않습니다.

III. 우리 하나님은 기적을 행하시는 하나님이십니다

[13] "하나님이여 주의 도는 극히 거룩하시오니 하나님과 같이 위대하신 신이 누구오니이까"

[14] "주는 기이한 일을 행하신 하나님이시라 민족들 중에 주의 능력을 알리시고"

[15] "주의 팔로 주의 백성 곧 야곱과 요셉의 자손을 속량하셨나이다 (셀라)"

"야곱과 요셉의 자손" 이는 이스라엘 자손의 대표적 의미입니다. 시인은 과거의 역사에서 이스라엘을 인도하시던 하나님의 은혜를 기억하며 다시금 소망을 얻습니다. 특별히 출애굽의 은혜입니다.(16-20절)

(시 73:16,17) [16] "내가 어쩌면 이를 알까 하여 생각한즉 그것이 내게 심한 고통이 되었더니"

[17] "하나님의 성소에 들어갈 때에야 그들의 종말을 내가 깨달았나이다"

우리가 알지 못하는 것을 알 수 있는 길은 "성소에 들어갈 때에야" 깨달아 알 수가 있다는 것입니다. 성소에 들어가 꿇어 엎드려 기도하면 하나님의 성령은 우리에게 모든 것을 가르쳐 주십니다.

그러므로 히브리서 저자는 말했습니다. (히 10:25)

하나님의 성전은 우매한 자가 깨달아 알 수 있는 곳입니다.

하나님은 우리가 수박 겉핥기로 말씀을 맛보는 것을 원하지 않습니다. 성도들이 모여서 말씀을 깊이 공부하고 말씀을 깨달아 알기를 원하십니다. 저는 우리 교회에 많이 사람들이 모이기를 원합니다. 그러나 주일만 왔다 가는 것을 원하지 않습니다. 와서 말씀을 듣고, 배우고, 깨달아 아는 교인이 많기를 원합니다. 말씀으로 교제하는 교인이 많아져야 합니다. 여러분, 교회 다녀도 모를 것이 많지요? 말씀을 기뻐하고 교회 오기를 기뻐하는 교인, 하나님의 말씀을 공부하기를 기뻐하는 교인들과 사귀세요.

저는 어떤 목사님, 신학교 교수와 이야기하는 중 깜짝 놀랐습니다. 그분이 이야기하기를 우리가 구원을 얻으려면 예수님이 절반을 행하고 우리 사람이 절반을 행하여야 구원을 얻는다고 합니다. 교회라고 다 같은 교회가 아닙니다. 때가, 참으로 어지러운 때가 되었습니다. 지난 11월 28일 저녁에 미국 TV 방송을 들으니, 텍사스(Texas)에 있는 교회 목사님과 인터뷰를 하는 것입니다. 그 목사님 말이 자기는 예수님이나 십자가, 또는 죄에 대하여는 말하지 아니한다는 것입니다. 그 이유는 사람들이 십자가나 죄에 대해 말하면 싫어한다는 것입니다. 교회가 예수 십자가와 부활을 빼놓고 무슨 설교를 합니까? 그 교회 교인이 30,000명이요, 그 방송을 듣는 사람이 700만 명이라고 합니다. 여러분들! 교회 확실히 알려면 웨스트민스터 신앙고백과 대소요리문답을 가르치는 교회를 가세요. 분별없는 교회 다니다가 지옥 가기 쉬운 때입니다. 마귀가 교회 목사의 탈을 쓰고, 그런 목사를 통해 역사하는 때입니다.

IV. 우주 만물을 명령하실 분은 오직 전능하신 하나님뿐이십니다

[16] "하나님이여 물들이 주를 보았나이다 물들이 주를 보고 두려워하며 깊음도 진동하였고"
[17] "구름이 물을 쏟고 궁창이 소리를 내며 주의 화살도 날아갔나이다"
[18] "회오리바람 중에 주의 우렛소리가 있으며 번개가 세계를 비추며 땅이 흔들리고 움직였나이다"
[19] "주의 길이 바다에 있었고 주의 곧은 길이 큰 물에 있었으나 주의 발자취를 알 수 없었나이다"

역사 이래로 바닷물을 막을 힘이 어디에, 누구에게 있었습니까? 오직 하나님의 권능뿐입니다. 홍해를 가르고 육지를 만들어 이스라엘 백성을 구원하실 때 바닷물이 놀랐습니다. 바닷물을 막을 자 없었으나 하나님께서 말씀을 발하시니 홍해가 갈라져 물 벽을 이루었습니다. 그 벽 길이가 몇 십층 고층 건물처럼 쌓였어도 하나님의 말씀 때문에 흔들리지 못했습니다. 이 권능으로 우리를 지키시고 도와주십니다. (시74:13-15 참조)

출14:19는 홍해의 기적은 구름(기둥)으로만 묘사합니다. 그러나 시인은 이스라엘의 구원이나 심판을 위해 내려오시는 하나님의 임재를 드러내기 위해 우렛소리와 번개와 지진을 언급합니다. 이것이 가장 강력한 힘의 표출이기 때문입니다.(18-19절)

결론

하나님은 이스라엘을 애굽에서 인도해 내심 같이 지금도 행하십니다.

> [20] "주의 백성을 양 떼 같이 모세와 아론의 손으로 인도하셨나
> 이다"

하나님은 이런 권능으로 이스라엘 백성을 모세와 아론의 손으로 인도해냈습니다. 모세와 아론이 힘이 있어 인도해 낸 것이 아닙니다. 무한하신 하나님의 권능으로 인도했습니다.

더욱이 예수님이 십자가에서 죽으시고 3일 만에 부활하신 후부터는 예수님 믿고 예수님의 이름으로 기도하면 다 들어 주십니다.

신약에서 사망을 이기신 예수 그리스도의 부활의 모습이야말로 하나님의 가장 큰 능력을 드러냅니다.(마 28:20, 엡1:18-23)

> (요 16:24) "지금까지는 너희가 내 이름으로 아무 것도 구하지 아
> 니하였으나 구하라 그리하면 받으리니 너희 기쁨이 충만하리라"

우리가 비록 오늘 시편 저자처럼 믿음이 확 떨어져서 의심을 한다 해

도 우리 주님은 우리를 잊으시지 않고 때마침 도와주십니다. 앞에 홍해가 가로막혀 막막할 때 바다를 가르시고 마른땅에 길을 내서 건너게 하신 하나님의 권능을 우리 앞에도 베푸십니다. 망명의 채찍이 하나님의 민족을 완전히 순결하게 하였을 때 하나님은 이스라엘을 애굽에서 구원하였을 때 하셨던 것처럼 지금도 회개하고 돌아오는 하나님의 백성을 환영하고 도우십니다.

Goal 그러므로 어려움에 봉착 했을 때 두려워하지 맙시다. 우리 하나님 아버지께 예수님의 이름으로 기도하여 하나님의 권능을 볼 수 있기를 기도합니다.

항상 성실하신 하나님

[아삽의 마스길]

[1] 내 백성이여, 내 율법을 들으며 내 입의 말에 귀를 기울일지어다

[2] 내가 입을 열어 비유로 말하며 예로부터 감추어졌던 것을 드러내려 하니

[3] 이는 우리가 들어서 아는 바요 우리의 조상들이 우리에게 전한 바라

[4] 우리가 이를 그들의 자손에게 숨기지 아니하고 여호와의 영예와 그의
     능력과 그가 행하신 기이한 사적을 후대에 전하리로다

[5] 여호와께서 증거를 야곱에게 세우시며 법도를 이스라엘에게 정하시고
     우리 조상들에게 명령하사 그들의 자손에게 알리라 하셨으니

[6] 이는 그들로 후대 곧 태어날 자손에게 이를 알게 하고 그들은 일어나
     그들의 자손에게 일러서

[7] 그들로 그들의 소망을 하나님께 두며 하나님께서 행하신 일을 잊지 아
     니하고 오직 그의 계명을 지켜서

[8] 그들의 조상들 곧 완고하고 패역하여 그들의 마음이 정직하지 못하며
     그 심령이 하나님께 충성하지 아니하는 세대와 같이 되지 아니하게 하
     려 하심이로다

[9] 에브라임 자손은 무기를 갖추며 활을 가졌으나 전쟁의 날에 물러갔도다

[10] 그들이 하나님의 언약을 지키지 아니하고 그의 율법 준행을 거절하며

[11] 여호와께서 행하신 것과 그들에게 보이신 그의 기이한 일을 잊었도다

[12] 옛적에 하나님이 애굽 땅 소안 들에서 기이한 일을 그들의 조상들의
      목전에서 행하셨으되

[13] 그가 바다를 갈라 물을 무더기 같이 서게 하시고 그들을 지나게 하셨

으며

[14] 낮에는 구름으로, 밤에는 불빛으로 인도하셨으며

[15] 광야에서 반석을 쪼개시고 매우 깊은 곳에서 나오는 물처럼 흡족하게
마시게 하셨으며

[16] 또 바위에서 시내를 내사 물이 강 같이 흐르게 하셨으나

[17] 그들은 계속해서 하나님께 범죄하여 메마른 땅에서 지존자를 배반하
였도다

[18] 그들이 그들의 탐욕대로 음식을 구하여 그들의 심중에 하나님을 시험
하였으며

[19] 그뿐 아니라 하나님을 대적하여 말하기를 하나님이 광야에서 식탁을
베푸실 수 있으랴

[20] 보라 그가 반석을 쳐서 물을 내시니 시내가 넘쳤으나 그가 능히 떡도
주시며 자기 백성을 위하여 고기도 예비하시랴 하였도다

[21] 그러므로 여호와께서 듣고 노하셨으며 야곱에게 불 같이 노하셨고 또
한 이스라엘에게 진노가 불타 올랐으니

[22] 이는 하나님을 믿지 아니하며 그의 구원을 의지하지 아니한 때문이로다

[23] 그러나 그가 위의 궁창을 명령하시며 하늘 문을 여시고

[24] 그들에게 만나를 비 같이 내려 먹이시며 하늘 양식을 그들에게 주셨나니

[25] 사람이 힘센 자의 떡을 먹었으며 그가 음식을 그들에게 충족히 주셨도다

[26] 그가 동풍을 하늘에서 일게 하시며 그의 권능으로 남풍을 인도하시고

[27] 먼지처럼 많은 고기를 비 같이 내리시고 나는 새를 바다의 모래 같이
내리셨도다

[28] 그가 그것들을 그들의 진중에 떨어지게 하사 그들의 거처에 두르셨으
므로

[29] 그들이 먹고 심히 배불렀나니 하나님이 그들의 원대로 그들에게 주셨
도다

[30] 그러나 그들이 그들의 욕심을 버리지 아니하여 그들의 먹을 것이 아직
그들의 입에 있을 때에

[31] 하나님이 그들에게 노염을 나타내사 그들 중 강한 자를 죽이시며 이스
라엘의 청년을 쳐 엎드러뜨리셨도다

[32] 이러함에도 그들은 여전히 범죄하여 그의 기이한 일들을 믿지 아니하
였으므로

[33] 하나님이 그들의 날들을 헛되이 보내게 하시며 그들의 햇수를 두려움
으로 보내게 하셨도다

[34] 하나님이 그들을 죽이실 때에 그들이 그에게 구하며 돌이켜 하나님을
간절히 찾았고

[35] 하나님이 그들의 반석이시며 지존하신 하나님이 그들의 구속자이심을
기억하였도다

[36] 그러나 그들이 입으로 그에게 아첨하며 자기 혀로 그에게 거짓을 말하
였으니

[37] 이는 하나님께 향하는 그들의 마음이 정함이 없으며 그의 언약에 성실
하지 아니하였음이로다

[38] 오직 하나님은 긍휼하심으로 죄악을 덮어 주시어 멸망시키지 아니하
시고 그의 진노를 여러 번 돌이키시며 그의 모든 분을 다 쏟아 내지
아니하셨으니

[39] 그들은 육체이며 가고 다시 돌아오지 못하는 바람임을 기억하셨음이라

[40] 그들이 광야에서 그에게 반항하며 사막에서 그를 슬프시게 함이 몇 번
인가

[41] 그들이 돌이켜 하나님을 거듭거듭 시험하며 이스라엘의 거룩하신 이
를 노엽게 하였도다

[42] 그들이 그의 권능의 손을 기억하지 아니하며 대적에게서 그들을 구원
하신 날도 기억하지 아니하였도다

[43] 그 때에 하나님이 애굽에서 그의 표적들을, 소안 들에서 그의 징조들
을 나타내사

[44] 그들의 강과 시내를 피로 변하여 그들로 마실 수 없게 하시며

[45] 쇠파리 떼를 그들에게 보내어 그들을 물게 하시고 개구리를 보내어 해
하게 하셨으며

[46] 그들의 토산물을 황충에게 주셨고 그들이 수고한 것을 메뚜기에게 주
셨으며

[47] 그들의 포도나무를 우박으로, 그들의 뽕나무를 서리로 죽이셨으며

[48] 그들의 가축을 우박에, 그들의 양 떼를 번갯불에 넘기셨으며

[49] 그의 맹렬한 노여움과 진노와 분노와 고난 곧 재앙의 천사들을 그들에게 내려보내셨으며

[50] 그는 진노로 길을 닦으사 그들의 목숨이 죽음을 면하지 못하게 하시고 그들의 생명을 전염병에 붙이셨으며

[51] 애굽에서 모든 장자 곧 함의 장막에 있는 그들의 기력의 처음 것을 치셨으나

[52] 그가 자기 백성은 양 같이 인도하여 내시고 광야에서 양 떼 같이 지도하셨도다

[53] 그들을 안전히 인도하시니 그들은 두려움이 없었으나 그들의 원수는 바다에 빠졌도다

[54] 그들을 그의 성소의 영역 곧 그의 오른손으로 만드신 산으로 인도하시고

[55] 또 나라를 그들의 앞에서 쫓아내시며 줄을 쳐서 그들의 소유를 분배하시고 이스라엘의 지파들이 그들의 장막에 살게 하셨도다

[56] 그러나 그들은 지존하신 하나님을 시험하고 반항하여 그의 명령을 지키지 아니하며

[57] 그들의 조상들 같이 배반하고 거짓을 행하여 속이는 활 같이 빗나가서

[58] 자기 산당들로 그의 노여움을 일으키며 그들의 조각한 우상들로 그를 진노하게 하였으매

[59] 하나님이 들으시고 분내어 이스라엘을 크게 미워하사

[60] 사람 가운데 세우신 장막 곧 실로의 성막을 떠나시고

[61] 그가 그의 능력을 포로에게 넘겨 주시며 그의 영광을 대적의 손에 붙이시고

[62] 그가 그의 소유 때문에 분내사 그의 백성을 칼에 넘기셨으니

[63] 그들의 청년은 불에 살라지고 그들의 처녀들은 혼인 노래를 들을 수 없었으며

[64] 그들의 제사장들은 칼에 엎드러지고 그들의 과부들은 애곡도 하지 못하였도다

[65] 그 때에 주께서 잠에서 깨어난 것처럼, 포도주를 마시고 고함치는 용사 처럼 일어나사

[66] 그의 대적들을 쳐 물리쳐서 영원히 그들에게 욕되게 하셨도다

[67] 또 요셉의 장막을 버리시며 에브라임 지파를 택하지 아니하시고

[68] 오직 유다 지파와 그가 사랑하시는 시온 산을 택하시며

[69] 그의 성소를 산의 높음 같이, 영원히 두신 땅 같이 지으셨도다

[70] 또 그의 종 다윗을 택하시되 양의 우리에서 취하시며

[71] 젖 양을 지키는 중에서 그들을 이끌어 내사 그의 백성인 야곱, 그의 소
유인 이스라엘을 기르게 하셨더니

[72] 이에 그가 그들을 자기 마음의 완전함으로 기르고 그의 손의 능숙함으
로 그들을 지도하였도다

Theme: 이스라엘은 하나님께 대하여 실패하였지만 하나님의 성실하심은 어제나 오늘이나 변함이 없으십니다. 이것을 기억하지 못함으로 죄를 짓는 주요 원인이 되지만 반면에 그것을 기억하는 것은 환난의 때에 위로를 가져옵니다.

서론

이 시편은 역사적인 시입니다.

애굽에서부터 다윗 왕 때까지 하나님의 백성 이스라엘의 역사를 취급하고 있는데 여기에서 우리는 백성들의 실패와 하나님의 성실하심을 볼 수 있습니다. 오늘 본문이 우리에게 가르쳐 주는 것은 "이스라엘은 하나님께 대하여 실패하였지만 하나님의 성실하심은 어제나 오늘이나 변함이 없으십니다. 이것을 기억하지 못함으로 죄를 짓는 주요 원인이 되지만 반면에 그것을 기억하는 것은 환난의 때에 위로를 가져온다."는 것입니다.

하나님을 믿고 충성하는 것은 하나님의 백성으로서 마땅히 지켜야 할 언약의 핵심입니다. 이것은 하나님과 인간의 외형적이거나 관념의 소산물이 아닙니다. 또한 하나님을 의지하는 감정이나 인간 의식에서 비롯되는 것도 아닙니다. 오직 하나님의 구원 역사를 기억함에서 나오는 것입니다. 따라서 불신앙은 더욱 비난 받아 마땅합니다. 왜냐하면 이것은 오만하게도 하나님의 놀라운 구원역사를 의도적으로 무시하는 행동이기 때문입니다.(시 105~106편)

I. 하나님의 부르심

먼저, 하나님은 자기 백성들에게 말씀하십니다.

[1] "내 백성이여, 내 율법을 들으며 내 입의 말에 귀를 기울일지어다"

하나님은 그의 백성들에게 그의 말씀을 "들으라, 내 입의 말에 귀를 기울이라"고 하십니다. 이스라엘을 향한 하나님의 사랑과 관심은 어제나 오늘이나 변함이 없으십니다. 이것을 기억하지 못하면 죄를 짓는 주요 원인이 됩니다. 그러므로 하나님은 그의 말씀을 "들으라, 내 입의 말에 귀를 기울이라"고 하십니다. 듣는 과정은 각 세대마다 자기가 들은 것을 그 자손에게 숨기지 않고 전하는 것입니다.

[4] "우리가 이를 그들의 자손에게 숨기지 아니하고 여호와의 영예와 그의 능력과 그가 행하신 기이한 사적을 후대에 전하리로다"

이스라엘의 집단 기억(collective memory)을 후손에게 전달하는 끊어지지 않는 사슬(네트워크)중에 한 개의 고리(link)가 되는 것이 하나님의 백성에게는 가장 중요한 의무입니다.

이 과정으로 말미암아 자기 백성에게 주시는 하나님의 계시는 현실이 되고 그것을 직접 체험해보지 않은 사람에게도 그것은 확실하게 믿어지게 됩니다.

> [6] "이는 그들로 후대 곧 태어날 자손에게 이를 알게 하고 그들은 일어나 그들의 자손에게 일러서"
> [7] "그들로 그들의 소망을 하나님께 두며 하나님께서 행하신 일을 잊지 아니하고 오직 그의 계명을 지켜서"
> [8] "그들의 조상들 곧 완고하고 패역하여 그들의 마음이 정직하지 못하며 그 심령이 하나님께 충성하지 아니하는 세대와 같이 되지 아니하게 하려 하심이로다"

II. 세상적 눈의 어리석음

백성들이 흔들리지 않고 하나님을 신뢰하고, 그의 율법에 대하여 확고하게 충성하면, 그것은 세상적 눈에는 어리석게 보입니다.

그러나 우리의 역사적 경험은 세상의 물질적인 견지보다 더욱 예리하고 더욱 명료하게 앞날을 보게 합니다. 역사적 경험이 있으면 백성들은 하나님의 계명을 안전하게 보호하게 될 것입니다. 하나님의 계명을 말로 지키자 하는 것만으로 충분하지 않습니다. 그것을 준행할 때 우리는 율법의 심오한 적절함 또는 관련성(relevance)을 보여주어야 합니다. 그렇게 함으로 장래 세대에서도 그것은 없어지지 않습니다.

광야에서 유대인들은 하나님을 강제적으로 믿을 필요가 없었습니다.─그들은 하나님의 계시를 직접 목격했고 그의 기적적 구원을 경험하였습니다.

그러나 그들은 정함이(steadfastness) 없었습니다. "정함"이라는 말은 믿음을 말하는데 가지고 있는 신지식(knowledge of God)을 그들에게 닥친 새로운 그리고 위험한 상황(situation)에 적용(apply)하는 것을 말합니다. 그러므로 믿는다는 것은 단순히 신조 보다는 정함이 있다(steadfastness)라는 의미로 사용합니다.

겉으로 드러나는 행위로는 하나님을 섬기지만(흉내를 내고 있지만) 마음으로 완전히 순종하지 않음을 경고합니다.

III. 이스라엘의 실패

1) 싸우지 않았다.

그들은 가지고 있는 신지식(knowledge of God)을 그들에게 닥친 새로우며 위험한 상황(situation)에 적용(apply)하지 못하고 실패했습니다.

> [9] "에브라임 자손은 무기를 갖추며 활을 가졌으나 전쟁의 날에 물러갔도다"
> [10] "그들이 하나님의 언약을 지키지 아니하고 그의 율법 준행을 거절하며"

이것은 전쟁의 날에 에브라임 지파가 참전하지 아니하고 돌아간 것을 직설적으로 하는 말입니다. 그리고 하나님은 이것을 기록해 놓으십니다.

(호 11:12) "에브라임은 거짓으로, 이스라엘 족속은 속임수로 나를 에워쌌고 유다는 하나님 곧 신실하시고 거룩하신 자에게 대하여 정함이 없도다"

2) 실패의 원인: 그들 마음이 하나님께 정함이 없고 그의 언약에 성실하지 아니하였다.

[11] "여호와께서 행하신 것과 그들에게 보이신 그의 기이한 일을 잊었도다"

사사기 시대에 유대인들 중에는 에브라임이 가장 뛰어난 족속이었습니다. 369년 동안 실로에서 성막을 지켰고―그들은 용감한 투사들이었습니다. 그러나 그들은 원수들에게서 물러갔습니다. 그들이 실패한 것은 단지 그들이 하나님께서 그들 조상들을 위하여 하신 일들을 그들 마음에 생생하게 간직하지 못한 것 때문이었습니다. 영적인 망각입니다.(11절)

베드로 사도도 옛 죄를 깨끗하게 하심을 잊어버림을 경고합니다.(벧후 1:9) 그러므로 그들은 하나님의 언약에 정함이 없었습니다. 이것은 전체적인 관점에서 이스라엘 전체를 두고 말씀하는 것이요 모든 하나님의 백성을 두고 하는 말씀입니다.

이것은 또한 오늘의 교회를 두고 말씀하는 것입니다. 우리가 하나님의 말씀에 정함이 없으니까 세상과 싸워 이기지 못하고 물러가서 교회가 도리어 세상을 따라 갑니다. 교회는 세상에 빛을 비추어야 합니다. 흑암과 싸워 이겨야 합니다.

3) 하나님을 시험하고 대적하였다

이스라엘은 하나님을 시험하였습니다.

[17] "그들은 계속해서 하나님께 범죄하여 메마른 땅에서 지존자를 배반하였도다"

[18] "그들이 그들의 탐욕대로 음식을 구하여 그들의 심중에 하나님을 시험하였으며"

[19] "그뿐 아니라 하나님을 대적하여 말하기를 하나님이 광야에서 식탁을 베푸실 수 있으랴"

이 말씀을 이해하기 쉬운 대로 말씀 드리면, 그들은 광야에서 높으신 여호와 하나님께 범죄하였습니다. 그들은 광야에서 하나님을 시험하였습니다. 그들은 자기들이 원하는 대로 하나님께서 이것저것을 왜 안 주는가 하고 불평하였습니다. 그들은 하나님을 대항하여 말합니다. "하나님이 이 광야에서 우리를 위하여 식탁을 준비하시겠는가?" 하였습니다.

하나님께 기도하지 않고 불평하며 고기를 요구한 그들의 태도를 보면 하나님의 능력을 의심하는 것이요 믿음이 없는 것입니다. 만일 하나님을 믿었다면 무엇이든지 하나님이 안 주시는 것은 하나님이 관심이 없거나 또 그것을 공급할 능력이 없어서가 아니라 도리어 모든 경우에 무엇이 최선인지 아시는 하나님의 높으신 지혜 때문이라는 것을 알았을 것입니다.

IV. 하나님의 신실하심은 변함이 없습니다

하나님이 어떻게 하셨습니까?
그들이 필요한 모든 것을 다 주셨습니다.

[25] "사람이 힘센 자의 떡을 먹었으며 그가 음식을 그들에게 충족히 주셨도다"

이것은 천사의 양식이라고 하여도 과언이 아닙니다. 권세 있는 자의 음식을 먹었습니다. 하나님께서는 충분하게 먹여 주셨습니다.

> [26] "그가 동풍을 하늘에서 일게 하시며 그의 권능으로 남풍을 인도하시고"
>
> [27] "먼지처럼 많은 고기를 비 같이 내리시고 나는 새를 바다의 모래 같이 내리셨도다"
>
> [28] "그가 그것들을 그들의 진중에 떨어지게 하사 그들의 거처에 두르셨으므로"
>
> [29] "그들이 먹고 심히 배불렀나니 하나님이 그들의 원대로 그들에게 주셨도다"

이렇게 그들이 필요한 것을 다 주셨습니다. 그러나 그들은 여전히 의심하고 비판 하였습니다. 지금 교인들도 이것과 같습니다. "주옵소서 주옵소서"라고 하면서 하나님은 아무것도 주지 못한다고 불평하는 것입니다. 이것은 실제적 무신론입니다. 하나님이 없다는 소리입니다.

지금까지 이미 주신 은혜는 아랑곳하지 않고 속으로 늘 따지듯이 묻습니다. "최근에 나를 위해 무엇을 주셨나요?" 하나님이 내 비위를 맞춰 주느냐에 따라 하나님과의 관계를 평가하려는 것은 죄악입니다.

교인들은 하나님의 사랑과 그의 권능을 기억함이 없기 때문에 전쟁의 날에 싸우지 않고 물러갑니다. 오늘 교회가 하나님을 버리고 세상을 따라 갑니다. 그래서 교인인지 세상 사람인지 알 수 없게 되었습니다.

V. 하나님이 진노하셨습니다

[21] "그러므로 여호와께서 듣고 노하셨으며 야곱에게 불 같이 노
하셨고 또한 이스라엘에게 진노가 불타 올랐으니"

하나님이 진노하시니까 에브라임은 하나님을 속였습니다.

[30] 그러나 그들이 그들의 욕심을 버리지 아니하여 그들의 먹을
것이 아직 그들의 입에 있을 때에
[31] 하나님이 그들에게 노염을 나타내사 그들 중 강한 자를 죽이
시며 이스라엘의 청년을 쳐 엎드러 뜨리셨도다.

하나님께서 주신 만나와 고기에 만족하지 않을 때 일상은 지루하고 지
겹울 따름입니다. 기도와 말씀으로 마음을 새롭게해야 합니다. 하나님의
존재하심 자체로 만족하는 것입니다. 날마다 새롭게 되지 않으면 부패할
수 밖에 없습니다.

[36] "그러나 그들이 입으로 그에게 아첨하며 자기 혀로 그에게
거짓을 말하였으니"

회개하는 것 같았지만, 그들의 회개는 진지한 것이 아니었습니다. 그
들은 옛 죄로 돌아간 것뿐입니다.

[17] "그들은 계속해서 하나님께 범죄하여 메마른 땅에서 지존자를
배반하였도다"

현대교회도 이 모양입니다. 현대인들은 금속이나 나무 혹은 돌로 만들어진 우상들을 섬기지는 않습니다. 현대의 인기 있는 신들은 그러한 형태의 것이 아니라 금전과 부와 쾌락과 높은 지위들이기 때문입니다.

하나님께서는 그들을 부르고 계시지만 그들은 에브라임처럼 그들의 우상과 합하였습니다. 하나님의 교회의 한 지체로 여겨지지만, 극장이나 유흥지가 기도의 집보다 더욱 매력적이며, 성도들과의 교제보다는 세속적인 사교가 더욱 즐겁게 여겨집니다.

결론

백성들은 이와 같이 하나님께 범죄하여 실패하지만 하나님의 성실하심은 영원하십니다. 이스라엘의 불순종에도 불구하고 하나님은 성전을 세우시고(68~69절) 다윗을 택하여 목자로 세우십니다. 그래서 하나님은 성실하십니다.

[70] "또 그의 종 다윗을 택하시되 양의 우리에서 취하시며"

그들은 언젠가는 앗수르나 바벨론의 왕들보다 더 크신 왕에 의해 포로가 되고 말 것입니다. 이 "더 크신 왕은 누구십니까?"

[70] "또 그의 종 다윗을 택하시되 양의 우리에서 취하시며"
[기] "젖 양을 지키는 중에서 그들을 이끌어 내사 그의 백성인 야곱,
그 소유인 이스라엘을 기르게 하셨더니"

[72] "이에 그가 그들을 자기 마음의 완전함으로 기르고 그의 손의 능숙함으로 그들을 지도하였도다"

"양의 우리"는 하나님이 쓰시는 인도자의 자격을 보여줍니다. 그것은 목자의 자질입니다. 우리 주님은 자기 백성을 인도함에 있어서 자신의 개인적 과장이 아니라 양 무리의 평안에 전심을 쏟는 목자입니다.

"자기 마음의 완전함으로 … 그의 손의 능숙함으로 …"
우리를 이끌어 야곱의 기업에 이르게 하십니다.

다윗은 그리스도의 모형이요, 그리스도는 다윗의 주님이시요, 또 다윗의 자손입니다. 예수 그리스도를 주신 하나님은 이스라엘 백성에게 성실하였습니다. 그리고 그는 오늘 우리에게도 성실하십니다.

하나님의 성실하심은 어제나 오늘이나 변함이 없으십니다. 이것을 기억하지 못할 때 이것이 죄를 짓는 주요 원인이 되지만, 반면에 그것을 기억 할 때는 환난 때에도 위로를 받게 됩니다.

Goal "우리는 주님을 늘 배반하나 내 주 예수 여전히 날 부르사 그 참되신 사랑을 베푸시나니" (찬송가 290장)

우리는 어떤 일에나 하나님께 대하여 불평불만을 하지 맙시다. 우리에게 성실하신 하나님만 기억하고 이것을 다음 세대에 전하며 따라가야 합니다.
언제나 부족함이 없이 주시는, 사랑받는 백성과 그 후손들이 되시기를 기도합니다.

약속을 지키시는 하나님

[아삽의 시]

[1]   하나님이여 이방 나라들이 주의 기업의 땅에 들어와서 주의 성전을 더럽히고 예루살렘이 돌무더기가 되게 하였나이다

[2]   그들이 주의 종들의 시체를 공중의 새에게 밥으로, 주의 성도들의 육체를 땅의 짐승에게 주며

[3]   그들의 피를 예루살렘 사방에 물 같이 흘렸으나 그들을 매장하는 자가 없었나이다

[4]   우리는 우리 이웃에게 비방 거리가 되며 우리를 에워싼 자에게 조소와 조롱거리가 되었나이다

[5]   여호와여 어느 때까지니이까 영원히 노하시리이까 주의 질투가 불붙듯 하시리이까

[6]   주를 알지 아니하는 민족들과 주의 이름을 부르지 아니하는 나라들에게 주의 노를 쏟으소서

[7]   그들이 야곱을 삼키고 그의 거처를 황폐하게 함이니이다

[8]   우리 조상들의 죄악을 기억하지 마시고 주의 긍휼로 우리를 속히 영접하소서 우리가 매우 가련하게 되었나이다

[9]   우리 구원의 하나님이여 주의 이름의 영광스러운 행사를 위하여 우리를 도우시며 주의 이름을 증거하기 위하여 우리를 건지시며 우리 죄를 사하소서

[10]   이방 나라들이 어찌하여 그들의 하나님이 어디 있느냐 말하나이까 주의 종들이 피 흘림에 대한 복수를 우리의 목전에서 이방 나라에게 보

여 주소서

[11] 갇힌 자의 탄식을 주의 앞에 이르게 하시며 죽이기로 정해진 자도 주
의 크신 능력을 따라 보존하소서

[12] 주여 우리 이웃이 주를 비방한 그 비방을 그들의 품에 칠 배나 갚으소서

[13] 우리는 주의 백성요 주의 목장의 양이니 우리는 영원히 주께 감사하며
주의 영예를 대대에 전하리이다

Theme: 하나님은 자비로우시고 은혜로우시어 약속을 지키는 자에게는 은
혜와 복을 주시지만 약속을 어길 때는 용서 없이 벌을 내리신다.

서론

이 시편은 우리를 위한 기도가 아니고 자기를 위한 기도도 아니고 장
차 이스라엘에게 있을 대환난을 예언하며 하나님께 기도하는 것입니다.
이 시는 위대한 음악가로서 예루살렘 성전 찬양대 대장의 기도입니다. 그
는 다윗 왕의 동역자로 성전을 섬긴 하나님의 사람이었습니다.

이 시편이 우리에게 교육 시키는 것은 "하나님은 자비로우시고 은혜로
우시어 약속을 지키는 자에게는 은혜와 복을 주시지만 약속을 어길 때는
용서 없이 벌을 내리신다."는 것입니다.

I. 앞으로 예루살렘에 성취될 예언입니다

[1] "하나님이여 이방 나라들이 주의 기업의 땅에 들어와서 주의

성전을 더럽히고 예루살렘이 돌무더기가 되게 하였나이다"

이 시편을 쓸 때는 먼 장래에 있을 것을 예언하는 것이지만 너무나도 확실하게, 바벨론이 예루살렘에 들어와 행할 것과 느브갓네살의 행적이 정확하게 예언되어 있습니다. 이것이 기록되고 약 300년 후에 이루어졌습니다.

이 사건이 이루어지기 바로 전 거짓 선지자들은 말하기를 이런 일이 절대로 일어나지 않는다고 말하였습니다. 거짓 선지자들이 절대로 이런 일이 일어나지 아니 하겠다는 것이 하나도 틀림없이 다 이루어졌습니다. 모든 거민들은 예언대로 다 포로가 되어 외국으로 끌려갔습니다. 성전이 절대로 훼파되지 않는다고 했으나 그대로 되었습니다. 물론 그런 꼴을 당한 것이 여러 번 있었습니다. 그러므로 이들은 하나님께 부르짖었습니다. 이스라엘 사람들은 모든 것이 성전 중심입니다. 79편은 레위기에 속한 것인데 레위기는 성전 중심의 생활을 말합니다. 이 성전 중심 생활이 깨졌습니다.

[2] "그들이 주의 종들의 시체를 공중의 새에게 밥으로, 주의 성도들의 육체를 땅의 짐승에게 주며"

주의 종들의 시체를 공중에 새들에게 준다는 것은 이스라엘 백성들로서는 상상이 되지 않는 일입니다. 그러나 하나님은 주의 종들에게 이같이 행하도록 허락 하셨습니다. 그들은 하나님의 종으로 하나님의 뜻은 전하지 아니하고 왕과 백성들의 귀맛에 좋게만 말해 주었기 때문입니다.

그러나 예레미야는 예언하였습니다. 만일 회개하지 않으면 정녕 이런 재난이 다가 온다고 했습니다. 그러므로 예레미야는 사람들의 환영을 받지 못하고 반역자로 몰려 옥에 갇히기도 했습니다.

이스라엘 사람들은 왜 하나님의 백성에게 이런 환난이 오는지를 이해할 수 없었습니다. 경제적으로 이렇게 잘 사는데 우리에게 그런 일이 일어 날 수가 없다고 생각했습니다. 지금 우리 한국과 꼭 같다고 생각합니다. 한국은 지금 언제 무슨 일이 일어날지 모르는 상황입니다. 이북에 공산당 나라가 있고 한국 안에는 이북 편을 돕는 사람이 많이 있어서 안심할 수가 없는 때이지만 한국에 있는 사람들은 "우리나라가 이렇게 잘 사는데 무슨 일이 있겠는가" 하고 무사 안일주의로 삽니다.

국민들이 돈만 알고 하나님에게서 떠나면 망할 것 밖에 없습니다. 이스라엘 나라가 먹을 것이 없어서 망하지 않았습니다. 하나님을 떠나서 망했습니다.

[5] "여호와여 어느 때까지니이까 영원히 노하시리이까 주의 질투가 불붙듯 하시리이까"

"주의 질투" – 질투하시는 하나님

이스라엘 사람들은 부르짖습니다. "여호와여 어느 때까지니이까 영원히 노하시리이까 주의 질투가 불붙듯 하시리이까"

자식의 성공과 행복을 위해 '열성적으로' 헌신하지만 그 자식을 잘못되게 하는 죄가 있다면 그것을 없애는 '질투' (진노)가 있습니다. 우상숭배자 이스라엘에게 하나님은 질투(진노)하십니다.

II. 조상의 죄와 자신들의 죄를 용서해달라고 기도하다

[8] "우리 조상들의 죄악을 기억하지 마시고 주의 긍휼로 우리를

속히 영접하소서 우리가 매우 가련하게 되었나이다”

“우리 조상들의 죄악을 기억하지 마시고 주의 긍휼로 우리를 속히 영접
하소서” 열조의 죗값이 삼사 대까지 내려가게 되어 있습니다.

(신 5:8-10) [8] “너는 자기를 위하여 새긴 우상을 만들지 말고
위로 하늘에 있는 것이나 아래로 땅에 있는 것이나 땅밑 물 속에
있는 것의 어떤 형상도 만들지 말며”
[9] “그것들에게 절하지 말며 그것들을 섬기지 말라 나 네 하나님
여호와는 질투하는 하나님인즉 나를 미워하는 자의 죄를 갚되 아
버지로부터 아들에게로 삼사 대까지 이르게 하거니와”
[10] “나를 사랑하고 내 계명을 지키는 자에게는 천 대까지 은혜를
베푸느니라”

회개하고 바로 서면 “나를 사랑하고 내 계명을 지키는 자에게는 천대
까지 은혜를 베푸느니라” 하는 말씀이 있어서 곧 용서해 주십니다. 그러
므로 죄를 범하면 즉시 회개하고 용서를 구해야 합니다. 그렇지 아니하면
삼사 대까지 채찍을 받습니다.

[9] “우리 구원의 하나님이여 주의 이름의 영광스러운 행사를 위
하여 우리를 도우시며 주의 이름을 증거하기 위하여 우리를 건지
시며 우리 죄를 사하소서”

이스라엘 자손들은 하나님이 그들과 같이 있어서 하나님이 항상 구원
하신다고 자만하였습니다. 그러나 범죄하고 회개하지 않을 때 하나님은
구원해 주시지 않고 원수들의 웃음거리로 만들었습니다.

주목할 것은 이 시편의 끝을 보면 감사의 넘침으로 마쳤습니다.

> [12] "주여 우리 이웃이 주를 비방한 그 비방을 그들의 품에 칠 배
> 나 갚으소서"
> [13] "우리는 주의 백성이요 주의 목장의 양이니 우리는 영원히 주
> 께 감사하며 주의 영예를 대대로 전하리이다"

장차 오실 우리 주님은 반드시 승리 하십니다. 주를 욕하고 훼방하던 자는 다 저주를 받아 멸망 당합니다. 하나님의 왕국이 임할 때 성도들의 모든 슬픔은 사라지고 기쁨을 자자손손 누리게 됩니다. 영원무궁토록 하나님을 찬송하게 될 것입니다.

결론

> (신 5:8-10) [8] "너는 자기를 위하여 새긴 우상을 만들지 말고
> 위로 하늘에 있는 것이나 아래로 땅에 있는 것이나 땅밑 물 속에
> 있는 것의 어떤 형상도 만들지 말며"
> [9] "그것들에게 절하지 말며 그것들을 섬기지 말라 나 네 하나님
> 여호와는 질투하는 하나님인즉 나를 미워하는 자의 죄를 갚되 아
> 버지로부터 아들에게로 삼사 대까지 이르게 하거니와"
> [10] "나를 사랑하고 내 계명을 지키는 자에게는 천 대까지 은혜를
> 베푸느니라"

이 법은 영원히 살아 있습니다. 이것은 하나님과 우리 사이의 약속입

니다. 그러므로 우리가 하나님의 법을 어겼으면 속히 회개해야 합니다. 바로 행하면 하나님은 약속하신 데로 용서하시고 복을 주십니다. 하나님은 자비로우시고 은혜로우시어 약속을 지키는 자에게는 은혜와 복을 주시지만 약속을 어길 때는 용서 없이 벌을 내리십니다.

Goal 그러므로 우리는 잘못을 깨달으면 지체 말고 회개하여 용서의 은혜와 복을 받으시길 주님의 이름으로 축복합니다.

우리를 회복하여 주소서

[아삽의 시, 인도자를 따라 소산님에둣에 맞춘 노래]

[1] 요셉을 양 떼 같이 인도하시는 이스라엘의 목자여 귀를 기울이소서 그룹 사이에 좌정하신 이여 빛을 비춰소서

[2] 에브라임과 베냐민과 므낫세 앞에서 주의 능력을 나타내사 우리를 구원하러 오소서

[3] 하나님이여 우리를 돌이키시고 주의 얼굴빛을 비추사 우리가 구원을 얻게 하소서

[4] 만군의 하나님 여호와여 주의 백성의 기도에 대하여 어느 때까지 노하시리이까

[5] 주께서 그들에게 눈물의 양식을 먹이시며 많은 눈물을 마시게 하셨나이다

[6] 우리를 우리 이웃에게 다툼 거리가 되게 하시니 우리 원수들이 서로 비웃나이다

[7] 만군의 하나님이여 우리를 회복하여 주시고 주의 얼굴의 광채를 비추사 우리가 구원을 얻게 하소서

[8] 주께서 한 포도나무를 애굽에서 가져다가 민족들을 쫓아내시고 그것을 심으셨나이다

[9] 주께서 그 앞서 가꾸셨으므로 그 뿌리가 깊이 박혀서 땅에 가득하며

[10] 그 그늘이 산들을 가리고 그 가지는 하나님의 백향목 같으며

[11] 그 가지가 바다까지 뻗고 넝쿨이 강까지 미쳤거늘

[12] 주께서 어찌하여 그 담을 허시사 길을 지나가는 모든 이들이 그것을

[13] 숲 속의 멧돼지들이 상해하며 들짐승들이 먹나이다
[14] 만군의 하나님이여 구하옵나니 돌아오소서 하늘에서 굽어보시고 이 포도나무를 돌보소서
[15] 주의 오른손으로 심으신 줄기요 주를 위하여 힘있게 하신 가지니이다
[16] 그것이 불타고 베임을 당하며 주의 면책으로 말미암아 멸망하오니
[17] 주의 오른쪽에 있는 자 곧 주를 위하여 힘있게 하신 인자에게 주의 손을 얹으소서
[18] 그리하시면 우리가 주에게서 물러가지 아니하오리니 우리를 소생하게 하소서 우리가 주의 이름을 부르리이다
[19] 만군의 하나님 여호와여 우리를 돌이켜 주시고 주의 얼굴의 광채를 우리에게 비추소서 우리가 구원을 얻으리이다

Theme: 고통 중에 우리가 도움을 구할 곳은 사랑과 은혜가 풍성하신 여호와 하나님 아버지와 우리의 목자 되시는 예수 그리스도 뿐이시다.

서론

제가 어렸을 때 입니다. 일본 경찰서 고등계 형사들이 우리 아버지를 체포하려다가 못하고 우리 식구들을 잡으려 했습니다. 그래서 온 식구는 산산이 헤어져 일본이 망하기까지 독자행동을 하게 하였습니다. 저는 할아버지와 누님과 같이 망명의 길을 떠났습니다. 매일 산길을 걷는 것이 하루 일과입니다. 한 곳에서 꼭 하루 밤만 자고 적어도 산길 100 리 밖에 가서 또 잡니다. 그때 기도는 일본이 속히 망하게 하시고 우리가 집으로

돌아가서 자유스럽게 살게 해주시옵소서. 기도했습니다.

드디어 1945년 8월 15일 일본이 무조건 항복함으로 우리 한국이 해방을 당하여 제가 기도하는 자유를 얻었습니다. 그러나 몇 달 후에 이북에 김일성이 나와서 정부를 수립하였습니다. 저의 아버님은 건국준비위원회에서 일하시다가 적기대가 조직됨으로 체포되어 소련 감옥으로 잡혀가 구금되었습니다.

며칠 후에 반동분자와 지주, 자본가들을 숙청한다고 제1차 숙청바람이 불었습니다. 물론 저의 아버지는 반동분자로도 몰리고 또한 지주였기 때문에 우리 집은 1차 숙청에 걸렸습니다. 하루는 소련군인 한 명을 앞세우고 적기대원 약 50명이 공산당 군가를 부르며 우리 집으로 와서 모든 식구들을 입은 의복만 가지게 하고 집에서 내쫓아서 아무 것도 없이 내쫓기었습니다.

제가 장남인데 6 남매가 있어도 아무 힘도 없는 사람들입니다. 제가 15살 때였으니까요. 집은 다시 들어갈 수 없게 되었지요, 아버지는 소련군 감옥에 수감되어 있지요, 그때 저는 앞길이 막막했습니다. 꼭 이제는 죽을 것만 같았습니다. 일본 정치 때는 그래도 일본만 망하면 우리는 산다고 희망을 갖고 있었으나 해방된 우리 땅에서 우리의 동족이 와서 전부 압수하고 내쫓으니 희망이 없었습니다. 막연하게 "주여, 도와주시옵소서" 기도할 것 뿐이였습니다. 여러분들, 저처럼 막막한 일을 당해본 사람이 있습니까?

오늘 본문 성경말씀은 "고통 중에 우리가 도움을 구할 곳은 사랑과 은혜가 풍성하신 여호와 하나님 아버지와 우리의 목자 되시는 예수 그리스도 뿐이시다"라는 것을 가르쳐 주고 있습니다.

I. 이스라엘의 고통 (4~6)

[4] "만군의 하나님 여호와여 주의 백성의 기도에 대하여 어느 때 까지 노하시리이까"

어떤 때는 우리가 아무리 기도하여도, 하나님 아버지께서 들어주시지 않으시고 대답도 없으신 것 같은 때가 있습니다. 하나님의 진노가 계속되어 두려워하며 안타까움을 말한 것입니다. 영적 침체기이며 영적 불경기입니다.

[5] "주께서 그들에게 눈물의 양식을 먹이시며 많은 눈물을 마시게 하셨나이다"

이 시는 아삽의 시이므로 다윗 왕 때 지은 시입니다. 다윗 왕 때는 이스라엘이 그렇게 큰 고통을 당한 때가 아닙니다. 그러므로 이 시는 예언의 말씀입니다. 앞으로 이스라엘이 당할 고통을 말씀한 것입니다. 비유로서 말씀했는데 "눈물의 양식을 먹이시며" 하는 것은 하루에 밥 세 끼 먹듯이 눈물을 밥 먹듯 한다는 말씀입니다. 또한 "많은 눈물을 마시게 하셨나이다" 하는 것도 눈물을 물마시듯 쏟는다는 말씀입니다.

이스라엘 백성들의 고통은 참으로 말할 수 없었습니다. 다윗과 솔로몬 왕 이후로 이스라엘 나라는 남북으로 갈라져서 북쪽 이스라엘 나라는 209 년 만에 앗수르에게 패망하여 포로 당해 갔습니다. 남쪽 유대나라는 345 년 만에 바벨론에게 패망하여 포로 당해 갔습니다. 그 후 2500여 년 동안 이스라엘 민족은 독립하지 못하고 메데 파사가 다스렸고, 헬라가 다스렸고, 로마가 다스렸고 이 나라 저 나라의 식민지로 있다가 겨우 우리 한국이 독립할 때 1948 년이 되어서야 독립했습니다.

그러나 이스라엘 백성은 오늘날까지 평강이 없습니다. 이스라엘 백성에게 눈물이 끊어지는 날이 없습니다. 요사이는 자살폭탄 때문에 쉴 새가 없습니다.

> [6] "우리를 우리 이웃에게 다툼 거리가 되게 하시니 우리 원수들이 서로 비웃나이다"

"우리 원수들이 서로 비웃나이다"―하나님을 놀리는 웃음을 말합니다. (Ibn Ezra).

이스라엘 나라의 이웃들을 보십시오. 지금 그들을 둘러싼 이웃은 레바논, 시리아, 아랍, 애굽입니다. 그 뒤로는 이라크를 비롯 모든 무슬림 나라들입니다. "이웃과 다툼 거리가 되게하시니" 말씀대로 전부 원수들입니다. 무슬림은 여호와 하나님과 예수 그리스도를 비웃고 욕되게 합니다. 그들은 이스라엘이 고통당하는 것을 보고 서로 조롱하고 있습니다. 또한 전쟁에서 얻은 노획물을 차지하려고 다투는 의미도 있습니다.

이런 고통 중에는 오직 하나님을 향한 간청만 할 수 있을 뿐입니다. 본문의 후렴이자 주제어입니다.

"주의 얼굴빛의 광채를 비추소서"(3, 7,19)는 인애를 베푸소서 라는 뜻입니다. 즉 우리를 새로이 회복시켜 주시길 간구합니다.

"하나님이여(3절), 만군의 하나님이여(7절), 만군의 하나님 여호와여(19절) 라는 부르짖음이 되면서 그 절박함이 증가함을 보여줍니다. 그러나 그 부르짖음에도 현실은 변하지 않고 그대로입니다.

II. 고통당하는 원인 (8~13)

이스라엘 백성에게 지금까지 고통이 끊어지지 않는 원인이 있습니다. 그들은 여호와 하나님을 믿는다고 열심을 다해 율법을 지키느라고 애를 쓰지만 실상은 하나님의 말씀을 불순종하고 있습니다.

더욱이 구약성경에 메시아를 보내주시겠다고 약속하셨는데 메시아가 오셨는데 잡아서 십자가에 못 박아 죽이고 아직도 메시아를 기다리고 있습니다. 예수 그리스도는 자기들이 믿는 구약성경에 동정녀에게서, 다윗의 자손으로, 유대 땅 베들레헴에서 탄생하실 것과, 어디서 사시다가 나중에는 나귀를 타시고 입성하실 것과 십자가에서 죽으실 것, 또 죽었다가 살아나실 것, 예수님을 판돈으로는 토기장이의 땅을 사서 나그네들의 묘지를 삼을 것을 비롯하여 380여 곳에 예언이 되어 있습니다. 이 모든 것이 응하였는데도 예수님을 믿지 않습니다. 그러므로 이 불순종의 죄로 인하여 고통은 계속됩니다.

이스라엘 민족은 하나님께서 처음으로 선택한 백성입니다. 혈통으로는 아브라함의 자손입니다. 하나님께서 선택하여 가꾸신 포도나무 같은 하나님의 백성은 버리시지 않으시고 회개할 때까지 치십니다.

우리도 마찬가지입니다. 우리는 하나님께서 구원하시기로 선택한 백성들입니다. 그러므로 우리도 범죄하고도 깨닫지 못하고 회개하지 않을 때는 계속하여 고통이 오는 것입니다. 그러므로 우리는 범죄 했을 때 성령께서 깨닫게 하시면 즉시 회개해야 하겠습니다. 상황과 환경의 변화를 요구할 것이 아니라 내가 변해야합니다.

III. 회복을 위한 기도(14~19)

그 백성은 하나님께서 "오른손으로 심으셨고" "주를 위하여 힘있게 하신 가지"입니다. (15절) 또 "주의 오른쪽에 있는 자"입니다. (17절)

이 모든 말씀은 하나님의 특별한 은혜를 입은 백성이라는 표현입니다. 지금까지 지키시고 은혜를 베푸신 그 백성을 결코 버리시지 않음을 믿고 간구하라는 말씀입니다. "주의 얼굴의 광채를 비추소서"(3, 7, 19)

[18] "그리하시면 우리가 주에게서 물러가지 아니하오리니"

하나님께 충성을 다하는 서원의 삶은 다시는 주님을 떠나지 않고, 주님을 찬양하는 것입니다.

IV. 우리가 믿는 하나님(1~3)

우리가 믿는 하나님은 어떤 분이신가를 본문은 잘 가르쳐줍니다.

1. "요셉을 양떼 같이 인도하시는 목자"(1)라고 했습니다.

요셉이라는 이름으로 유대인 전체 나라를 말합니다. 요셉이 흉년에 그들을 애굽에서 먹여 살렸기 때문입니다(Rashi). 영적인 뜻으로 보면 요셉은 아직도 이스라엘을 부양하고 있습니다. 외국에 살면서도 충성된 이스라엘의 대표적 인물은 요셉입니다. 요셉은 "내가 어찌 이 큰 악을 행하여 하나님께 득죄하리이까?" 부르짖으며 외국인들의 가치와 행동을 전격적으로 배척하였습니다(R. Hirsch).

요셉의 형들은 요셉을 미워하여서 애굽에 종으로 팔아먹었습니다. 그러나 우리의 목자 되시는 예수 그리스도께서는 그를 떠나지 않으시고 보디발의 집에서 종살이 할 때나 감옥생활 할 때나 모든 어려움 속에서도 요셉과 같이 하시므로, 그는 주님은 자기를 인도하시는 목자이심을 믿었습니다. 결국 애굽의 총리대신이 되어 7년 흉년 때 야곱의 자손을 구원했습니다.

다윗왕도 우리의 하나님은 목자이심을 믿었습니다. 그러므로 그는 목자 되시는 여호와를 찬양했습니다.

"여호와는 나의 목자시니 내가 부족함이 없으리로다
그가 나를 푸른 풀밭에 누이시며 쉴 만한 물 가로 인도하시는도다
내 영혼을 소생시키시고 자기 이름을 위하여 의의 길로 인도하시는도다
내가 사망의 음침한 골짜기로 다닐지라도 해를 두려워하지 않을 것은
주께서 나와 함께 하심이라 주의 지팡이와 막대기가 나를 안위하시나이다
주께서 내 원수의 목전에서 내게 상을 차려 주시고 기름을 내 머리에 부으셨으니 내 잔이 넘치나이다
내 평생에 선하심과 인자하심이 반드시 나를 따르리니
내가 여호와의 집에 영원히 살리로다" (시 23:1-6)

누가 우리의 목자이십니까? 예수 그리스도 올시다. 예수님은 말씀하셨습니다.

"나는 선한 목자라 선한 목자는 양들을 위하여 목숨을 버리거니와" (요 10:11) 라고 하셨습니다.

참으로 우리의 목자 예수 그리스도는 우리를 위하여 목숨을 버리셨습니다.

2. "그룹 사이에 좌정하신 자"(1절)라고 하셨습니다.

"그룹 사이에 좌정하신 자여 빛을 비추소서"—이 현현이 성전 안에 있는 언약궤의 그룹위에 나타나면, 하나님의 임재가 이스라엘과 함께 하심을 모든 사람에게 분명히 해주는 것입니다. 망명한 유대인들은 이 임재가 돌아오기를 간절히 기도하였습니다.

성막 교회나 또는 예루살렘 성전에는 지성소가 있었고 그 안에는 하나님의 언약궤가 있었는데 그 위에는 독수리 날개처럼 큰 두 날개가 있었습니다. 그것을 그룹이라고 하는데 제사장이 그 곳에 가서 기도하면 하나님이 다 들어주신 곳입니다. 그러므로 "그룹사이에 좌정하신 자"라 하는 말씀은 우리의 기도를 들어주시는 하나님이라는 말씀입니다. 참으로 우리 하나님은 우리의 기도를 다 들어주시는 하나님이십니다.

3. "에브라임과 베냐민과 므낫세 앞에서 주의 능력을 나타내사" 하는 말씀은 다음과 같습니다. [에브라임과 베냐민과 므낫세]

이것은 나라를 잃어버린 10지파들을 대표하여 하나님께 드리는 호소입니다. 망명된 10지파 중에 에브라임 지파는 지도자였습니다. 그들은 이스라엘에서 그들의 형제들과 유다 왕국에 충성되게 남아 있는 베냐민 족속과 다시 연합되기를 사모했습니다(R. Hirsch).

하나님의 언약궤가 행진하고 나갈 때 이 세 지파는 언약궤 바로 뒤에 있는 지파입니다(민 2:18-24). 언약궤가 가는 곳에는 하나님의 능력이 나타나서 모든 백성에게 용기를 주었습니다. 요단강을 건널 때도 언약궤가 먼저 물에 들어갔고 그 후에 언약궤를 따라 에브라임과 베냐민과 므낫세 지파가 뒤를 따랐습니다. 이 말씀은 우리가 하나님의 언약 즉 말씀을 따라 행하면 하나님께서 우리에게 능력을 주시고 용기를 주시여 능하게 하시는 것을 말합니다.

예수님은 말씀하셨습니다.

"믿는 자에게는 능히 하지 못할 일이 없느니라" (막 9:23)

결론

성도들에게 권면하는 말씀입니다. 성도들이 어떤 고통을 당하든지 낙심하지 말고 우리의 목자 되시며, 우리의 기도를 들어주시는 하나님을 의지하며 기도해야합니다. 말씀을 따라 행하는 자에게 복을 주시며 능하게 하시는 우리 주님께 간구하라는 말씀입니다.

Goal 영적인 부흥에 필수적으로 요구되는 것은 힘차고 특별한 기도의 삶입니다. 그러므로 고통 중에 우리가 도움을 구할 곳은, 사랑과 은혜가 풍성하신 여호와 하나님 아버지와 우리의 목자 되시는 예수 그리스도입니다. 그로부터 영적인 침체에서 벗어나 회복을 얻게 되시기를 축복합니다.

시편 81편

네 입을 크게 열라
(신년 시)

[아삽의 시, 인도자를 따라 깃딧에 맞춘 노래]

[1] 우리의 능력이 되시는 하나님을 향하여 기쁘게 노래하며 야곱의 하나
님을 향하여 즐거이 소리칠지어다

[2] 시를 읊으며 소고를 치고 아름다운 수금에 비파를 아우를지어다

[3] 초하루와 보름과 우리의 명절에 나팔을 불지어다

[4] 이는 이스라엘의 율례요 야곱의 하나님의 규례로다

[5] 하나님이 애굽 땅을 치러 나아가시던 때에 요셉의 족속 중에 이를 증
거로 세우셨도다 거기서 내가 알지 못하던 말씀을 들었나니

[6] 이르시되 내가 그의 어깨에서 짐을 벗기고 그의 손에서 광주리를 놓게
하였도다

[7] 네가 고난 중에 부르짖으매 내가 너를 건졌고 우렛소리의 은밀한 곳에
서 네게 응답하며 므리바 물가에서 너를 시험하였도다 (셀라)

[8] 내 백성이여 들으라 내가 네게 증언하리라 이스라엘이여 내게 듣기를
원하노라

[9] 너희 중에 다른 신을 두지 말며 이방 신에게 절하지 말지어다

[10] 나는 너를 애굽 땅에서 인도하여 낸 여호와 네 하나님이니 네 입을 크
게 열라 내가 채우리라 하였으나

[11] 내 백성이 내 소리를 듣지 아니하며 이스라엘이 나를 원하지 아니하였
도다

[12] 그러므로 내가 그의 마음을 완악한 대로 버려 두어 그의 임의대로 행

　　　하게 하였도다

[13] 내 백성아 내 말을 들으라 이스라엘아 내 도를 따르라

[14] 그리하면 내가 속히 그들의 원수를 누르고 내 손을 돌려 그들의 대적
　　　들을 치리니

[15] 여호와를 미워하는 자는 그에게 복종하는 체할지라도 그들의 시대는
　　　영원히 계속되리라

[16] 또 내가 기름진 밀을 그들에게 먹이며 반석에서 나오는 꿀로 너를 만
　　　족하게 하리라 하셨도다

✎ Theme: 이 마지막 때에 하나님은 간곡히 말씀하시기를 "네 입을 크게 열
　　　　라 내가 채우리라" 하십니다.

서론

이스라엘의 절기(명절) 예배로 부르는 시입니다.(3절) 일반적으로 절
기는 초막절을 의미하고 애굽의 고난에서 구원하셨을 뿐만 아니라(10절)
이제 약속의 땅에서 누리게 된 축복으로 기쁘게 찬양할 수 있습니다. 또
한 새로운 약속을 주십니다. "네 입을 크게 열라. 내가 채우리라"(10절)
성도의 가장 큰 기쁨은 이 세상의 마지막에 완성될 것입니다. 그러므로
오늘 우리의 기도는 "주 예수여 오시옵소서" 하는 기도입니다.

(계 22:20) "이것들을 증언하신 이가 이르시되 내가 진실로 속히
오리라 하시거늘 아멘 주 예수여 오시옵소서"

또한 우리의 기도는 하나님의 말씀 듣기를 원하는 기도입니다. 이것은
하나님께 구원을 청하는 기도입니다. 본문이 우리에게 가르치는 것은 이

마지막 때에 하나님은 간곡히 말씀하시기를 "네 입을 크게 열라 내가 채우리라" 하십니다."

I. 절기예배로 부르신다(1~4)

[1] "우리의 능력이 되시는 하나님을 향하여 기쁘게 노래하며 야곱
의 하나님을 향하여 즐거이 소리칠지어다"
[2] "시를 읊으며 소고를 치고 아름다운 수금에 비파를 아우를지
어다"
[3] "초하루와 보름과 우리의 명절에 나팔을 불지어다"
[4] "이는 이스라엘의 율례요 야곱의 하나님의 규례로다"

여기에 열쇠가 되는 말씀은 "초하루와 보름과 우리의 명절에 나팔을
불지어다" 입니다. (3절) 새해가 떠오르기 전에 먼저 초하루가 있습니다.

(말 4:2) "내 이름을 경외하는 너희에게는 공의로운 해가 떠올라
서 치료하는 광선을 비추리니 너희가 나가서 외양간에서 나온 송
아지 같이 뛰리라"

의로운 해가 구원하기 위하여 뜨는 것입니다. 이것은 참으로 아름다운
성전의 모습입니다. 이스라엘에는 새해가 시작하기 전에 4절기가 있습니
다.(유월절, 오순절, 첫 열매절, 장막절) 새해는 나팔절(레 23:23~25 민
29:1~6 후에 신년 절기 즉 설날로 굳어졌다.)로 시작합니다. 이것은 다 즐
거운 날입니다. 정기적으로 다른 성도들과 함께 공중 예배를 드려야 하며

이를 게을리 하지 않도록 하십시오.

> (히10:25) 모이기를 폐하는 어떤 사람들의 습관과 같이 하지 말고
> 오직 권하여 그 날이 가까움을 볼수록 더욱 그리하자

II. 출애굽의 은혜와 새로운 약속(5~10)

> [7] 네가 고난 중에 부르짖으며 내가 너를 건졌고 우렛소리의 은
> 밀한 곳에서 네게 응답하며 므리바 물 가에서 너를 시험하였도다
> (셀라)

출애굽 과정에서 하나님께서 베푸신 은혜입니다.

우렛소리의 은밀한 곳 시내산에서 율법을 주실 때 뇌성 중에서 응답하셨습니다.(출 19:18~19) 므리바에서 물이 없을 때 반석에서 물을 주셨습니다.(출17:1~7)

> [8] "내 백성이여 들으라 내가 네게 증언하리라 이스라엘이여 내
> 게 듣기를 원하노라"
> [9] "너희 중에 다른 신을 두지 말며 이방 신에게 절하지 말지어다"

이것은 주님께서 그들에게 과거를 기억하게 하시는 것입니다. 십계명을 다시 한번 강조하며 말씀을 듣게 하십니다. 과거에 주신 은혜를 기억하며 현재의 고난과 유혹을 이길 수 있습니다.

[10] "나는 너를 애굽 땅에서 인도하여 낸 여호와 네 하나님이니
네 입을 크게 열라 내가 채우리라 하였으나"

이것은 이스라엘에게 약속한 것입니다. 여기에 영적 교훈이 있습니다. 하나님은 이스라엘의 후손인 나를 (지금) 애굽에서 인도해 내지는 않으셨으나 "내가 영적인 축복을 채워주리라."

"또 내가 기름진 밀을 그들에게 먹이며 반석에서 나오는 꿀로 너
를 만족하게 하리라"(16절)

하나님께서 이것을 행하셨습니다. 주님은 나를 만족하게 해 주셨습니다. 할렐루야!

결론

[11] 내 백성이 내 소리를 듣지 아니하며 이스라엘이 나를 원하지
아니하였도다
[12] 그러므로 내가 그의 마음을 완악한 대로 버려 두어 그의 임의
대로 행하게 하였도다
[13] 내 백성아 내 말을 들으라 이스라엘아 내 도를 따르라

다른 말로 말하면, 이스라엘 나라는 나와 상관이 없습니다. 그들은 아직도 하나님께로 돌아오지 아니합니다.

지금은 이스라엘이나 아랍 세계나 하나님께로 돌아오지 않는 것은 마

찬가지입니다. 그뿐 아니라 이스라엘이나 미국도 마찬가지입니다. 실상 미국은 이스라엘보다 더 악을 저지르고 있습니다. 미국을 보세요 10 계명 소리만하면 미국 정부에서는 죄악시 합니다. 학교에서 기도도 못하고 성경도 못 보게 합니다. 이 나라가 어디로 가고 있습니까? 우리 미국은 재에 앉아 통곡하며 땅을 치며 통곡을 해야 할 때가 되었습니다. 개인적으로도, 전 국가적으로도 통곡 할 때입니다. 기도해야 할 때입니다. 하나님은 우리에게 지금도 탄식하며 말씀하십니다.

> (시 79:10,11) [10] "이방 나라들이 어찌하여 그들의 하나님이 어디 있느냐 말하나이까 주의 종들의 피 흘림에 대한 복수를 우리의 목전에서 이방 나라에게 보여 주소서"
> [11] "갇힌 자의 탄식을 주의 앞에 이르게 하시며 죽이기로 정해진 자도 주의 크신 능력을 따라 보존하소서"

이 마지막 때에 하나님은 간곡히 말씀하시기를 "네 입을 크게 열라 내가 채우리라" 하십니다.

Goal 하나님을 기뻐하고(1~5) 주께 순종하면(6~10) 놀라운 약속을 소유하게 됩니다. 기름진 밀로 먹이며 반석에서 나오는 꿀로 만족하게 하실 것입니다.(16)
그러므로 "네 입을 크게 열라 내가 채우리라" 이 소망을 가지고 믿음의 응답으로 나아가길 축원합니다.

시편 82편

판사들을 심판 하시는 재판장

[아삽의 시]

[1] 하나님은 신들의 모임 가운데에 서시며 하나님은 그들 가운데에서 재판하시느니라

[2] 너희가 불공평한 판단을 하며 악인의 낯 보기를 언제까지 하려느냐 (셀라)

[3] 가난한 자와 고아를 위하여 판단하며 곤란한 자와 빈궁한 자에게 공의를 베풀지며

[4] 가난한 자와 궁핍한 자를 구원하여 악인들의 손에서 건질지니라 하시는도다

[5] 그들은 알지도 못하고 깨닫지도 못하여 흑암 중에 왕래하니 땅의 모든 터가 흔들리도다

[6] 내가 말하기를 너희는 신들이며 다 지존자의 아들들이라 하였으나

[7] 그러나 너희는 사람처럼 죽으며 고관의 하나 같이 넘어지리로다

[8] 하나님이여 일어나사 세상을 심판하소서 모든 나라가 주의 소유이기 때문이니이다

Theme: 예수 그리스도는 마지막 날에 재판장으로 세상에 오셔서 모든 불공평한 재판장들을 심판하신다. 그들은 하나님께 영광을 돌리지 못하고 사람들에게 유익을 주지 못한 위정자들이다.

웨스트 민스터 신앙고백 제 23장 1절에 이런 말이 있습니다.

"대주재이시요 온 세계의 왕이신 하나님은 그 아래 위정자들을 세우사 백성을 다스리게 하시되 하나님의 영광과 국민의 공공 이익을 위해서 하셨고 그 목적을 이루시기 위하여 그들을 칼의 권세로 무장 시키시고 선한 자를 보호하고 격려하며 악을 행하는 자들을 처벌하게 하셨다."

여기에 보면 하나님께서 위정자들을 세우신 목적을 분명히 말해 줍니다. 그 첫째는, 하나님의 영광을 위함이요. 둘째로는, 국민의 공공 유익을 위해서입니다. 그런데 위정자들이 이것이 하나님의 기뻐하실 일인지 생각지도 않고 또 국민들에게 유익한 일인지 생각지도 않고 자기의 유익을 위해 모든 사람들을 다스린 재판장이라고 했습니다.

우리가 여기서 위정자라고 하니까 대통령이나 정부 요인만을 생각하기 쉬운데 그들뿐만이 아닙니다. 한 가정의 가장에서 대통령까지를 다 말합니다. 큰 단체이건 작은 단체이건 다스리는 권세를 부여받은 모든 사람들을 망라해서 재판장이라고 했습니다.

본문 성경 말씀이 우리에게 가르쳐 주시는 말씀은 "판단할 권세를 받고도 하나님께 영광을 돌리지 아니하고 사람들에게 유익을 주지 못한 불공평한 재판장들을 마지막 날에 예수 그리스도는 재판장으로 세상에 오셔서 심판 하신다"는 말씀입니다.

I. "신들의 모임"

[1] "하나님은 신들의 모임 가운데에 서시며 하나님은 그들 가운데

에서 재판하시느니라"

[2] "너희가 불공평한 판단을 하며 악인의 낯 보기를 언제까지 하
려느냐 (셀라)"

1. "신들의 모임"(재판장들)

진리와 공의를 찾는 판사들은 하나님의 회(모임)이다. 그들은 이 땅에
서 하나님의 공의를 대표하기 때문이다. 판사들의 진지함의 결과로, 하나
님은 친히 그들의(재판장들) 마음을 꿰뚫으신다.—

"그들 가운데에서"(재판장들 중에서— 개역)—그들에게 공의로운 판결
에 이르도록 확신 주시기 위하여.

하나님이 … 서시며, 권능 있는 자의 회(모임), 군왕들의 회에서 권능
자요 지고한 판사이신 하나님이 주 지도자로 서신다.

"하나님은 신들의 모임 가운데에 서시며"—"신들의 모임"(하나님의
회—개역)은 하나님처럼 재판장 노릇을 하는 모든 사람들을 말합니
다. 재판장들은 판단할 권세를 받은 사람, 즉 한 가정의 가장에서부
터 한 나라의 대통령에 이르기까지 판단할 권세를 가진 모든 사람을
가리킨 것입니다. 이 판단할 권세는 하나님이 주신 것이요 이 권세를
가진 자는 하나님의 자리에서 모든 것을 판단하는 것입니다. 그러므
로 "신들의 모임"이라 하였습니다.

"하나님이 서시며"—권능 있는 자의 회, 군왕들의 재판정에서 하나님
이 최고 권능이요 가장 높으신 판사요 지도자라는 말입니다. 모든 재
판에서 공의로운 판결에 이르기 위하여서는 하나님이 최고 통치자
요 권능이시라는 진리를 재판장들이 꼭 믿어야합니다. 그 권위가 하
나님께 의지해 있기 때문에 재판의 권위가 있는 것입니다.

"그들(재판장들) 가운데에서 재판하시느니라" 하였는데 이것은 판사들이 이 땅에서 하나님의 공의를 대표하기 때문에 하나님은 그들이 진실하게 자기 일을 수행하고 그 결과로 공의로운 판결에 이르도록 그들의 마음을 꿰뚫어 보신다는 말입니다.

(잠 16:10) "하나님의 말씀이 왕의 입술에 있은즉 재판할 때에 그의 입이 그르치지 아니하리라"

불의한 재판장을 용서하지 않을 것입니다.

(잠 28:15) "가난한 백성을 압제하는 악한 관원은 부르짖는 사자와 주린 곰 같으니라"

2 "언제까지" – 악한 재판관들은 하나님의 뜻은 생각지도 않고 제 마음대로 합니다.(시 82:2-4)

[2] "너희가 불공평한 판단을 하며 악인의 낯 보기를 언제까지 하려느냐 (셀라)"

"악인의 낯 보기"라는 말은 직역하면 숙이고 있는 "얼굴을 들어 준다" 또는 공과는 보지 않고 어느 쪽 편을 드는 것을 말합니다.
재판관의 의무는 "가난한 자와 고아를 위하여 판단하며 곤란한 자와 빈궁한 자에게 공의를 베풀지며 가난한 자와 궁핍한 자를 구원하여 악인들의 손에서 건질지니라 하시는도다" (3-4절)

(레 19:15) "너희는 재판할 때에 불의를 행하지 말며 가난한 자의 편을 들지 말며 세력 있는 자라고 두둔하지 말고 공의로 사람을

재판할지며"

그런데 악한 재판관들은 쉬지 않고 불공평한 판단을 하며 악한자의 낯을 바라봅니다. 왜 그렇습니까? 하나님의 통치를 무시하고 "국민의 공공 유익을 위하여" 일하지 않고 자기 욕심으로 일하기 때문입니다.

국민의 공공 유익을 위하여 재판을 하면 하나님은 영광을 받으실 것입니다.

모든 재판관들에게 권면하십니다. 그들에게 권세를 맡기신 하나님 앞에서 계산서를 낼 날이 올 것이니 그 권세로 선을 행하라고 하십니다.

첫째로 상처받기 쉬운 약한 자들의 보호자가 되고, 도움과 조언이 필요한 자들의 후원자가 되고, 그리고 돈도 없고 친구도 없어 변호비를 못 내더라도 가난한 자를 변호해 주라. 그리고 아비 없는 자의 아비가 되어 주라. 재판관들은 일반적으로 나라의 아버지다. 특별히 부모 없는 자들에게 아비이다. 그들은 하나님의 대행자들인가? 하나님을 따라 반드시 고

아의 아버지가 되어야 한다. 욥이 그렇게 했다.

(욥 29:12) "이는 부르짖는 빈민과 도와줄 자 없는 고아를 내가
건졌음이라"

둘째로 그들은 공평하게 공의를 베풀어야 한다. 가난한 자와 궁핍한 자에게 정의롭게 해야 한다. 약하고 도울 자 없는 그들은 억울함을 많이 당한다. 재판관이 공식적으로 개입하여 막아주어야 한다. 가난한 자가 정직한 고소를 했으면 그의 상대방이 아무리 부자요 권세가라 해도 그를 두호하여 가난한 자를 억울하게 하지 못한다.

II. 악인들의 손

본문은 악한 재판관들의 타락과 그들이 자행하는 재해를 말하고 있습니다. 그들은 계속 불공평한 판단을 하며 뇌물을 받고 악인의 낯을 보아줍니다. 그들의 무지막지함과 게으름으로 말미암아 세상에는 대혼란이 일어납니다. 이런 짓이 계속되면 마지막에는 멸망이 옵니다.

"땅의 모든 터가 흔들리도다"(시 82:5).
(시 11:3) "터가 무너지면 의인이 무엇을 하랴"

(시 75:3) "땅의 기둥은 내가 세웠거니와 땅과 그 모든 주민이 소멸되리라 하시도다 (셀라)"

(시 9:6) "원수가 끊어져 영원히 멸망하였사오니 주께서 무너뜨린

성읍들을 기억할 수 없나이다"

(시 62:2) "오직 그만이 나의 반석이시요 나의 구원이시요 나의
요새이시니 내가 크게 흔들리지 아니하리로다"

"악인들의 손에서 건질지니라"

[4] "가난한 자와 궁핍한 자를 구원하여 '악인들의 손에서' 건질
지니라 하시는도다"

재판관들은 이미 압제자의 손에 떨어진 자들을 구출해 낼 의무가 있습
니다.

가난한 자와 고아들과 곤란한 자와 빈궁한 자를 총칭하여 가난한 자와
궁핍한자라고 했습니다. 이들을 "악인들의 손에서 건질지니라" 하였습니다.

악인들이 누구냐? 여기서는 공산당이나 알카에다, 탈레반을 말하는
것이 아닙니다. 첫째. 이것은 가난하고 궁핍한 사람들의 주머니를 털어서
자기 사리사욕을 채우는 위정자들을 말하는 것입니다.

며칠 전에 어떤 목사가 자기 교회에서 한 사람에게서 2만 불씩 받고 세
명을 서류 위조해서 종교비자를 내주고 교회당은 팔아가지고 한국으로
도망했다가 한국에서 잡혀서 미국으로 압송당해 왔다고 중앙일보가 보
도했습니다. 그는 미국으로 잡혀 와서 재판을 받고 실형 4년 반을 받았다
고 합니다.

또 들리는 말에 의하면 50명도 안 되는 교회의 목사님이 2만 불씩 받고
16명 종교비자를 내주었는데 그 후에 그 교회를 다른 목사에게 팔았다고
합니다. 그리고 교회를 산 목사는 그 16명에 대해서는 모른다고 해서 16

명이 신분 때문에 싸우고 있다고 합니다. 교회에서 재판장의 권세를 가진 목사가 어찌 이렇게 무지몽매 합니까?

> [5] "그들은 알지도 못하고 깨닫지도 못하여 흑암 중에 왕래하니
>   땅의 모든 터가 흔들리도다"

그러니 이민국에서는 종교비자 전면 중단하라 하지 않겠습니까.

과거에 교회에서는 하나님의 말씀을 철저하게 가르쳤습니다. 세월이 바쁘다 보니 지금은 제대로 신앙생활을 하지 못합니다. 그러니 자녀들 신앙생활을 돌볼 겨를이 없어요. 자녀들을 교육할 책임을 가진 부모는 주의해야 합니다. 가정의 판사는 부모들입니다.

나는 지난 주간에 어떤 책을 읽다가 겁나는 글을 읽었습니다. 제목은 "지옥 가는 것 보다 더 무서운 것" 입니다. 여러분들은 지옥보다 더 무서운 것이 무엇이라고 생각하십니까. 아버지가 지옥 갔는데 아들이 또 지옥에 왔습니다. 아들에게 누가 "너는 어떻게 지옥에 왔느냐" 물으니 대답하기를 "나는 우리 아버지 하는 대로 본을 받아 행동 했더니 지옥에 왔습니다." 아들이 이 말하는 것을 아버지가 들을 때 지옥의 고통 보다 "더 고통스럽다" 했습니다.

우리 한국 사람들은 전부 악인의 손에 빠져 있어도 말도 못하는 상태입니다. 위정자들이 국민의 공공 유익을 위하여 일하지 않고 자기 개인의 안락만을 추구하며 공평하지 못한 처사를 해도 정부가 무서워서 그러는지 말도 못하고 있습니다.

또 교계를 보세요. 목사들이 교회당을 자기 마음대로 팔아먹어도 말하는 사람이 없습니다. 왜 말들 못합니까. 말 하다가는 욕 얻어먹기가 쉽기 때문입니다. 그러나 하나님은 "악인들의 손에서 건질지어다" 라고 하셨습니다.

"악인의 손에서 건질지어다."

그들 원수들에 대한 그들의 원한을 풀어주라 (눅 18:3)는 말씀입니다. 아무것도 갚을 것이 없는 사람들입니다. 이들은 일해 주어도 생길 것 아무 것도 없습니다. 그러나 재판관들과 위정자들은 반드시 이들을 돌보아 주고 상담해 주고 그 원한을 풀어주어야 합니다.

III. 사람처럼 죽으며

[6] "내가 말하기를 너희는 신들이며 다 지존자의 아들들이라 하였으나"
[7] "그러나 너희는 사람처럼 죽으며 고관의 하나 같이 넘어지리로다"

"예수께서 이르시되 너희 율법에 기록된 바 내가 너희를 신이라 하였노라 하지 아니하였느냐" (요 10:34).

본문 1절에서는 그들을 신들의 모임이라고 하였습니다. 왜냐하면 하나님처럼 재판 하는 권세를 가졌기 때문입니다. 그러나 하나님의 권세를 남용한 그들은 비록 지금 하나님처럼 권세를 부리지만 보통 사람 같이 죽으며 고관의 하나 같이 엎드러진다고 했습니다. 하나님은 그들의 공적 권위를 인정하시지만 그러나 죽음을 면할 수 없는 그들의 운명을 상기시키십니다.

첫째, 그들은 공평하지 못하게 판결하고 "흑암 중에 왕래하니 땅의 모든 터가 흔들리게 한” 벌로 하나님의 벌을 받습니다. 하나님은 그들이 한참 잘 나갈 때 꺾어 버리시겠다고 하십니다. 지금은 하나님 같이 권세를 부리며 억압하고 학대하지만, 그들도 다른 모든 악인 같이 죽을 것입니다. 예수 안 믿던 사람 중 하나 같이, 범죄 한 천사 중 하나 같이, 세상에서 떵떵거리고 살던 악인 중 하나 같이 그들도 죽어 떨어질 것입니다. 하나님은 사람들이 보는 가운데 공개적으로 그들을 치십니다.

(욥 34:26) “그들을 악한 자로 여겨 사람의 눈 앞에서 치심은”

자기 권세를 믿고 남용과 학대를 일삼는 악인들은 알아야 합니다. 하나님은 그들의 권세도, 그들의 생명도 다 빼앗으실 것입니다.

둘째로, 세상 모든 재판관원들의 영광의 시절이 지나가는 것을 알아야 합니다. 자기 명예가 있다고 교만해지거나 자기 할 의무를 게을리 하지 말아야 할 것은 그도 죽어야 하기 때문입니다. 죽어야 하는 자기 운명을 생각하고 자기 교만을 죽이고 자기 본분이 무엇인지 깨달아 일 해야 합니다.

[6] “내가 말하기를 너희는 신들이며 다 지존자의 아들들이라 하였으나”
[7] 그러나 너희는 사람처럼 죽으며 고관의 하나 같이 넘어지리로다“

이것 보세요. 이 땅의 모든 재판관들은 왕이나 대통령이나 다 지금은 우리에게 하나님처럼 권세를 부리지만 하나님께 있어서는 그들은 그저 사람일 뿐입니다. 그리고 범인처럼 죽어 그 명예는 땅의 티끌 속에 파묻힐 것입니다. 사망은 왕의 홀을 농부의 삽과 섞어 놓는다는 말이 있습니다.

예수 믿고 하나님의 율례를 따라 사는 사람에게는 복이 있습니다.
돈 많고 권세 많은 사람은 :

(시 20:8) "그들은 비틀거리며 엎드러지고 우리는 일어나 바로 서
도다"

(시 91:7) "천 명이 네 왼쪽에서, 만 명이 네 오른쪽에서 엎드러지
나 이 재앙이 네게 가까이 하지 못하리로다"

우리는 이미 압제자의 손에 떨어진 사람들을 건져내어 구원해 내라는
예수님의 권세와 부탁을 받은 사람들입니다.

(마 28:19-20) [19] "그러므로 너희는 가서 모든 민족을 제자로
삼아 아버지와 아들과 성령의 이름으로 세례를 베풀고"

[20] "내가 너희에게 분부한 모든 것을 가르쳐 지키게 하라 볼지
어다 내가 세상 끝 날까지 너희와 항상 함께 있으리라 하시니라"

예수 그리스도는 죄인을 구원하실 구주입니다. 예수님은 세상에 오셔
서 가난하고 궁핍한 자에게 복음이 전파되게 하셨습니다.

결론

하나님께서 우리에게 (시 82:4) "가난한 자와 궁핍한 자를 구원하여 악
인들의 손에서 건질지니라" 말씀 하셨음으로 우리는 죄 때문에 힘도 없
고 살아 갈 방법 하나 없는 가난하고 궁핍한 자를 구원하기 위하여 기도

하며 온갖 힘을 다해야 하겠습니다.

물론 우리가 아무리 노력하여도 다 이룰 수 는 없습니다. 그러므로 끝 절에서 말씀 하십니다.

[8] "하나님이여 일어나사 세상을 심판하소서 모든 나라가 주의 소유이기 때문이니이다"

시편 저자는 첫째로, 의심하지 않고 하나님이 그렇게 하실 것을 믿고 기도합니다. 때로 우리는 땅이 악인의 손에 넘어간 것 아닌가 걱정할 때도 없지 않아 있지만 그렇지 않습니다. 예수님은 하늘과 땅의 권세를 모두 가지고 계십니다.

"불공평하게 판단하는 세상 재판관원들을 대적하여 땅을 심판하소서, 하나님의 마음에 합한 자들을 인도할 목자들을 세우소서."

우리가 가서 도움을 얻을 의로우신 하나님이 땅을 다스리십니다. 불의한 판사들에게 시달린 모든 자가 쉼을 얻게 하시는 하나님을 우리는 의지할 수 있습니다.

둘째로 이것은 그리스도의 나라 확장에 대한 예언입니다. "주 예수 그리스도여 어서 오시옵소서" 기도하면서 땅을 심판하시러 오시는 예수님께 하나님이 주신 약속을 간구하는 기도입니다.

(시 2:8) "내게 구하라 내가 이방 나라를 네 유업으로 주리니 네 소유가 땅 끝까지 이르리로다"

(시 22:28) "나라는 여호와의 것이요 여호와는 모든 나라의 주재심이로다"

예수 그리스도께서는 승천하시면서 너희가 본대로 오시겠다고 약속하셨습니다. 온 세상을 심판하시기 위하여 재판장으로 오십니다. 그때는 온 세상이 예수님의 기업이 되어 예수 그리스도를 믿지 않고 하나님의 영광도 공공 유익도 생각지 않고 자기의 사욕을 따라 행하던 모든 자들은 멸망할 것입니다.

사람은 예수 믿어야 삽니다. 예수님 안에 죄 사함이 있습니다. 예수 믿으면 멸망하지 않고 영생을 얻습니다. 그러므로 하나님은 죄인들에게 예수를 믿으라 명하십니다.

우리는 힘써 하나님의 뜻을 이루기 위하여 노력해야 합니다. 우리가 믿고 힘써 노력하면 재판장 되시는 예수 그리스도의 영이 우리와 같이 하시고 도와주시어 악을 몰아내고 죄와 사망의 억압에 매였던 자들이 자유를 얻고 영생을 얻게 됩니다.

(계 19:6) "또 내가 들으니 허다한 무리의 음성과도 같고 많은 물 소리와도 같고 큰 우렛소리와도 같은 소리로 이르되 할렐루야 주 우리 하나님 곧 전능하신 이가 통치하시도다"

(계 22:20) "이것들을 증언하신 이가 이르시되 내가 진실로 속히 오리라 하시거늘 아멘 주 예수여 오시옵소서"

Goal 그러므로 우리는 가정에서부터 시작하여 모든 관계 속에서 죄로 멸망 당할 죄인들에게 전도하고 그리스도의 은혜를 전파하여야 합니다. 하나님께 영광이 되며 사람들에게는 유익을 주는 일에 충성하시기를 축복합니다.

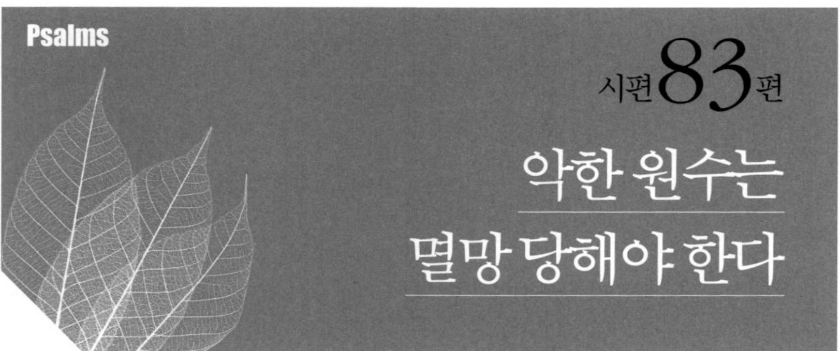

[아삽의 시 곧 노래]

[1] 하나님이여 침묵하지 마소서 하나님이여 잠잠하지 마시고 조용하지 마소서

[2] 무릇 주의 원수들이 떠들며 주를 미워하는 자들이 머리를 들었나이다

[3] 그들이 주의 백성을 치려 하여 간계를 꾀하며 주께서 숨기신 자를 치려고 서로 의논하여

[4] 말하기를 가서 그들을 멸하여 다시 나라가 되지 못하게 하여 이스라엘의 이름으로 다시는 기억되지 못하게 하자 하나이다

[5] 그들이 한마음으로 의논하고 주를 대적하여 서로 동맹하니

[6] 곧 에돔의 장막과 이스마엘인과 모압과 하갈인이며

[7] 그발과 암몬과 아말렉이며 블레셋과 두로 사람이요

[8] 앗수르도 그들과 연합하여 롯 자손의 도움이 되었나이다 (셀라)

[9] 주는 미디안인에게 행하신 것 같이, 기손 시내에서 시스라와 야빈에게 행하신 것 같이 그들에게도 행하소서

[10] 그들은 엔돌에서 패망하여 땅에 거름이 되었나이다

[11] 그들의 귀인들이 오렙과 스엡 같게 하시며 그들의 모든 고관들은 세바와 살문나와 같게 하소서

[12] 그들이 말하기를 우리가 하나님의 목장을 우리의 소유로 취하자 하였나이다

[13] 나의 하나님이여 그들이 굴러가는 검불 같게 하시며 바람에 날리는 지

푸라기 같게 하소서

[14] 삼림을 사르는 불과 산에 붙는 불길 같이

[15] 주의 광풍으로 그들을 쫓으시며 주의 폭풍으로 그들을 두렵게 하소서

[16] 여호와여 그들의 얼굴에서 수치가 가득하게 하사 그들이 주의 이름을
찾게 하소서

[17] 그들로 수치를 당하여 영원히 놀라게 하시며 낭패와 멸망을 당하게 하사

[18] 여호와라 이름하신 주만 온 세계의 지존자로 알게 하소서

Theme: 열국이 이스라엘을 대항하는 역사적 대립은 이스라엘의 대표성을 미워하는 증오심에서 나오는 것이다. 이제 모든 인간적인 노력은 하나님의 뜻에 완전히 복종되어야 한다.

서론

이 시편은 아삽의 마지막 시편입니다. 실상 이 시편은 역사적으로 이스라엘 나라 어느 때에 맞는 것인지 알 수 없습니다. 그러나 확실한 것은 저주하는 시로서 정의가 실현되기 위하여 기도합니다. 저자는 하나님께서 원수의 손에서 하나님의 백성을 구원해 달라고 기도하는 것입니다.

이 시편이 우리에게 가르치는 것은 "열국이 이스라엘을 대항하는 역사적 대립은 이스라엘의 대표성을 미워하는 증오심에서 나오는 것이다. 이제 모든 인간적인 노력은 하나님의 뜻에 완전히 복종되어야 한다."라는 것입니다.

I. 하나님의 원수들이 음모를 꾸미나이다(1-8)

[1] "하나님이여 침묵하지 마소서 하나님이여 잠잠하지 마시고 조용하지 마소서"

[2] "무릇 주의 원수가 떠들며 주를 미워하는 자들이 머리를 들었나이다"

모든 원수들은 하나님을 미워합니다. 그러나 참으로 모든 원수는 그러한가 생각해 봅시다.

[3] "그들이 주의 백성을 치려 하여 간계를 꾀하며 주께서 숨기신 자를 치려고 서로 의논하여"

[4] "말하기를 가서 그들을 멸하여 다시 나라가 되지 못하게 하여 이스라엘의 이름으로 다시는 기억되지 못하게 하자 하나이다"

이 말씀은 이스라엘의 멸망을 위해 음모를 꾸미는 자들에 대한 말씀입니다. 어떤 사람들은 이 말씀을 여호사밧 왕 때의 것으로 생각합니다. (대하 20장) 그 당시 모압, 암몬, 에돔과 그 동맹들이 유다를 침공했습니다. 또 어떤 사람은 다른 때의 일이라고 생각하는 이도 있습니다. 우리들에게 중요한 것은 하나님의 원수들은 항상 하나님을 미워합니다.

이제부터 이 시편이 어느 시대에 맞는 것인지 알아보십시다.

[5] "그들이 한마음으로 의논하고 주를 대적하여 서로 동맹하니"

[6] "곧 에돔의 장막과 이스마엘인과 모압과 하갈인이며"

[7] "그발과 암몬과 아말렉이며 블레셋과 두로 사람이요"

[8] "앗수르도 그들과 연합하여 롯 자손의 도움이 되었나이다 (셀라)"

"롯 자손"은 모압과 암몬입니다. 여기에 들어있는 모든 이름은 다 하나님의 원수입니다. 이들을 역사적으로 어디에 맞춰야 할지 모르겠습니다. 이 많은 나라들을 거론한 것은 참으로 대단한 것입니다. 그리고 이것은 앞으로 될 일을 말씀한 것입니다.

현재 이스라엘을 둘러싸고 있는 나라들은 아랍 세계입니다. 이들은 다 무슬림들입니다. 저들은 이스라엘 나라를 반대하고 있습니다. 여기에 거론되고 있는 나라들은 다 마지막 때에 나타나는 국가들입니다. 이것을 볼 때 이 시편은 참으로 장래 일을 예언 해주는 말씀입니다.

우리가 기억할 것은 이 시편은 원수를 저주하는 시편입니다. 이것은 하나님께 심판을 요구하는 것입니다. 과거에 원수를 심판하신 것처럼 심판 해달라고 요구합니다.

II. 원수들이 하나님의 통치를 알 수 있도록 그들을 패배시키소서(9-18)

[9] "주는 미디안인에게 행하신 것 같이, 기손 시내에서 시스라와 야빈에게 행하신 것 같이 그들에게도 행하소서"
[10] "그들은 엔돌에서 패망하여 땅에 거름이 되었나이다"

우리는 사사기에서 하나님이 어떻게 심판하신 것을 기억합니다. 어떤 사람은 말하기를 하나님이 앞으로는 사사시대처럼 심판은 하시지 않으실 것이라고 합니다. 그러나 하나님은 변함이 없으십니다. 과거에 심판하신 주님은 앞으로도 같이 행하십니다. 그러므로 이 시편은 아주 감동적인 것입니다.

그러므로 우리 성도들은 기도해야 합니다. 우리는 원수들이 회개하고 돌아오도록 기도해야 합니다. 하나님이 옛날과 같이 심판하시기 전에 회개하고 돌아오도록 기도합시다. 이것은 우리 모든 성도가 기도해야 할 일입니다.

[13] "나의 하나님이여 그들이 굴러가는 검불 같게 하시며 바람에 날리는 지푸라기 같게 하소서"

이스라엘이나 중동지방에서 곡식을 털 때에는 큰 바퀴가 곡식 단 위로 굴러가며 곡식을 텁니다. 시편 저자는 우리의 원수들을 곡식 털 듯 원수에게 행해 달라고 기도합니다.

[14] "삼림을 사르는 불과 산에 붙는 불길 같이"

이것은 우리가 산불을 보듯이 태워 없애 달라고 기도합니다. 결론을 보십시다.

결론

[16] 여호와여 그들의 얼굴에서 수치가 가득하게 하사 그들이 주의 이름을 찾게 하소서

하나님의 철저한 징계를 받아 결국 하나님을 찾게하여 달라는 것입니다. 그것이 하나님의 징계의 궁극적 목적입니다.(회심)

[18] "여호와라 이름하신 주만 온 세계의 지존자로 알게 하소서"

이 시의 처음 시작 "침묵하지 마소서"(1절)는 마지막 "그들이 알게 하소서"(18절)라는 기도로 끝맺고 있습니다.

하나님의 전쟁의 궁극적인 목적은 이스라엘의 안전이나 원수의 파멸이 아닙니다. 전 세계가 여호와만이 진정한 하나님임을 인정하고 그 통치에 복종하는 것입니다.

열국이 이스라엘을 대항하는 역사적 대립은 이스라엘의 대표성을 미워하는 증오심에서 나오는 것입니다.

이제 모든 인간적인 노력은 하나님의 뜻에 완전히 복종되어야 한다는 것입니다. 이것은 진리의 말씀입니다.

그러므로 나는 확신합니다. 이 세상이 바꾸어져서 『여호와라 이름하신 주만 온 세계의 지존자로 알게 하소서』하고 이루어지려면 하나님의 심판이 있어야 그렇게 됩니다. 하나님의 선하심이 사람의 마음을 움직여 회개 하는데 이를 수 있지만 그러나 한편으로는 불가능합니다. 심판은 인간을 하나님의 존전으로 인도하기도 하지만 그러나 때때로 하나님에게서 멀리 떠나게도 합니다.

우리는 지금 풍부한 나라에 있습니다. 우리가 발전하기 위하여 어려운 가운데서 애쓰고 노력하면서 하나님께 의지하지만 그러나 지금은 우리가 모든 것이 풍부하여 하나님의 도우심이 필요 없다고 착각하고 교만합니다. 만일 우리가 같이 기도하고 같이 애쓰면 하나님이 복을 주시어 발전하지만 풍부할 때 교만하여 구하지 않음으로 복이 없습니다. 참으로 우

리는 없어서는 안 될 때 구하듯 지금은 이 땅에서 악의 세력을 멸해 달라
고 구해야 합니다.

Goal 그러므로 우리는 안타깝게 간구합시다. 악한 원수의 소멸됨을
보고 그리스도의 왕국이 승리하는 것을 보시기를 축복합니다.

시편 84편

귀한 직분

[고라 자손의 시, 인도자를 따라 깃딧에 맞춘 노래]

[1] 만군의 여호와여 주의 장막이 어찌 그리 사랑스러운지요

[2] 내 영혼이 여호와의 궁정을 사모하여 쇠약함이여 내 마음과 육체가 살아 계시는 하나님께 부르짖나이다

[3] 나의 왕, 나의 하나님, 만군의 여호와여 주의 제단에서 참새도 제 집을 얻고 제비도 새끼 둘 보금자리를 얻었나이다

[4] 주의 집에 사는 자들은 복이 있나니 그들이 항상 주를 찬송하리이다 (셀라)

[5] 주께 힘을 얻고 그 마음에 시온의 대로가 있는 자는 복이 있나이다

[6] 그들이 눈물 골짜기로 지나갈 때에 그 곳에 많은 샘이 있을 것이며 이른 비가 복을 채워 주나이다

[7] 그들은 힘을 얻고 더 얻어 나아가 시온에서 하나님 앞에 각기 나타나리이다

[8] 만군의 하나님 여호와여 내 기도를 들으소서 야곱의 하나님이여 귀를 기울이소서 (셀라)

[9] 우리 방패이신 하나님이여 주께서 기름 부으신 자의 얼굴을 살펴 보옵소서

[10] 주의 궁정에서의 한 날이 다른 곳에서의 천 날보다 나은즉 악인의 장막에 사는 것보다 내 하나님의 성전 문지기로 있는 것이 좋사오니

[11] 여호와 하나님은 해요 방패이시라 여호와께서 은혜와 영화를 주시며 정직하게 행하는 자에게 좋은 것을 아끼지 아니하실 것임이니이다

[12] 만군의 여호와여 주께 의지하는 자는 복이 있나이다

Theme: 산산조각 내는 핍박이나 외인들의 번영이 아무리 유혹을 해도 하나님께 가까이 하고자 애쓰는 사람의 마음을 변하게 할 수는 없다.

I. 고라 자손의 시

1. 처음 84편 바로 밑에 보면 "고라 자손의 시"라고 기록되어 있습니다.

고라는 누구냐 하면 이스라엘 백성들이 애굽에서 광야에 나왔을 때 모세와 아론을 반역하고 많은 족장을 선동하여 당을 짓고 하나님을 대적하다가 멸망 당한 자입니다.

민수기 16장을 보면 다음과 같은 글을 볼 수가 있습니다.

> "레위의 증손 고핫의 손자 이스할의 아들 고라와 르우벤 자손 엘리압의 아들 다단과 아비람과 벨렛의 아들 온이 당을 짓고 이스라엘 자손 총회에서 택함을 받은 자 곧 회중 가운데에서 이름 있는 지휘관 이백오십 명과 함께 일어나서 모세를 거스르니라"
> (민 16:1-2).

고라는 지휘관 250명의 두목입니다. 그래서 이들을 고라의 당이라고 지칭합니다.

모세는 250명에게 향료에 향을 담아가지고 성막 앞으로 나아오라고 했습니다. 그리고 모든 회중은 고라와 다단과 아비람의 장막 사방에서 떠나라고 했습니다. 사람들이 다 떠났는데 다단과 아비람과 그들의 처자들은 자기 장막문 앞에 서서 떠나지 않았습니다. 그때 땅이 입을 벌려 그 장막들과 사람들을 전부 삼켜버렸습니다. 그리고 250명은 여호와의 불이 나와 전부 태워 죽였습니다. 고라는 하나님의 저주를 받은 자입니다.

2. 고라의 후손

역대상 26장 1-12절에 보면 고라의 후손들이 성전에서 하나님을 섬기며 중요한 일들을 맡은 것을 볼 수 있습니다. 고라 후손의 직분은 문지기였습니다.(1절) 또한 그 후손 중에 아삽은 예루살렘 성전의 찬양대 대장이였으며 시편 73-83편까지는 그가 쓴 시입니다.

성전 문지기 오벧에돔은, 여호와의 궤가 다윗 성으로 옮기기 전에 오벧에돔의 집에 있었는데, 하나님께서 그의 집에 복을 주셨다고 하였습니다. 성전 사방을 지키는 큰 책임을 고라의 자손이 맡아서 한 것은 하나님의 자비하심과 사랑이 무한하시기 때문이라고 하지 않을 수 없습니다. 어찌 저주 받아 죽은 자의 자손이 그렇게 귀한 직임을 받겠습니까? 이것은 전능하시고 사랑이 한이 없으신 하나님이시기 때문입니다.

II. 고라 자손의 찬양

1. 저들은 자신이 멸망 받아야 마땅한 족속인 것을 확실히 알았습니다. 반역자의 자손입니다. 하나님의 저주를 받아 멸망 받은 자의 자손입니다. 그들은 하나님의 전을 섬길 때 너무나도 감격스러웠습니다.

[1] [고라 자손의 시, 인도자를 따라 깃딧에 맞춘 노래] "만군의 여호와여 주의 장막이 어찌 그리 사랑스러운지요"
[2] "내 영혼이 여호와의 궁정을 사모하여 쇠약함이여 내 마음과

육체가 살아 계시는 하나님께 부르짖나이다"

[3] "나의 왕, 나의 하나님, 만군의 여호와여 주의 제단에서 참새
도 제 집을 얻고 제비도 새끼 둘 보금자리를 얻었나이다"

[4] "주의 집에 사는 자들은 복이 있나니 그들이 항상 주를 찬송
하리이다 (셀라)

여호와의 집을 사모하는 기도—지금 하나님의 집 출입을 금지 당한 상
황(아마도 전쟁으로)에서 시인은 지난 날, 성전에서 하나님을 가까이 할
때의 기억을 되살리고 있습니다.

"내 마음과 육체가 … 부르짖나이다"
오직 꾸준한 생명의 원천되시는 하나님의 존전에서만 우리의 육체
도 정신도 참 완전한 힘을 발휘하게 됩니다.
(이 기도 제목을 놓고) 내 마음과 육체가—살아계신 하나님께 부르
짖으며 뜨겁게 기도합니다.

주의 제단에서—참새도 제 집을 얻고 제비도 새끼 둘 보금자리를 얻
었나이다. 참새는 비록 도망가야 해도, 자기 생명의 가장 귀중한 보
배인 새끼를 둘 보금자리를 틀림없이 찾을 것이다. 그와 마찬가지로
망명 중에 있는 유대인은 하나님의 일에 자신을 전적으로 헌신할 수
있는 하나님의 제단을 사모한다.

[5] "주께 힘을 얻고 그 마음에 시온의 대로가 있는 자는 복이 있
나이다"

[6] "그들이 눈물 골짜기로 지나갈 때에 그 곳에 많은 샘이 있을
것이며 이른 비가 복을 채워 주나이다"

[7] "그들은 힘을 얻고 더 얻어 나아가 시온에서 하나님 앞에 각기
나타나리이다"

시온으로 자유롭게 순례할 수 있는 복된 자의 즐거움이 시인에게는 부러움이 대상입니다.

　　－그 마음에 시온의 대로가 있는 자－위로 올라가는 자들－그들 마음에 길들이 집중한다. 성전을 향하여 순례의 길을 떠나는 자들 (Ibn Ezra)

　　비록 육신으로 성전을 방문하지 못한다 하더라도 그들은 자기 마음으로 하나님께로 가는 길을 올라간다.

　　[6] "그들이 눈물 골짜기로 지나갈 때에 그 곳에 많은 샘이 있을 것이며 이른 비가 복을 채워 주나이다"

　　"그들이 눈물 골짜기로 지나갈 때에 그 곳에 많은 샘이 있을 것이며"－가시 골짜기를 통과 하면서 그들은 그 곳을 물이 발견될 때까지 더 깊이 파서 샘물 원천으로 변화시킨다.

하나님께로 가는 길에서 닥치는 고난, 현재의 고난은 하나님을 섬기고 하나님께 더 가까이 성장하는 한없는 원천의 기회이다.

　　거칠고 메마른 '눈물 골짜기' 가 '찬양의 골짜기' 로 바뀌었습니다.

　　"이른 비가 복을 채워 주나이다"－이른 비로 말미암아 그 곳은 축복으로 옷을 입힌다. 이 기회들을 온당하게 사용하는 자들은 자기 노력이 위로부터 내려오는 특별 축복으로 면류관 쓴 것을 보게 될 것이다. 하나님의 '비'는 문자적으로 '축복으로써 그것을 덮는다.' (복을 채워 준다.)

　　[7] "그들은 힘을 얻고 더 얻어"－그들은 방해물을 하나하나씩 다 극복한다. 그리고 극복한 것마다 그 사람을 더욱 강하게, 더욱 순결하게 하여 그가 자기 목적을 달성하고 하나님 앞에 나타날 때까지 계속한다. (R' Hirsch)

누구도 단숨에 뛰어 올라 하나님께 가까이 함을 얻지 못한다. 그는 점차적으로, 한걸음, 한걸음씩 가까이 나아간다. 지혜 자들이 이 구절에 대하여 말한 대로 "기도 후에 회당을 떠난 사람은 그 후에 연구의 집에 들어가서 말씀공부에 몰두하면 그 때 하나님의 임재하심을 받게 될 것이다."

[8] "만군의 하나님 여호와여 내 기도를 들으소서 야곱의 하나님이여 귀를 기울이소서 (셀라)"

[9] "우리 방패이신 하나님이여 주께서 기름 부으신 자의 얼굴을 살펴 보옵소서"
—살펴 보옵소서 메시야에게로 주목을 돌리소서 그를 우리 날에 속히 오시게 하옵소서

[10] "주의 궁정에서의 한 날이 다른 곳에서의 천 날보다 나은즉 악인의 장막에 사는 것보다 내 하나님의 성전 문지기로 있는 것이 좋사오니"
"악인의 장막에"—이 세상 악한 나라 중에서

[11] "여호와 하나님은 해요 방패이시라 여호와께서 은혜와 영화를 주시며 정직하게 행하는 자에게 좋은 것을 아끼지 아니하실 것임이니이다"
"여호와 하나님은 해요 방패이시라"—이스라엘의 어둡고 협박당하던 망명시대가 다 가기까지 하나님은 우리의 빛이요 우리의 보호자시다.

[12] "만군의 여호와여 주께 의지하는 자는 복이 있나이다"
"만군의 여호와여"—군대 장관이신 하나님, 전쟁에 능하신 하나님.

결론

"만군의 여호와여 주께 의지하는 자는 복이 있나이다"(12절).

사랑하는 성도들, 우리 사람은 힘도 없고 선한 일을 할 능력이 없습니다. 그러나 주님을 의지할 때 우리가 모든 것을 할 수 있게 도와주십니다. 하나님은 우리를 보고 복 주시지 않습니다. 우리에게서 무엇을 보시겠습니까? 아무 것도 없습니다. 그러나 우리를 죄에서 구원하시기 위하여 십자가에서 죽으신 예수 그리스도의 공로를 보시고 우리에게 모든 좋은 것을 주십니다.

그러므로 "주를 의지하는 자가 복이 있나이다."라고 하셨습니다. 이것을 믿고 행하는 자는 산산조각 내는 핍박이나 외인들의 번영이 아무리 유혹을 해도 하나님께 가까이 하고자 애쓰는 사람의 마음을 변하게 할 수 없습니다.

"주께 의지하는 자"에게(12절) "좋은 것을 아끼지 아니하실" 것입니다.(11절) 아들을 아끼지 않고 우리를 위해 내어주신 분이 "어찌 그 아들과 함께 모든 것을 우리에게 선물로 주시지 않겠습니까.(롬 8:32)

Goal 그러므로 우리가 주를 의지하고 그 직임들과 그 능력을 받은 대로 성실하게 행하여 모든 아름다운 복을 받아 누리시기를 예수님의 이름으로 축복합니다.

인애와 진리가 만날 때

[고라 자손의 시, 인도자를 따라 부르는 노래]

[1]   여호와여 주께서 주의 땅에 은혜를 베푸사 야곱의 포로 된 자들이 돌아오게 하셨으며

[2]   주의 백성의 죄악을 사하시고 그들의 모든 죄를 덮으셨나이다 (셀라)

[3]   주의 모든 분노를 거두시며 주의 진노를 돌이키셨나이다

[4]   우리 구원의 하나님이여 우리를 돌이키시고 우리에게 향하신 주의 분노를 거두소서

[5]   주께서 우리에게 영원히 노하시며 대대에 진노하시겠나이까

[6]   주께서 우리를 다시 살리사 주의 백성이 주를 기뻐하도록 하지 아니하시겠나이까

[7]   여호와여 주의 인자하심을 우리에게 보이시며 주의 구원을 우리에게 주소서

[8]   내가 하나님 여호와께서 하실 말씀을 들으리니 무릇 그의 백성, 그의 성도들에게 화평을 말씀하실 것이라 그들은 다시 어리석은 데로 돌아가지 말지로다

[9]   진실로 그의 구원이 그를 경외하는 자에게 가까우니 영광이 우리 땅에 머무르리이다

[10]   인애와 진리가 같이 만나고 의와 화평이 서로 입맞추었으며

[11]   진리는 땅에서 솟아나고 의는 하늘에서 굽어보도다

[12]   여호와께서 좋은 것을 주시리니 우리 땅이 그 산물을 내리로다

[13]   의가 주의 앞에 앞서 가며 주의 길을 닦으리로다

Theme: 성전이 첫 번 훼파 된 후에 여호와께서 이스라엘과 성전을 회복 시키셨던 것 같이 이번에도 다시 회복시켜 주시고 또한 영구히 회복 시켜주시기를 구하는 기도입니다.

서론

이스라엘 백성들은 자기들의 죗값으로 70년간 바벨론에서 포로생활을 했습니다. 그러나 70년이 찼을 때 고레스 왕이 이스라엘 백성들은 본토로 돌아가서 여호와 하나님의 성전을 건축하라 하여 그들은 주전 538년에 돌아가서 성전을 건축하기 시작했습니다.(스 4:1-4)

그러나 그 지방 사람들로 부터 심한 반대를 받아 성전 공사를 중단하고 약 16~7년간을 아무것도 못하고 있었습니다. 그러나 학개 선지자와 스가랴 선지자의 권유와 부흥운동으로 힘을 얻어 주전 520년에 다시 시작하여 4년 동안에 공사를 끝내고 주전 516년 3월 12일에 성전을 봉헌하였습니다(스 6:13-15). 그 때의 기쁨이야 말로 어디에 비할 수 있겠습니까? 포로생활 70년을 끝내고 무너졌던 성전을 70년 후에 준공하고 봉헌식을 하는 기쁨이야 말로 어디에 비할 수 없었을 것입니다. 이 말씀을 에스라는 이같이 표현했습니다.

"이스라엘 자손과 제사장들과 레위 사람들과 기타 사로잡혔던 자의 자손이 즐거이 하나님의 성전 봉헌식을 행하니 하나님의 성전 봉헌식을 행할 때에 수소 백 마리와 숫양 이백 마리와 어린 양 사백 마리를 드리고 또 이스라엘 지파의 수를 따라 숫염소 열두 마리로 이스라엘 전체를 위하여 속죄제를 드리고 제사장을 그 분반

대로, 레위 사람을 그 순차대로 세워 예루살렘에서 하나님을 섬기
게 하되 모세의 책에 기록된 대로 하게 하니라,

즐거움으로 이레 동안 무교절을 지켰으니 이는 여호와께서 그들을
즐겁게 하시고 또 앗수르 왕의 마음을 그들에게로 돌려 이스라엘
의 하나님이신 하나님의 성전 건축하는 손을 힘 있게 하도록 하셨
음이었더라"(스 6:16-18, 22).

I. 바벨론 포로에게 베푸신 은혜

오늘 본문 말씀은 언제 쓰여졌느냐 하면 바벨론 포로에서 돌아와 성전
을 봉헌하고 지은 시 입니다. 1, 2절을 보니 다음과 같습니다.

"여호와여 주께서 주의 땅에 은혜를 베푸사 야곱의 포로 된 자들
이 돌아오게 하셨으며 주의 백성의 죄악을 사하시고 그들의 모든
죄를 덮으셨나이다(셀라)"

1. 포로생활에서 해방된 것은 온전히 하나님의 은혜였습니다.

[6] "주께서 우리를 다시 살리사 주의 백성이 주를 기뻐하도록 하
지 아니하시겠나이까"

[7] "여호와여 주의 인자하심을 우리에게 보이시며 주의 구원을
우리에게 주소서"

[9] "진실로 그의 구원이 그를 경외하는 자에게 가까우니 영광이
우리 땅에 머무르리이다"

하나님의 백성이 회개하고 하나님 두려워하기를 배우면, 하나님은 구원을 가까이 가져 오십니다.

이스라엘의 역사를 보면 그들은 두 번 다른 나라의 노예가 되어 고생을 했습니다. 첫 번 노예생활은 400 년 동안 애굽에서 한 것입니다. 그러나 하나님께서 모세를 보내서서 이적을 베풀게 하시고 광야까지 인도하여 내게 하심으로 노예생활을 끝나게 하셨습니다.

두 번째 노예생활은 70년간 바벨론 포로생활입니다. 바벨론에서 해방을 얻게 된 것도 자기들의 힘으로 얻은 것이 아니라 하나님이 바사 왕을 통하여 해방시켰습니다. 하나님의 이적으로 구원을 얻었습니다.

2. 그들은 죄 사함을 받았습니다.

"주의 백성의 죄악을 사하시고 그들의 모든 죄를 덮으셨나이다 (셀라)" (2절)

3. 화평을 주셨습니다.

육신적으로 포로 된데서 해방을 얻고 영적으로 모든 죄를 사함 받게 되니 화평을 얻게 되었습니다. 이것이 하나님의 은혜입니다.

II. 하나님의 경고가 있습니다

1. "다시 어리석은 데로 돌아가지 말지로다"(8하)

이 말씀은 과거를 상기시키시는 말씀입니다. 과거에 그들의 조상이 어리석게 행할 때 70년간 포로생활을 했습니다. 그 어리석은 행실은 대개 다음 두 가지입니다.

(1) 하나님의 성전이 있어 예배드릴 수 있는 것이 얼마나 큰 복임을 잊어 버렸습니다. 성전은 으레 있는 것이고 매 주일 예배드리니 놀러갈 때도 못가고 재미도 못 보니 귀찮고 돈만 있으면 되는 줄 알고 성전을 무시했습니다. 그 무시당하는 성전을 느브갓네살 바벨론 왕이 와서 다 까부셨습니다. 성전은 무너지고 예배도 없어졌습니다.

(2) 또 그들은 어리석어, 자신들이 하나님을 섬기는 나라의 백성임을 잊어 버렸습니다. 하나님은 이스라엘 백성을 애굽에서 구원해내시고 십계명을 주시고, 이것을 헌법의 기초로 삼아 주심으로 하나의 국가로 선포하셨습니다. 십계명은 이스라엘 나라의 헌법의 초석이요 그 내용은 "위로 하나님을 사랑하고 아래로 이웃 사랑하기를 네 몸과 같이 하라" 하신 것입니다.

III. 하나님을 믿으라

"진실로 그의 구원이 그를 경외하는 자에게 가까우니 영광이 우리 땅에 머무르리이다"(9절)

하나님은 누구를 구원하시는가? 그를 경외하는 자만 구원하십니다. 다른 말로 말하면 진실로 믿고 하나님을 소중하게 여기는 자를 구원하십니다. 지금 우리가 쓰는 말로 말하면 예수 믿는 사람을 구원하십니다.

"영광이 우리 땅에 머무르리이다" 이 말씀은 예수 믿으면 구원만 얻는 것이 아니라 영광을 얻는다는 말씀입니다. 예수 잘 믿고 교회 잘 섬기면 그 집

안이 잘되고 영광을 받게 되어있습니다.

IV. "의는 하늘에서 굽어보도다"(11하)

"의는 하늘에서 굽어보도다" 하신 말씀은 인류 역사의 그 시점에, 예수 그리스도가 하늘에서 땅으로 내려오신 것을 말합니다. 하나님의 의, 예수 그리스도가 내려 오셔서 포로된 자가 자유를 얻게 되었습니다.

이사야 선지자는 예수 그리스도께서 나실 것을 다음과 같이 말씀하였습니다.

> "가난한 자에게 아름다운 소식을 전하게 하려 하심이라 나를 보내사 마음이 상한 자를 고치며 포로된 자에게 자유를, 갇힌 자에게 놓임을 선포하며 여호와의 은혜의 해와 우리 하나님의 보복의 날을 선포하여 모든 슬픈 자를 위로하되 무릇 시온에서 슬퍼하는 자에게 화관을 주어 그 재를 대신하며 기쁨의 기름으로 그 슬픔을 대신하며 찬송의 옷으로 그 근심을 대신하시고 그들이 의의 나무 곧 여호와께서 심으신 그 영광을 나타낼 자라 일컬음을 받게 하려 하심이니라"(사 61:1하-3).

사도 바울은 로마서에서 다음과 같이 말씀하셨습니다.

> "복음에는 하나님의 의가 나타나서 믿음으로 믿음에 이르게 하나니 기록된 바 오직 의인은 믿음으로 말미암아 살리라 함과 같으니라"(롬1:17).

V. 의가 되시는 예수님이 계시면, 이 땅에서 이루어질 것이 있습니다

예수님께서 오셔서 하신 근본적인 것은 십자가에서 죽으심으로 우리 죄를 없애주시고 구원을 받도록 하신 것이지만, 예수님 때문에 이 땅에서 이루어져서 달라진 것이 있습니다.

1. "인애와 진리가 같이 만나고" 이 둘이 조화를 이룹니다.

예수님이 안계시면 인애와 진리가 손을 잡지 못합니다. 인애는 다른 말로 사랑을 베풀고 불쌍히 여겨 도와주는 것인데 예수님이 없으면 사람이 분별을 못해서 무조건 사랑을 베풀어야 한다고 합니다.

공산당도 사랑해서 도와주고, 뱀도 사랑해서 도와주고 테러단도 사랑해서 도와주고, 사탄도 도와주면서 다 사랑하는 것이 예수 없이 사랑하는 것입니다. 이것은 진리가 절대로 손을 못 잡는 것입니다.

또 반면에 진리를 찾으면서 얼마나 많은 사람을 배척합니까? 자기는 의롭고 자기만 진리에 서서 일한다고 하며 교회를 갈라놓아, 진리 찾는 보수파들의 교회는 잘도 갈라집니다. 진짜로 진리를 위해서냐? 내 이권을 위해서냐? 사랑 없는 진리는 못씁니다. 인애와 진리가 악수할 수 있어야 하는데 이것은 예수 없이는 못합니다. 그런데 예수님이 오셨습니다.

"진리는 땅에서 솟아나고 의는 하늘에서 굽어보도다"(11).

예수님만이 참 진리십니다. 참 진리, 예수님이 세상에 오셨습니다. 그러므로 예수님 안에서 진리가 이 땅에 존재합니다. 유대인 랍비 Ibn Ezra 는 이 구절을 다음과 같이 해석합니다. "역사의 그 때가 오면, 사람들은 참

되게 이 땅에서 행동하게 될 것이다. 하나님은 그의 인애를 베풀어 주심으로 응답하실 것이다. 그리하여 인애와 진리가 서로 만날 것이다."

2. "의와 화평이 서로 입맞추었으며" (10하)

예수 그리스도께서 오시는 곳에는 화평이 있을 것을 본문 성경 8절에서 다음과 같이 말씀하셨습니다.

> "내가 하나님 여호와께서 하실 말씀을 들으리니 무릇 그의 백성,
> 그의 성도들에게 화평을 말씀하실 것이라"(8절 상)

예수 그리스도는 이 세상에 평강의 왕으로 오셔서 믿는 주의 백성들에게 화평을 주셨습니다. 예수님 안에서 우리는 죄 사함을 받았고 믿음으로 의롭다함을 받았습니다.

세상에는 화평이 없습니다. 자기의 의로움을 내세우면서 화평을 깨는 일이 많이 있습니다. 의로움은 옳다는 말입니다. 자기 의견이 옳다고 하여 화평을 깨는 것은 예수님을 모르는 사람입니다. 예수님이 계셔야 "의와 화평이 서로 입맞추는" 것입니다.

유대인 랍비 Ibn Ezra는 이 구절을 다음과 같이 해석합니다. "역사의 그 때가 오면, 하나님은 화평을 보내어 사람들이 그 때 행하는 의와 공의를 화평이 포용하게 하실 것이다." 하나님은 평강의 왕 예수님을 우리를 위하여 보내 주셨습니다. 그리스도 안에서 "의와 화평이 이 땅에서 서로 입맞추"는 것입니다. 그리스도 안에서는, 사람들이 행하는 의와 공의도 화평으로 포용하게 하셨습니다.

3. "여호와께서 좋은 것을 주시리니 우리 땅이 그 산물을 내리로다" (12).

하나님이 주시는 좋은 것은 복음입니다.

복음이 무엇입니까? "Good News", 좋은 것이요, 굳 뉴스는 예수 그리스도를 말합니다. 천사들은 목자들에게 나타나서 하는 말이,

> "온 백성에게 미칠 큰 기쁨의 좋은 소식을 너희에게 전하노라 오늘 다윗의 동네에 너희를 위하여 구주가 나셨으니 곧 그리스도 주시니라"(눅 2:10 하~11)

4. "우리 땅이 그 산물을 내리로다"(12 하)

예수님 계시면 모든 산물이 생겨납니다. 예수님을 여호와 하나님께서 보내주시면 우리 땅이 "모든 산물"을 낸다고 했습니다. 그 산물이 무엇입니까? 이 땅에서, 죄 사함 받고, 의인이 되고, 중생하여, 성화를 이루고, 하나님의 자녀가 되어, 의의 면류관을 받고, 천국을 유산으로 받습니다. 예수님 없으면 아무 것도 못 받습니다. 그러므로 예수님을 마음에 모시면 이 모든 것을 받는다는 뜻입니다.

그뿐 아니라 예수님이 오셔서 세상 죄를 십자가에서 도말하셨기 때문에, 사람들은 예수님 안에서, 믿음, 소망 사랑의 열매를 내게 되었습니다. 예수님께서 계시면 이 땅에서 진리가 참으로 존재합니다. 그 때 우리는 이 땅에서:

사랑도 긍휼도 주님 뜻대로 행하며

진리도 주님 뜻대로 행하며

의도 주님 뜻대로 행하며

화평도 주님 뜻대로 이루어

예수님 안에서, 참되게 행동할 것입니다. 그리고 하나님은 그의 긍휼을 베풀어 주심으로 응답하실 것입니다.

5. "여호와께서 좋은 것을 주시리니"(12 상)

그 때, 하나님은 우리가 필요한 물질도 넉넉하게 제공할 것입니다. 그로 말미암아 주님을 섬기는 우리의 능력이 더욱 커질 것입니다.

유대인 해석자 말빔은"의가 반드시 좋은 것(하나님 주시는 풍성한 물질) 보다 앞서가야 한다. 그러면 좋은 것이 의를 뒤따라오기를 시작한다." 라고 해석을 했습니다. 예수님은 말씀하셨습니다.

(마 6:33) "너희는 먼저 그의 나라와 그의 의를 구하라 그리하면
이 모든 것을 너희에게 더하시리라"

결론

"의가 주의 앞에 앞서 가며 주의 길을 닦으리로다"(13)

여기에 "의(가)"는 의의 사람 즉 옳은 길을 가르치는 전령을 말합니다. 그러므로 이 말씀은 말하자면 "이것이 주님의 원하시는 길이니 이것을 따르라"는 전령의 외치는 소리입니다.

그러므로 이것을 깨닫고 기도하는 시인은 결심하기를 "주의 길을 닦으리로다" 하였습니다. 주의 길은 예수님이 걸어가신 발자취를 말합니다. 그러므로 다시 말하면 "예수님의 발자취만 밟고 걸어가겠다"는 말씀입니다.

Goal 그러므로 내 고집대로 하지 말고 예수님이면 이 일을 어떻게 하시겠나 생각해서 우리도 "주의 길을 닦으리로다"결심하고 순종합시다. 여러분들을 통하여 예수님이 영광 받게 되기를 예수 그리스도의 이름으로 축복합니다.

고통 중에 드리는 다윗의 기도

[다윗의 기도]

[1] 여호와여 나는 가난하고 궁핍하오니 주의 귀를 기울여 내게 응답하소서

[2] 나는 경건하오니 내 영혼을 보존하소서 내 주 하나님이여 주를 의지하는 종을 구원하소서

[3] 주여 내게 은혜를 베푸소서 내가 종일 주께 부르짖나이다

[4] 주여 내 영혼이 주를 우러러보오니 주여 내 영혼을 기쁘게 하소서

[5] 주는 선하사 사죄하기를 즐거워하시며 주께 부르짖는 자에게 인자함이 후하심이니이다

[6] 여호와여 나의 기도에 귀를 기울이시고 내가 간구하는 소리를 들으소서

[7] 나의 환난 날에 내가 주께 부르짖으리니 주께서 내게 응답하시리이다

[8] 주여 신들 중에 주와 같은 자 없사오며 주의 행하심과 같은 일도 없나이다

[9] 주여 주께서 지으신 모든 민족이 와서 주의 앞에 경배하며 주의 이름에 영광을 돌리리이다

[10] 무릇 주는 위대하사 기이한 일들을 행하시오니 주만이 하나님이시니이다

[11] 여호와여 주의 도로 내게 가르치소서 내가 주의 진리에 행하오리니 일심으로 주의 이름을 경외하게 하소서

[12] 주 나의 하나님이여 내가 전심으로 주를 찬송하고 영원토록 주의 이름에 영광을 돌리오리니

[13] 이는 내게 향하신 주의 인자하심이 크사 내 영혼을 깊은 스올에서 건
지셨음이니이다

[14] 하나님이여 교만한 자들이 일어나 나를 치고 포악한 자의 무리가 내
영혼을 찾았사오며 자기 앞에 주를 두지 아니하였나이다

[15] 그러나 주여 주는 긍휼히 여기시며 은혜를 베푸시며 노하기를 더디하
시며 인자와 진실이 풍성하신 하나님이시오니

[16] 내게로 돌이키사 내게 은혜를 베푸소서 주의 종에게 힘을 주시고 주의
여종의 아들을 구원하소서

[17] 은총의 표적을 내게 보이소서 그러면 나를 미워하는 그들이 보고 부끄
러워하오리니 여호와여 주는 나를 돕고 위로하시는 이시니이다

Theme: 하나님께서는 다윗 왕을 통하여 우리가 환난과 고통을 당했을
때 하나님의 도움을 얻기 위하여 어떻게 기도할 것을 가르쳐주
셨습니다.

서론

웨스트민스터 예배모범에 보면 이와 같은 말씀이 있습니다.

"질병은 우연히 혹은 육신의 고장으로만 오는 게 아니고 병고에 걸린
각 사람마다 하나님의 지혜로우시고 선하신 손길의 인도를 받고 있다. 그
것이 죄 때문에, 죄를 고치고 바르게 살게 하려고 왔든지, 하나님의 은혜
로 시련과 연단을 위해 왔든지, 혹은 다른 특별하고 좋은 목적을 위해 왔
든지 이 고난을 거룩하게 쓰도록 진정으로 애쓰고 하나님의 견책을 경시
하거나 하나님의 징계에 지치지 않으면 모든 고통이 다 그의 유익으로 변
하며 모든 것이 합심하여 선을 이룰 것이다."

이것을 보면 사람에게 고통이나 병이 세 가지 이유로 옵니다.

첫째, 죄 때문에 죄를 고백하고 바르게 살게 하려고 올 수 있습니다.

둘째, 하나님의 은혜로 시련과 연단으로 옵니다.

셋째, 특별하고 좋은 목적을 위해 귀하게 쓰시려고 올 수 있다고 했습니다.

우리가 병이나 고난이 왔을 때 그것을 거룩하게 쓰도록 애쓰고 하나님의 견책을 경시하지 않고 지치지 말고 잘 감당하면 모든 고통이 유익으로 변하며, 모든 것이 합동하여 선을 이루게 되어있다고 가르치고 있습니다.

그러나 어떤 이유로 고통이 오든지 고통은 고통입니다. 그러므로 하나님께서는 많은 시련과 고통을 경험한 다윗 왕을 통하여 "우리가 환난과 고통을 당했을 때 하나님의 도움을 얻기 위하여 어떻게 기도할 것을 가르쳐주셨습니다."

I. 다윗은 고통 중에 도와달라고 하나님께 간청했습니다

[1], "여호와여 나는 가난하고 궁핍하오니 주의 귀를 기울여 내게 응답하소서"

다윗이 고통 중에 기도한 시편 86편을 보면 이 말씀은 하나님께서 도와주려면 주고 그렇지 않으려면 마시오 하는 태도가 아닙니다. "가난하고 궁핍"하다는 것은 죽게 되었다는 말입니다. 하나님은 소망이 없는 자를 도우시어 소망을 갖게 하시고 도와주시는 하나님입니다.

세상은 소망 없는 자는 도와주지 않습니다. 은행에 가서 돈을 꾸려고 할 때 아무 것도 없다고 하면 절대로 돈을 꾸어 주지 않습니다. "나는 재산도 있고, 차도 있고, 크레딧도 있고, 직업도 있다"고 자기가 이렇게 실력이 있다는 것을 보여 주어야 돈을 빌려줍니다. 그러나 우리 하나님은 아무 힘도 없어서 "가난하고 궁핍"한 자를 도우십니다. 그러므로 다윗은 처음부터 "나는 아무것도 없는 빈털터리니 나를 도와주십시오" 하고 기도를 시작했습니다.

2. "나는 경건하오니 내 영혼을 보존하소서"

이 말씀은 "내가 하나님을 잘 믿고 독실한 신자이니 나 같은 자는 도와주셔야 합니다." 하는 말이 아닙니다.

"나는 경건하오니"하는 말은"하나님께서 은혜를 베풀어 주신 자이오니"라는 말입니다. 우리말로 바꾸어 말한다면 "하나님께서 내게 성령을 보내주시어 예수 믿게 하시고 구원하여 주신 자이오니" 하는 말입니다.

우리 하나님은 한 번 구원하신 자, 다시 말하면 한 번 자기의 자녀로 삼아주신 자는 절대로 버리시지 않으십니다. 그러므로 다윗은 이것을 확실히 믿고 하나님께 도와달라고 간청하는 것입니다.

[2,3절] "나는 경건하오니 내 영혼을 보존하소서 내 주 하나님이여 주를 의지하는 종을 구원하소서. 주여 내게 은혜를 베푸소서 내가 종일 주께 부르짖나이다"

3. "주여 내 영혼이 주를 우러러보오니 주여 내 영혼을 기쁘게 하소서"[4절]

하나님께 도움을 구할 때 간절한 마음을 표현한 것입니다. 주인이 밥상에서 밥을 먹을 때 상 밑에서 주인이 한 조각 먹을 것 주기를 간절히 소원하고, 쳐다보는 강아지 눈을 볼 때 주인이 안줄 수 없습니다. 그것을 여기에 말한 것입니다.

예수님께서 두로와 시돈 지방으로 가셨을 때 이방여자인 수로보니게 여인이 예수님께 딸의 병을 고쳐달라고 했습니다. 예수님께서 대답하시기를 자녀의 떡을 취하여 개에게 주는 것이 마땅하지 아니하니라 하실 때 그 여인은 얼른 대답했습니다. "옳소이다마는 개들도 주인의 밥상에서 떨어지는 부스러기를 먹고 사나이다" 할 때 그 여인을 칭찬하시고 딸의 병을 고쳐주셨습니다. (마15 :21~28)

"주여 내 영혼이 주를 우러러보오니 주여 내 영혼을 기쁘게 하소서"

4. [5,6,7절] "주는 선하사 사죄하기를 즐거워하시며 주께 부르짖는 자에게 인자함이 후하심이니이다

"여호와여 나의 기도에 귀를 기울이시고 내가 간구하는 소리를 들으소서 나의 환난 날에 내가 주께 부르짖으리니 주께서 내게 응답하시리이다"

이 말씀은 다윗이 하나님을 믿는 믿음입니다. 자기는 죄인일지라도 죄를 용서하시고 기도를 들어주실 하나님이라는 것을 믿었습니다.

우리도 하나님께 기도할 때 믿고 기도해야 합니다. 더욱이 예수 그리스도께서 우리의 모든 죄를 다 담당하여 주시고 구하는 대로 주시기로 약속하셨습니다.

(요 15:7) "너희가 내 안에 거하고 내 말이 너희 안에 거하면 무엇이든지 원하는 대로 구하라 그리하면 이루리라"

그러므로 우리는 믿고 자신 있게 우리의 구할 것을 하나님께 간구합시다. 하나님은 믿고 구하는 자의 기도는 반드시 이루어주십니다.

II. 하나님을 찬양했습니다

[8] "주여 신들 중에 주와 같은 자 없사오며 주의 행하심과 같은
일도 없나이다"
[9] "주여 주께서 지으신 모든 민족이 와서 주의 앞에 경배하며
주의 이름에 영광을 돌리리이다"
[10] "무릇 주는 위대하사 기이한 일들을 행하시오니 주만이 하나
님이시니이다"

1. 하나님을 찬양하되 하나님께서 행하신 행사를 찬양했습니다.

하나님께서 행하신 것 중에 가장 큰 행사는 우주만물을 말씀 한마디로
창조하신 것입니다. 그러므로 주님을 찬양할 때 창조주 하나님의 창조의
사역을 찬양해야 합니다.

2. 다음으로 다윗은 기이한 일을 찬양했습니다.

기이한 일은 하나님의 이적입니다. 물론 이스라엘 백성들이 하나님의
행하신 기이한 일을 말할 때는 모세를 통하여 이스라엘 백성들을 애굽에
서 구원하여 내신 사실입니다. 열 가지 재앙과 홍해를 육지 같이 건너게
하신 것과 이스라엘은 구원하시고 뒤로 따라오던 애굽 군인은 전부 수장
시켰습니다. 광야에서 만나와 메추라기를 주시어 먹게 하시고 반석에서
생수가 나오게 하셨습니다. 아말렉을 쳐 승리하게 하신 역사입니다. 그뿐
아니라 요단강을 육지로 만드사 건너게 하시고 여리고 성을 전쟁 없이 무
너지게 하신 기사는 위대하신 기사입니다.

하나님께서 많은 기적을 행하시는 중에 특별히 저를 위해 행하신 기사
는 일본 정치 때도 그러하지만 이북에서 거의 다 죽게 되었을 때가 몇 번

있었는데 하나님께서 이적으로 살려주셨습니다. 저는 이것을 생각하면서 주님을 찬양합니다.

III. 요구하며 감사했습니다

> [11] "여호와여 주의 도로 내게 가르치소서 내가 주의 진리에 행하오리니 일심으로 주의 이름을 경외하게 하소서"
> [12] "주 나의 하나님이여 내가 전심으로 주를 찬송하고 영원토록 주의 이름에 영광을 돌리오리니"
> [13] "이는 내게 향하신 주의 인자하심이 크사 내 영혼을 깊은 스올에서 건지셨음이니이다"

다윗은 하나님께 요구합니다.

그 요구는 자기의 육신을 위하여 요구하는 것이 아니고 주님 위해 살기 위한 두 가지 요구가 있습니다.

(1) 첫째로는 그가 "주의 진리에 행하고자" 하는 요구입니다.

그는 자기가 행동할 때 하나님의 뜻에 어긋나는 일을 하지 않으려고 노력했습니다. 그러므로 그는 "주의 진리"로 행하고 악을 행하지 않기 위하여 요구하기를 "주의 도를 내게 가르치소서" 하고 하나님께 기도했습니다.

(2) 다음으로 그는 "전심으로 주를 찬송하고 영원토록 주의 이름에 영광을 돌리기"를 원했습니다.

웨스트민스터 소요리문답 제 1문에 "사람의 제일 되는 목적이 무엇

인가” 그 답은 사람이 사는 제일 되는 목적은 “하나님을 영화롭게 하는
것과 영원토록 그를 즐거워하는 것이다”라고 했습니다. 사람이 사는 제
일 되는 목적은 돈 많이 버는 것도 아니고 출세하는 것도 아닙니다. “하
나님을 영화롭게 하는 것” 입니다. 다윗이 이것을 원했습니다. 그러므로
그런 생활을 하기 위해서는 “일심으로 주의 이름을 경외하게 하소서”
하고 요구했습니다. 하나님을 경외해야 하나님을 영화롭게 할 수 있습
니다.

(3) 주님의 기쁘신 진리로 행해야 하고, 주님을 찬송하고 그에게 영광
을 돌려야 할 이유를 계속하여 설명했습니다.

폴리갑은 복음을 전하다가 잡혀서 화형을 당하게 되었습니다. 그때
사람들은 권면하기를 “예수를 부인하면 살 터이니 한마디만 부인하시
오” 할 때 그는 이같이 대답했습니다. “우리 주님께서 나에게 잘못해주
신 것이 하나도 없거늘 내가 어찌 우리 주님을 부인하리요” 그는 용감
하게 불에 타 죽었습니다. 다윗의 말이 폴리갑과 꼭 같은 심정입니다.
내게 주신 주의 인자가 크고 구원하여 주셨는데 내가 어찌 주님을 찬양
하지 않을 수 있으며 그에게 영광을 돌리지 않을 수 있으랴 하는 말씀입
니다.

IV. 다윗은 하나님의 자비와 은혜를 확신했습니다

하나님은 교만한 자와 강포한 자는 돕지 않으시고 믿는 자에게는 자비와 은혜를 베푸시는 하나님이십니다. 그러므로 다음과 같이 기도를 마쳤습니다.

> [14-17절] [14] "하나님이여 교만한 자들이 일어나 나를 치고 포악한 자의 무리가 내 영혼을 찾았사오며 자기 앞에 주를 두지 아니하였나이다
> [15] 그러나 주여 주는 긍휼이 여기시며 은혜를 베푸시며 노하기를 더디하시며 인자와 진실이 풍성하신 하나님이시오니
> [16] 내게로 돌이키사 내게 은혜를 베푸소서 주의 종에게 힘을 주시고 주의 여종의 아들을 구원하소서
> [17] 은총의 표적을 내게 보이소서 그러면 나를 미워하는 그들이 보고 부끄러워하오리니 여호와여 주는 나를 돕고 위로하시는 이시니이다"

여호와 하나님께서 자기를 돕고 위로하실 줄 확신했습니다,

결론

하나님은 믿는 성도들이, 특별히 환난과 고통 중에 기도하면 들으시는 여호와 하나님이십니다. 환난 당한 자가 있습니까? 고통에 처한 자가 있습니까? 병으로 시달리는 자가 있습니까? 아니면 마음이 불안한 자가 있

습니까? 근심이 있습니까?

하나님께서는 다윗 왕을 통하여 우리가 환난과 고통을 당했을 때 하나님의 도움을 얻기 위하여 어떻게 기도할 것을 가르쳐주셨습니다.

Goal 그러므로 하나님께 모든 어려운 사정을 다윗처럼 기도하여 응답 받으시기를 예수님의 이름으로 축복합니다.

예수님이 다스리실 때

[고라 자손의 시 곧 노래]

[1]   그의 터전이 성산에 있음이여

[2]   여호와께서 야곱의 모든 거처보다 시온의 문들을 사랑하시는도다

[3]   하나님의 성이여 너를 가리켜 영광스럽다 말하는도다 (셀라)

[4]   나는 라합과 바벨론이 나를 아는 자 중에 있다 말하리라 보라 블레셋
      과 두로와 구스여 이것들도 거기서 났다 하리로다

[5]   시온에 대하여 말하기를 이 사람, 저 사람이 거기서 났다고 말하리니
      지존자가 친히 시온을 세우리라 하는도다

[6]   여호와께서 민족들을 등록하실 때에는 그 수를 세시며 이 사람이 거기
      서 났다 하시리로다 (셀라)

[7]   노래하는 자와 뛰어 노는 자들이 말하기를 나의 모든 근원이 네게 있
      다 하리로다

Theme: 마지막에는 세상이 끝나며 예수 그리스도가 왕으로 다스리시는
때가 온다.

서론

이 시는 고라 자손의 시로써 장차 있을 예루살렘의 영광을 찬양한 것

입니다. 이것은 한 나라가 예루살렘에 이루어지며 그곳에서 예배할 것을 말합니다. 본문이 가르치시는 것은 "마지막에는 세상이 끝나며 예수 그리스도가 왕으로 다스리시는 때가 온다."는 것입니다.

I. 시온의 영광(1-3)

[1] "그의 터전이 성산에 있음이여"

성산은 시온산을 가리킵니다.
이곳은 언젠가 세계의 정부가 설 곳입니다.(메시아 왕국)
선지자 이사야의 예언입니다.

(사 2:2) "말일에 여호와의 전의 산이 모든 산 꼭대기에 굳게 설 것이요 모든 작은 산 위에 뛰어나리니 만방이 그리로 모여들 것이라"

스가랴 선지자는 이같이 예언 하였습니다.

(슥 2:10,11) [10] "여호와의 말씀에 시온의 딸아 노래하고 기뻐하라 이는 내가 와서 네 가운데에 머물 것임이니라"
[11] "그 날에 많은 나라가 여호와께 속하여 내 백성이 될 것이요 나는 네 가운데 머물리라 네가 만군의 여호와께서 나를 네게 보내신 줄 알리라"

우리가 기억할 것은 우리는 아직 레위기 편에 있습니다. 그러므로 하나님의 성전이 중심에 놓여 있습니다.

> [2] "여호와께서 야곱의 모든 거처보다 시온의 문들을 사랑하시는
> 도다"
> [3] "하나님의 성이여 너를 가리켜 영광스럽다 말하는도다 (셀라)"

이같은 사상을 이미 시편 48편에 말씀하였습니다.

(시 48:1,2) [고라 자손의 시 곧 노래]
> [1] "여호와는 위대하시니 우리 하나님의 성, 거룩한 산에서 극진
> 히 찬양 받으시리로다"
> [2] "터가 높고 아름다워 온 세계가 즐거워함이여 큰 왕의 성 곧
> 북방에 있는 시온 산이 그러하도다"

시온성은 하나님께서 기초를 놓으시고 백성들을 다스리는 자리로 택
하신 성으로 세우셨습니다. 이스라엘의 모든 성읍 가운데 하나님이 가장
아끼시는 성입니다.(시 9:11, 132:13~14)

> (시 132:13~14) "여호와께서 시온을 택하시고 자기 거처를 삼고자
> 하여 이르시기를 이는 내가 영원히 쉴 곳이라 내가 여기 거주할 것
> 은 이를 원하였음이로다"

II. 세계 만민의 우주적 교회 (4~6)

> [시 87:4] "나는 라합과 바벨론이 나를 아는 자 중에 있다 말하리

라 보라 블레셋과 두로와 구스여 이것들도 거기서 났다 하리로
다"—라합은 여리고에 있던 기생 라합이 아닙니다. 이것을 보
십시다.

(사 51:9) "여호와의 팔이여 깨소서 깨소서 능력을 베푸소서 옛날
옛시대에 깨신 것 같이 하소서 라합을 저미시고 용을 찌르신 이가
어찌 주가 아니시며"

(시89:10) "주께서 라합을 죽임 당한 자 같이 깨뜨리시고 주의 원
수를 주의 능력의 팔로 흩으셨나이다"

본문의 라합은 애굽의 세계적 권세를 말하고 바벨론은 북방 권세를 말
한 것입니다. 라합은 "소동(Tumult)"를 의미하고 바벨론은 "혼란
(Confusion)"을 의미합니다. 애굽과 바벨론은 이스라엘의 양대 적국이었
습니다. 그러나 메시아 왕국에서는 그들도 시온에서 태어난 시온의 백성
들이 될 것입니다. 예수 그리스도께서 임하시고 시온에서 다스리실 것입
니다.

참으로 재미있는 것은 예수님이 예루살렘에서 다스리실 때는 많은 나
라가 예수를 믿게 될 것입니다. 여기에 블레셋과 두로와 구스를 말하였습
니다. 우리는 이 모든 것을 볼 때 앞으로 이 모든 나라가 회개하고 예수를
믿게 될 것입니다. 사도행전 8장에서 보면 구스(에디오피아) 내시가 맨
처음 회개하였는데 여기서도 구스가 회개할 것을 말씀했습니다.

[5] "시온에 대하여 말하기를 이 사람, 저 사람이 거기서 났다고
말하리니 지존자가 친히 시온을 세우리라 하리로다"

[6] "여호와께서 민족들을 등록하실 때에는 그 수를 세시며 이 사
람이 거기서 났다 하시리로다 (셀라)"

시온을 지존자(최고의 왕, 왕의 왕)께서 수도로 삼으실 것입니다.
하나님께서 이방 백성을 메시아 왕국의 백성으로 받아들일 것입니다.
그날에는 많은 사람이 예수님께로 돌아올 것입니다. 그때는 그들이
적그리스도에게서 속은 줄 압니다. 얼마나 영광스러운 일입니까. 할렐
루야!

결론

[7] "노래하는 자와 뛰어 노는 자들이 말하기를 나의 모든 근원이
네게 있다 하리로다"

나의 모든 근원이 네게 있다 하리로다 '우리는 모두 당신으로부터
나왔습니다' 라고 이해할 수 있다.

우리 주 예수 그리스도께서 재림 하실 때 될 일을 우리는 확실히 모릅
니다. 언제 어떻게 주님의 왕국이 이루어 질 것을 확실히 모르나 예수님
이 심판 주로 오실 것은 확실히 압니다. 예수님 오실 때는 우리 믿는 자들
이 고개를 높이 들고 영광스럽게 주님을 맞으며 우리의 왕으로 모시게 됩
니다. 그때 만민이 우리 믿는 자를 부러워합니다. 마지막에는 세상이 끝
나며 예수 그리스도가 왕으로 다스리시는 때가 올 것을 고라의 자손이 예
언 하였습니다.

"시온성과 같은 교회 그의 영광 한없다." (찬 210장)

생명샘이 솟아나와 모든 성도 마시니
언제든지 흘러넘쳐 부족함이 없도다
이런 물이 흘러가니 목마를 자 누구랴
주의 은혜 풍족하여 넘치고도 넘친다.

Goal 그러므로 우리 믿는 자는 어떤 일이 있어도 낙심하지 말고 끝까지 인내로 주님을 섬기다가 재림 주로 오시는 그날 영광을 보시기를 축복합니다.

시편88편

절망 중의 기도
(수난절)

**[고라 자손의 찬송 시 곧 에스라인 헤만의 마스길,
인도자를 따라 마할랏르안놋에 맞춘 노래]**

[1] 여호와 내 구원의 하나님이여 내가 주야로 주 앞에서 부르짖었사오니

[2] 나의 기도가 주 앞에 이르게 하시며 나의 부르짖음에 주의 귀를 기울여 주소서

[3] 무릇 나의 영혼에는 재난이 가득하며 나의 생명은 스올에 가까웠사오니

[4] 나는 무덤에 내려가는 자 같이 인정되고 힘없는 용사와 같으며

[5] 죽은 자 중에 던져진 바 되었으며 죽임을 당하여 무덤에 누운 자 같으니이다 주께서 그들을 다시 기억하지 아니하시니 그들은 주의 손에서 끊어진 자니이다

[6] 주께서 나를 깊은 웅덩이와 어둡고 음침한 곳에 두셨사오며

[7] 주의 노가 나를 심히 누르시고 주의 모든 파도가 나를 괴롭게 하셨나이다 (셀라)

[8] 주께서 내가 아는 자를 내게서 멀리 떠나게 하시고 나를 그들에게 가증한 것이 되게 하셨사오니 나는 갇혀서 나갈 수 없게 되었나이다

[9] 곤란으로 말미암아 내 눈이 쇠하였나이다 여호와여 내가 매일 주를 부르며 주를 향하여 나의 두 손을 들었나이다

[10] 주께서 죽은 자에게 기이한 일을 보이시겠나이까 유령들이 일어나 주를 찬송하리이까 (셀라)

[11] 주의 인자하심을 무덤에서, 주의 성실하심을 멸망 중에서 선포할 수
있으리이까

[12] 흑암 중에서 주의 기적과 잊음의 땅에서 주의 공의를 알 수 있으리이까

[13] 여호와여 오직 주께 내가 부르짖었사오니 아침에 나의 기도가 주의 앞
에 이르리이다

[14] 여호와여 어찌하여 나의 영혼을 버리시며 어찌하여 주의 얼굴을 내게
서 숨기시나이까

[15] 내가 어릴 적부터 고난을 당하여 죽게 되었사오며 주께서 두렵게 하실
때에 당황하였나이다

[16] 주의 진노가 내게 넘치고 주의 두려움이 나를 끊었나이다

[17] 이런 일이 물 같이 종일 나를 에우며 함께 나를 둘러쌌나이다

[18] 주는 내게서 사랑하는 자와 친구를 멀리 떠나게 하시며 내가 아는 자
를 흑암에 두셨나이다

Theme: 이스라엘이 거의 견딜 수 없는 오랜 망명 생활로부터 하나님께
구원해 달라는 열정적인 간구입니다.

서론

시편 87편은 참으로 영광스러운 기쁨의 환호의 시입니다. 그러나 88
편은 실망과 슬픔의 노래라고 하겠으며 시편 중에서 가장 열정이 넘치
는 시라고 하겠습니다. 우리에게 이 시편이 보여 주는 것은 "이스라엘이
거의 견딜 수 없는 오랜 망명 생활에서 하나님께 구원해 달라는 열정적
인 간구입니다."

이 시는 고난받는 그리스도의 기도로 해석되어(22편처럼) 수난주간 성 금요일 기도문의 일부가 되었습니다.(마 27:45)

"마할랏르만놋"은 본편에만 보이는 것으로 "병자의 노래"라는 뜻의 곡명입니다.

I. [1] "여호와 내 구원의 하나님이여 내가 주야로 주 앞에서 부르짖었사오니"

가장 암울한 상황에서 하나님께 버림받았다는 생각을 해야 할 때에 시인은 오히려 "내 구원의 하나님"에게 기도합니다.

시편 저자는 소망을 가지고 하나님께 부르짖습니다. 하나님은 "내 구원의 하나님"이심으로 부르짖습니다. 저자는 하나님만 붙잡고 부르짖습니다. 이 시야말로 욥과 같이 된 상황에서 가장 친한 친구조차 떠나갔습니다.(8절, 18절) 웃시야 왕이 나병이 걸려 하나님께 애원하며 부르짖음과 같으며, 히스기야가 사형 언도를 하나님께로부터 받고 벽을 향하여 애타게 울며 기도함과 같습니다.

하여간 이 시편은 큰 환난에 처하여 애원하는 것입니다. 이렇게 애타는 중에서도 "내 구원의 하나님"을 믿고 의지합니다. 이야말로 큰 믿음의 사람의 기도입니다.

아무런 느낌이 없는 순간에도 하나님은 여전히 우리와 함께 그 자리에 계십니다.

II. [15] "내가 어릴 적부터 고난을 당하여 죽게 되었사오며 주께서 두렵게 하실 때에 당황하였나이다"

시인은 어릴 때부터 고난을 당하고 그 앞에는 사망의 고통이 항상 놓였으며 무덤에 갇힌 자와 같이 나갈 수 없게 되었습니다.

> [16] "주의 진노가 내게 넘치고 주의 두려움이 나를 끊었나이다"
> [17] "이런 일이 물 같이 종일 나를 에우며 함께 나를 둘러쌌나이다"
> [18] "주는 내게서 사랑하는 자와 친구를 멀리 떠나게 하시며 내가 아는 자를 흑암에 두셨나이다"

여러 시편이 흑암 중에 고통을 부르짖으나 나중에는 구원의 빛을 보고 기뻐합니다. 그러나 이 시는 끝까지 암담한 가운데 끝납니다.

경우에 따라서 영적인 암흑기가 상당히 오랫동안 지속될 수도 있습니다. 그런 상황에서도 신앙은 하나님께 호소해야 함을 가르칩니다. 오히려 그 기도는 당당하고 강력한 능력을 발휘합니다.

결론

하나님께 어려움을 호소한다고 다 응답을 주시는 것은 아닙니다. 어떤 때는 죽음으로 끝내야 할 때가 있습니다. 그러나 우리는 끝까지 죽으면서도 "나의 구원의 하나님"을 붙드는 것이 믿음입니다.

우리는 기도가 이루어지지 않아도 "나의 구원의 하나님"을 붙드시면 죽은 후에 천국에서 들어주십니다.

(요 11:25,26) [25] "예수께서 이르시되 나는 부활이요 생명이니 나를 믿는 자는 죽어도 살겠고"

[26] "무릇 살아서 나를 믿는 자는 영원히 죽지 아니하리니 이것을 네가 믿느냐"

우리 예수 믿는 사람들은 훗날 세상이 더 중요합니다. 이스라엘이 거의 견딜 수 없는 오랜 망명 생활에서 하나님께 구원해 달라는 열정적인 간구를 하였으나 응답이 없습니다. 그러나 우리 주님은 구원의 하나님이십니다. 왜냐하면 훗날 세상이 더 중요하기 때문입니다.

Goal 그러므로 우리는 죽기까지 주님을 붙드는 것이 믿음입니다. 혹은 죽은 후에라도 도와주시는 주님을 믿으며 "여호와 내 구원의 하나님"을 부르며 기도하시기를 축복합니다.

약속을 믿는 믿음

[에스라인 에단의 마스길]

[1] 내가 여호와의 인자하심을 영원히 노래하며 주의 성실하심을 내 입으로 대대에 알게 하리이다

[2] 내가 말하기를 인자하심을 영원히 세우시며 주의 성실하심을 하늘에서 견고히 하시리라 하였나이다

[3] 주께서 이르시되 나는 내가 택한 자와 언약을 맺으며 내 종 다윗에게 맹세하기를

[4] 내가 네 자손을 영원히 견고히 하며 네 왕위를 대대에 세우리라 하셨나이다 (셀라)

[27] 내가 또 그를 장자로 삼고 세상 왕들에게 지존자가 되게 하며

[28] 그를 위하여 나의 인자함을 영원히 지키고 그와 맺은 나의 언약을 굳게 세우며

[29] 또 그의 후손을 영구하게 하여 그의 왕위를 하늘의 날과 같게 하리로다

[30] 만일 그의 자손이 내 법을 버리며 내 규례대로 행하지 아니하며

[31] 내 율례를 깨뜨리며 내 계명을 지키지 아니하면

[32] 내가 회초리로 그들의 죄를 다스리며 채찍으로 그들의 죄악을 벌하리로다

[33] 그러나 나의 인자함을 그에게서 다 거두지는 아니하며 나의 성실함도 폐하지 아니하며

[34] 내 언약을 깨뜨리지 아니하고 내 입술에서 낸 것은 변하지 아니하리로다

[35] 내가 나의 거룩함으로 한 번 맹세하였은즉 다윗에게 거짓말을 하지 아
　　 니할 것이라
[36] 그의 후손이 장구하고 그의 왕위는 해 같이 내 앞에 항상 있으며
[37] 또 궁창의 확실한 증인인 달 같이 영원히 견고하게 되리라 하셨도다
　　 (셀라)

Theme: 망명 생활 전체를 통하여 이스라엘은 다윗 왕조의 몰락을 슬퍼
하여 하나님이 다윗에게 하신 약속들을 회복시켜 주시리라고 확
신한다.

서론

이 시편은 레위기 편의 끝장입니다. 이 시는 에스라인 에단이 쓴 시입
니다. 이 시는 마스길, 즉 교육적인 시입니다. 에단은 아마도 레위 지파의
사람이었을 것입니다. 이 시는 저자가 누구라는 것을 말하지 않았습니다.

그 이유는 여기에 "하나님의 성실하심"에 대하여 10번이나 말 하였는
데 자기가 성실하다고 자천 하는 것 같아서 숨겼을 것입니다. "언약" 이라
는 말이 3번 나오고, "내 종 다윗에게 맹세하기를" 이 3번 나옵니다. "내
언약을 파하지 아니하며" 다른 말로 말하면 내가 거짓말 하지 않는다고 4
번 말씀 하였습니다.

이 시편에서는 항상 영광스러운 말씀뿐이지 슬픈 말이 없습니다. 이
말씀은 다윗에게 약속하신 계약 위에서 신나는 말씀뿐입니다.

우리가 사무엘하 2장과 7장을 공부하면 하나님께서 다윗에게 하신 약
속을 보는데 이 시편은 완전이 그 말씀하신 약속에 충실한 것입니다.

본문이 우리에게 보여 주시는 말씀은 "망명생활 전체를 통하여 이스라엘은 하나님이 다윗에게 하신 약속을 이루시리라고 확신한다."는 것입니다.

I. [1] "내가 여호와의 인자하심을 영원히 노래하며 주의 성실하심을 내 입으로 대대에 알게 하리이다"

여러분들, 주님 사랑하시지요. 저도 주를 사랑합니다. 그러므로 "내가 여호와의 인자하심을 영원히 노래하며 주의 성실하심을 내 입으로 대대에 알게 하리이다"

내가 비록 항상 주님을 찬양하지 못하나 내가 할 수 있는 모든 것을 동원하여 우리 주님을 높이겠습니다. 우리 주님의 은혜는 말로 다 할 수 없습니다.

[1] "주의 성실하심을 내 입으로 대대에 알게 하리이다"

[2] "내가 말하기를 인자하심을 영원히 세우시며 주의 성실하심을 하늘에서 견고히 하시리라 하였나이다"

하나님은 성실하십니다. 우리들이 얻은 구원은 우리가 믿는 믿음 안에서 예수 그리스도의 십자가에서 죽으심과 하나님의 성실하심으로 이루어 진 것입니다. 이것은 무엇보다도 중요한 것입니다. 하나님은 약속을 어긴 적도 없으시고, 사람처럼 잊으시지도 않으십니다.

보시오, 하나님은 아브라함에게 약속 하시기를 그의 자손이 애굽에서 400년 동안 죗값으로 종살이를 하겠다고 하셨습니다. 400년 동안 고생을 할 때도 성실하게 보살피사 70명이 애굽으로 들어갔는데 400년 후에 그

곳에서 나올 때는 군인으로 나아갈 수 있는 사람만 60만이 되었습니다. 그들을 정확히 400년 후에 나오게 하기 위하여 모세를 예비하시고 인도해 냈습니다. 그리고 아브라함에게 약속하신 대로 그 땅을 주셨습니다.

그리고 예수 그리스도를 보내서 우리 죄를 대신해서 십자가에서 죽게 하시기로 계획 하신 것을 많은 선지자들을 통하여 예언 하셨습니다. 예수님을 약속하신 대로 보내사 이루셨습니다. 하나님은 성실하신 하나님이십니다. 그리고 말씀 하십니다.

> (요 3:16) "하나님이 세상을 이처럼 사랑하사 독생자를 주셨으니
> 이는 그를 믿는 자마다 멸망하지 않고 영생을 얻게 하려 하심이라"

그러므로 우리들이 얻은 구원은 우리가 믿는 믿음 안에서 예수 그리스도의 십자가에서 죽으심과 하나님의 성실하심으로 이루어 진 것입니다.

> [3] "주께서 이르시되 나는 내가 택한 자와 언약을 맺으며 내 종
> 다윗에게 맹세하기를"
> [4] "내가 네 자손을 영원히 견고히 하며 네 왕위를 대대에 세우
> 리라 하셨나이다 (셀라)"

하나님이 다윗 왕조를 버리시지 않으실 것은 하나님의 인자와 성실때문입니다. 7번 반복 강조합니다.(1, 2, 14, 24, 28, 33, 49절)

다시 들어 보세요.

> [3] "주께서 이르시되 나는 내가 택한 자와 언약을 맺으며 내 종
> 다윗에게 맹세하기를"

[4] "내가 네 자손을 영원히 견고히 하며 네 왕위를 대대에 세우
리라 하셨나이다 (셀라)"

다윗에게 하나님이 맹세 하셨습니다.

II. 예수 그리스도를 보내시기로 약속 하십니다.

[27] "내가 또 그를 장자로 삼고 세상 왕들에게 지존자가 되게 하며"

하나님의 약속은 다윗의 후손으로 예수 그리스도를 보내 주시겠다는
것입니다. 예수 그리스도를 하나님께서는 "내가 또 그를 장자로 삼고 세
상 왕들에게 지존자가 되게 하며" 하신 것입니다.

이것을 보세요! 예수님께서 세상에 오실 때 하나님의 독생자로서 오셨
습니다. 베들레헴에 오실 때는 사람의 아들로 오셨습니다. 그러므로 사람
으로 오신 예수님은 비천한 생활을 하셨습니다. 그는 희생의 제물로 십자
가에서 죽으셨습니다. 그는 하나님의 나라에서 오셔서 희생의 제물로 십
자가에서 죽으셨습니다. 부활하셔서 부활의 첫 열매가 되셨습니다. 죽음
에서 처음으로 부활하셔서 부활의 첫 열매입니다.

우리에게 말씀 하시기를 "내가 또 그를 장자로 삼고 세계 왕들에게 지
존자가 되게 하며" 라고 하셨습니다. 이 말씀은 만주의 주요 만왕의 왕이
라는 말씀입니다. 저자는 지금 예수 그리스도에 대하여 또 여기에 말씀합
니다.

[28] "그를 위하여 나의 인자함을 영원히 지키고 그와 맺은 나의
언약을 굳게 세우며"

우리는 하나님의 말씀을 바로 해석해야 합니다. 29절에서 32절은 예수님에 대한 말씀이 아니고 다윗의 자손 중 언약을 지키지 않는 자손을 말한 것입니다. 만일 다윗의 자손들이 하나님을 버리면 하나님이 무엇을 하시겠습니까?

[30] "만일 그의 자손이 내 법을 버리며 내 규례대로 행하지 아니하며"
[31] "내 율례를 깨뜨리며 내 계명을 지키지 아니하면"
[32] "내가 회초리로 그들의 죄를 다스리며 채찍으로 그들의 죄악을 벌하리로다"

만일 다윗의 자손이 하나님을 믿지 않고 계명을 지키지 않으면 영원히 버리겠습니까? 아닙니다.

[33] "그러나 나의 인자함을 그에게서 다 거두지는 아니하며 나의 성실함도 폐하지 아니하며"

성도들! 나는 진실하지 못해도 하나님은 진실하십니다. 얼마나 감사합니까? 다음으로 하나님은 다윗과 약속한데 대하여 서약하십니다.

[34] "내 언약을 깨뜨리지 아니하고 내 입술에서 낸 것은 변하지 아니하리로다"
[35] "내가 나의 거룩함으로 한 번 맹세하였은즉 다윗에게 거짓말을 하지 아니할 것이라"
[36] "그의 후손이 장구하고 그의 왕위는 해 같이 내 앞에 항상 있으며"

다윗의 자손 중에 악한 자가 있을지라도 다윗과의 약속은 깨뜨리지 않으십니다. 그 약속대로 독생자 예수 그리스도를 다윗의 후손으로 보내셨는데 그는 우리가 믿는 예수 그리스도이십니다.

결론

[37] "또 궁창의 확실한 증인인 달 같이 영원히 견고하게 되리라 하셨도다 (셀라)"

다윗은 이 자손을 영원히 자기의 자손으로 가질 것입니다. 공중에 달이 영원히 있음 같이 다윗의 자손으로 오신 예수 그리스도는 영원무궁합니다. 하나님과 다윗의 약속은 영원무궁합니다. 망명생활 전체를 통하여 이스라엘은 하나님이 다윗에게 하신 약속들을 이루시리라고 확신했습니다.

그러므로 우리가 믿는 예수 그리스도는 영원하신 우리의 주님이시요 우리의 왕이십니다.

Goal 그러므로 하나님의 약속은 절대로 변함이 없습니다. 우리의 구주시며 왕이신 예수 그리스도의 말씀에 절대로 순종하여 은혜와 복이 충만 하시기를 예수님의 이름으로 축복합니다.

시편 90편

사망의 기도
(모세의 맹세기도)

[하나님의 사람 모세의 기도]

[1] 주여 주는 대대에 우리의 거처가 되셨나이다

[2] 산이 생기기 전, 땅과 세계도 주께서 조성하시기 전 곧 영원부터 영원
까지 주는 하나님이시니이다

[3] 주께서 사람을 티끌로 돌아가게 하시고 말씀하시기를 너희 인생들은
돌아가라 하셨사오니

[4] 주의 목전에는 천 년이 지나간 어제 같으며 밤의 한 순간 같을 뿐임이
니이다

[5] 주께서 그들을 홍수처럼 쓸어가시나이다 그들은 잠깐 자는 것 같으며
아침에 돋는 풀 같으니이다

[6] 풀은 아침에 꽃이 피어 자라다가 저녁에는 시들어 마르나이다

[7] 우리는 주의 노에 소멸되며 주의 분내심에 놀라나이다

[8] 주께서 우리의 죄악을 주의 앞에 놓으시며 우리의 은밀한 죄를 주의
얼굴 빛 가운데에 두셨사오니

[9] 우리의 모든 날이 주의 분노 중에 지나가며 우리의 평생이 순식간에
다하였나이다

[10] 우리의 연수가 칠십이요 강건하면 팔십이라도 그 연수의 자랑은 수고
와 슬픔뿐이요 신속히 가니 우리가 날아가나이다

[11] 누가 주의 노여움의 능력을 알며 누가 주의 진노의 두려움을 알리이까

[12]　우리에게 우리 날 계수함을 가르치사 지혜로운 마음을 얻게 하소서

[13]　여호와여 돌아오소서 언제까지니이까 주의 종들을 불쌍히 여기소서

[14]　아침에 주의 인자하심이 우리를 만족하게 하사 우리를 일생 동안 즐겁고
기쁘게 하소서

[15]　우리를 괴롭게 하신 날수대로와 우리가 화를 당한 연수대로 우리를 기
쁘게 하소서

[16]　주께서 행하신 일을 주의 종들에게 나타내시며 주의 영광을 그들의 자
손에게 나타내소서

[17]　주 우리 하나님의 은총을 우리에게 내리게 하사 우리의 손이 행한 일을
우리에게 견고하게 하소서 우리의 손이 행한 일을 견고하게 하소서

Theme: 지구상에서 인간의 존재가 짧고 약한 것을 묘사한 후에 모세는
인간이 그 한정된 시간을 알맞게 생산적으로 사용하도록 도와주
시기를 하나님께 간구했다.

서론

우리 한국 속담 중에 "사람은 죽도록 배운다"는 말이 있습니다. 사실입
니다. 저는 지금도 이따금씩 그것을 느낍니다. 과연 사람은 죽도록 배웁
니다. 요사이 사람들은 돈 버는 기술이 제일인 줄 알고 대학교를 졸업하
고 돈 벌 생각하고 학교공부도 합니다. 돈만 많이 벌면 된다고 생각합니
다. 물론 세상에서 살려면 돈이 필요하니까 나쁜 것은 아닙니다.

우리는 세상에서 살 때 배워야 할 것이 많이 있습니다. 어떤 사람은 돈
을 벌 줄은 잘 아는데 돈을 쓸 줄 모르는 사람이 있습니다. 돈은 벌 줄도
알고 쓸 줄도 알아야 합니다. 돈은 벌어서 쌓아두려고 버는 것이 아니라,

사용하기 위해 벌어야 합니다. 잘 벌고 잘 써야 합니다.

오늘 본문 시편 저자는 40 세까지 궁중에서 학문과 무술을 배운 사람입니다. 광야에 나와서는 양치는 법을 잘 배웠습니다. 그러므로 광야 40년 생활 중에 광야의 지리를 잘 체득했습니다. 그러나 오늘 본문 말씀이 우리에게 가르쳐 주는 말씀은 "지구상에서 인간의 존재가 짧고 약한 것을 묘사한 후에 모세는 인간이 그 한정된 시간을 알맞게 생산적으로 사용하도록 도와주시기를 하나님께 간구했다."는 것입니다.

I. 본문 배경

먼저 본문의 배경을 생각해보면 모세는 이스라엘 백성들을 애굽에서 하나님의 능력으로 해방시켜 광야까지 나왔습니다. 노예생활을 하던 민족을 이끌고 나와 시내산 밑까지 인도해냈습니다.

하나님께로부터 율법을 받아 이스라엘에게 공포함으로 400여 년간 노예생활을 하던 사람들이 자유를 얻을 뿐 아니라 독립국가로 탄생했습니다. 그들은 독립국가를 이루고 거기서부터 온 국민들은 약속의 땅 가나안으로 들어가기 위하여 나아갑니다. 가나안 남쪽 에돔 땅을 거쳐 들어가면 일주일이면 들어 갈수 있는 곳인데 에돔 족속들이 자기 땅을 통과하지 못하게 합니다.

에돔 뿐이면 쳐부수고라도 들어가겠지만 키가 9척인 장사들이 사는 아말렉 땅이요, 또한 해변가로는 오늘날까지도 원수로 지내는 가자 땅인데 블레셋이 진을 치고 있습니다. 그리로는 도저히 지나 갈 수가 없어 다시 왔던 길로 되돌아오면서 불평들이 생겼습니다.

한 지파에서 한 명씩 나와 정탐꾼 12명을 보냈는데 돌아와서 악선전을 하여 온 백성이 통곡을 하였습니다. 여호수아와 갈렙 두 사람을 제외하고는 전부 불평하며 온 백성을 선동하였습니다. 백성들은 이 말을 듣고 자기들의 어린 것들이 광야에서 죽게 되었다고 통곡들을 합니다. 그러므로 하나님께서는 진노하시여 20세 이상 난 사람은 다 광야에서 죽게 하셨습니다. 오히려 그들이 걱정하는 어린 자녀들은 다 살리라고 하셨습니다. 그러므로 그날부터 20세 이상난 사람은 38년 동안에 다 죽었습니다. 안식일을 빼고 38년 동안 하루에 적어도 75명씩 죽어나갑니다. 아마도 세상에 난 사람 중에 사람 죽는 것을 제일 많이 본 사람은 모세이며 장례식 제일 많이 치른 사람도 모세일 것입니다. 하루에 75명씩 간다 묻어야 했으니 구덩이를 크게 파고 합장했을 것입니다.

모세는 하나님을 직접 대면해서 말씀을 주고받은 사람입니다. 그는 세상에서 모든 경험을 풍부하게 쌓은 사람입니다. 그는 이런 경험을 한 사람으로 말년에 오늘 본문의 기도를 하나님께 올렸는데 이 기도는 우리 모든 성도가 배워서 알아야 할 기도입니다.

II. 모세의 기도

1. 하나님이 누구신지 모세는 잘 알았습니다

"주여 주는 대대에 우리의 거처가 되셨나이다"(1절)

거처는 내가 사는 곳을 말합니다. 우리가 지금 사는 곳은 미국 땅에서도 캘리포니아 로스앤젤레스 입니다. 우리가 미국 와 사니까 미국서 집 주고 돈 주고 아프면 병원에 가도 돈 달라는 말 안하고 다 고쳐줍니다. 이

곳이 우리가 사는 거처입니다. 나라의 왕이나 대통령, 통수권자는 백성들의 거처를 마련해줘야 하며 살게 해줘야 합니다. 그러므로 모세는 하나님은 우리의 거처가 되셨다고 했습니다.

대대로라는 말은 영원 전부터 영원까지라는 말씀입니다. 우리 인간은 하나님을 피해서 숨어 살수 없으며, 하나님은 모르시는 것이 없으시며, 못 보시는 것이 없으시며, 못 하시는 것이 없으신 하나님이십니다. 또 하나님은 우리를 도우시는 거처가 되십니다. 모세는 하나님을 잘 알았습니다.

2. 모세는 사람이 누군지 잘 알았습니다

사람은 하나님께서 흙으로 지으신 것인데 범죄 함으로 죽어서 흙으로 돌아가야 하는 것을 알았습니다.

"주께서 사람을 티끌로 돌아가게 하시고"(3절)

누구나 돌아가야 합니다. 므두셀라와 같이 천 년 가까이 산다 할지라도 "주의 목전에는 천 년이 지나간 어제 같으며 밤의 한 순간 같을 뿐임이니이다."

잠깐 지나가는 세월입니다. 인간은 하나님의 사형선고 아래서 살아갑니다.

"주께서 그들을 홍수처럼 쓸어가시나이다"(5절)

쓰나미로 인해서 인도네시아에서 13-14만 명이 죽었다고 떠드는데 그것이 한 곳에서 순식간에 죽어서 큰 일 난 것처럼 떠들지 세계에서 죽는 숫자는 하루에 그만큼씩 됩니다. 전 세계 인구가 50억이라고 하면 한 사람이 100년 산다고 합시다. 100년이면 36,500일 사는 것입니다. 50억 인구를 36,500일로 제해보십시오. 그러면 하루에 세계에서 죽는 숫자인데 이것이 쓰나미가 쓸어간 숫자하고 맞먹습니다. 인생이 이같이 허무한 것을 말합니다.

> "우리는 주의 노에 소멸되며 주의 분내심에 놀라나이다 주께서 우리의 죄악을 주의 앞에 놓으시며 우리의 은밀한 죄를 주의 얼굴빛 가운데에 두셨사오니 우리의 모든 날이 주의 분노 중에 지나가며 우리의 평생이 순식간에 하였나이다.(7~9)

주의 노에 소멸되며 ...주의 분노 중에 지나가며

죽음이란 자연적인 질서가 아니라 하나님의 섭리를 거부하는 인간에게 내리신 하나님의 분노의 저주임을 모세는 깨닫고 있습니다. 죄와 죽음을 직시하지 않으면 허송세월 하다가 인생을 마칠 수 밖에 없습니다.

내일이라도 세상을 떠날 준비를 하고 살고 있는가라는 질문을 스스로에게 던지며 살아야 합니다.

> 우리의 연수가 칠십이요 강건하면 팔십이라도 그 연수의 자랑은 수고와 슬픔뿐이요 신속히 가니 우리가 날아가나이다(10절).

짧은 인생을 살면서도 하나님에 대한 인간의 의무와 사명을 망각하면 허무한 결과뿐입니다. 어느 누가 참 지혜를 가지고 살 수 있는가? 그래서 모세는 하나님께 기도하며 간구합니다.

III. 그러므로 모세는 하나님께 맹세하며 기도합니다

[12] "우리에게 우리 날 계수함을 가르치사 지혜로운 마음을 얻게
하소서"

이 말씀은 쉬운 말로 하면 "내가 죽을 날이 가까워 오는 것을 알아서
하나님을 잘 믿게 하옵소서" 하는 말씀입니다. 하나님을 잘 믿는 것이 지
혜입니다. 우리에게 남은 날들은 은총의 선물일 뿐입니다. 이 은총을 어
떻게 지혜롭게 창조주의 뜻에 맞게 쓸 수 있는지를 물어야만 합니다.

(잠언 9장 10절) "여호와를 경외하는 것이 지혜의 근본이요 거룩
하신 자를 아는 것이 명철이니라"

[16] "주께서 행하신 일을 주의 종들에게 나타내시며 주의 영광을
그들의 자손에게 나타내소서"

"주께서 행하신 일"은 하나님께서 우리를 얼마나 사랑하시며 어떻게 보
호하시며 인도하심을 우리와 우리의 후손에게까지 항상 나타내 보여 주
시옵소서 하는 기도입니다.

[17] "주 우리 하나님의 은총을 우리에게 내리게 하사 우리의 손이
행한 일을 우리에게 견고하게 하소서 우리의 손이 행한 일을 견고
하게 하소서"

하나님의 사랑으로 우리를 인도하시고 도와주시면 우리가 하는 모든
일을 통하여 하나님을 기쁘시게 하겠습니다. 도와주시옵소서. 모세의 간
곡한 맹세의 기도입니다.

결론

지구상에서 인간의 존재가 짧고 약한 것을 묘사한 후에 모세는 인간이 그 한정된 시간을 알맞게 생산적으로 사용하도록 도와주시기를 하나님께 간구했습니다.

우리 하나님 아버지는 우리를 사랑하사 독생자 예수 그리스도를 세상에 보내서 우리 죄를 대속하시려고 십자가에서 죽게 하셨습니다. 이것을 아는 것이 지혜입니다. 하나님은 이 사실을 모세에게 가르쳐 주셨습니다. 우리에게도 지혜를 주셨습니다.

잠깐 잠깐 세월은 지나갑니다. 벌써 다음 주일은 감사절 주일입니다. 나는 감사절이 될 때마다 내가 어떻게 하나님께 감사를 표할까? 생각을 하게 됩니다. 아마도 20여 년 전인 것 같습니다. 우리 식구가 9명이니 예수님까지 하면 10명이다. 그래서 1,000불을 헌금하기로 하고 감사절을 지냈습니다. 몇 년 전 감사절에 매해 1,000불씩 하니까 죄송스러워요, 다른 것 다 올라가는데 감사헌금만 안 올라가요. 그래서 1,500불을 했습니다. 나는 지금 사위, 며느리, 손자 손녀가 많이 생겼습니다. 내가 돈이 많으면 실컷 감사하고 싶은 마음입니다. 사랑하는 성도 여러분! 우리는 연말이 가까운 이때 감사절을 맞으면서 모세의 기도를 하십시다.

Goal "우리에게 우리의 날 계수함을 가르치사 지혜의 마음을 얻게 하소서!"

연말을 당하여 주 안에서 기쁘고 즐겁게 시간 시간 보내시고 지혜의 마음을 얻으시기를 축복합니다.

시편 91편

생명의 시편

(메시아 시)

[1] 지존자의 은밀한 곳에 거주하며 전능자의 그늘 아래에 사는 자여,

[2] 나는 여호와를 향하여 말하기를 그는 나의 피난처요 나의 요새요 내가 의뢰하는 하나님이라 하리니

[3] 이는 그가 너를 새 사냥꾼의 올무에서와 심한 전염병에서 건지실 것임이로다

[4] 그가 너를 그의 깃으로 덮으시리니 네가 그의 날개 아래에 피하리로다 그의 진실함은 방패와 손 방패가 되시나니

[5] 너는 밤에 찾아오는 공포와 낮에 날아드는 화살과

[6] 어두울 때 퍼지는 전염병과 밝을 때 닥쳐오는 재앙을 두려워하지 아니하리로다

[7] 천 명이 네 왼쪽에서, 만 명이 네 오른쪽에서 엎드러지나 이 재앙이 네게 가까이 하지 못하리로다

[8] 오직 너는 똑똑히 보리니 악인들의 보응을 네가 보리로다

[9] 네가 말하기를 여호와는 나의 피난처시라 하고 지존자를 너의 거처로 삼았으므로

[10] 화가 네게 미치지 못하며 재앙이 네 장막에 가까이 오지 못하리니

[11] 그가 너를 위하여 그의 천사들을 명령하사 네 모든 길에서 너를 지키게 하심이라

[12] 그들이 그들의 손으로 너를 붙들어 발이 돌에 부딪히지 아니하게 하리로다

[13] 네가 사자와 독사를 밟으며 젊은 사자와 뱀을 발로 누르리로다

[14] 하나님이 이르시되 그가 나를 사랑한즉 내가 그를 건지리라 그가 내 이름을 안즉 내가 그를 높이리라

[15] 그가 내게 간구하리니 내가 그에게 응답하리라 그들이 환난 당할 때에 내가 그와 함께 하여 그를 건지고 영화롭게 하리라

[16] 내가 그를 장수하게 함으로 그를 만족하게 하며 나의 구원을 그에게 보이리라 하시도다

Theme: 지존자만을 피난처로 삼는 성도는 인간의 보호를 멸시하며, 자기를 해하려는 자들을 두려워하지 않고 하나님의 말씀을 따라 살 수 있다.

서론

시편 90편은 사망의 시편이며 91편은 생명의 시편입니다.

이것은 메시야 시로서 예수 그리스도를 만왕의 왕이요 만주의 주가 되시기까지 핍박과 환란 속에서 어떻게 보호 하셨는지 보여줍니다. 제사장을 비롯하여 서기관들과 바리새인들, 모든 권세 있는 사람들은 다 하나가 되어 예수님을 십자가에 못 박아 죽였습니다. 그러나 하나님 아버지는 그를 삼일 만에 부활시키시고 사탄의 모든 계책을 무찌르셨습니다. 예수 그리스도는 만왕의 왕이요 만주의 주가 되실 것을 예언한 생명의 시입니다.

이 시편은 늙은이나 젊은이나 모든 세대에 걸쳐 각광을 받으며 또한 많은 사람이 이 시편을 통하여 능력을 받습니다.

시편 90편은 모든 사람이 처음 사람 아담의 모형으로 다 죽었습니다. 이것은 사망의 시입니다. 그러나 91편은 하늘에서 내려오신 예수님의 생명의 시입니다.

이 시는 사탄도 알고 인용한 시입니다. 사탄이 잘 알고 있는 것은 앞으로 보기로 하겠습니다.

본문이 우리에게 가르쳐 주는 것은 "지존자만을 피난처로 삼는 성도는 인간의 보호를 멸시하며, 자기를 해하려는 자들을 두려워하지 않고 하나님의 말씀을 따라 살 수 있다."는 것입니다.

I. 여호와 하나님을 환란 중에 피난처로 삼는 자는 전능자의 그늘아래에 있습니다

[1] "지존자의 은밀한 곳에 거주하며 전능자의 그늘 아래에 사는 자여"

"지존자의 은밀한 곳에 거주하며"—인간적인 보호 형태들을 비웃고 전능하신 하나님께서 준비하신 피난처만 구하는 자는 그의 믿음대로 상급을 받을 것입니다.

그는 하나님의 보호하시는 섭리로 사방으로 둘러싸일 것입니다. 그리하여 그를 해치려는 자들에 대하여 아무 두려움 없이 전능하신 주님만 의지하고 살 것입니다. 그는 지존자의 그늘에서 보호받고 살 것입니다.

[2] "나는 여호와를 향하여 말하기를 그는 나의 피난처요 나의 요새요 나의 의뢰하는 하나님이라 하리니"
(시 91:2) "I will say of the LORD, "He is my refuge and my fortress, my God, in whom I trust"

이것은 아름다운 수사입니다. 예수 그리스도는 나의 피난처요 요새요 우리를 보호하시는 하나님이시라는 말입니다.

> [3] "이는 그가 너를 새 사냥꾼의 올무에서와 심한 전염병에서 건
> 지실 것임이로다"
> [4] "그가 너를 그의 깃으로 덮으시리니 네가 그의 날개 아래에
> 피하리로다 그의 진실함은 방패와 손 방패가 되시나니"
> [5] "너는 밤에 찾아오는 공포와 낮에 날아드는 화살과"

"너는 밤에 찾아오는 공포와 낮에 날아드는 화살과"
여러분이 하나님을 믿으면, 여러분의 마음에서 두려움은 사라질 것
입니다.
하나님이 우리를 이같이 보호 하시니 어떤 위험에서도 도우시니 무
서울 것이 없다는 말씀입니다.

> [6] "어두울 때 퍼지는 전염병과 밝을 때 닥쳐오는 재앙을 두려워
> 하지 아니하리로다"

이 말씀은 군인으로 모집되어 전방에 갈 때에도 필요한 말씀입니다.
전능자의 보호 속에 있을 때 무엇이 두렵겠는가 하는 말입니다. 조금도
두려움이 없습니다.

II. 여호와를 피난처로 삼는 자에게 화가 미치지 못합니다

> [7] "천 명이 네 왼쪽에서, 만 명이 네 오른쪽에서 엎드러지나 이
> 재앙이 네게 가까이 하지 못하리로다"

[8] "오직 너는 똑똑히 보리니 악인들의 보응을 네가 보리로다"

악인들이 망하는 것을 우리가 보게 된다는 것입니다.

[9] "네가 말하기를 여호와는 나의 피난처시라 하고 지존자를 너의 거처로 삼았으므로"
[10] "화가 네게 미치지 못하며 재앙이 네 장막에 가까이 오지 못하리니"
[11] "그가 너를 위하여 그의 천사들을 명령하사 네 모든 길에서 너를 지키게 하심이라"
[12] "그들이 그들의 손으로 너를 붙들어 발이 돌에 부딪히지 아니하게 하리로다"

"그들이 그들의 손으로 너를 붙들어" – 그들이 그 손으로 너를 붙들어 이기게 할 것이다.
이 시편은 사탄이 알고 있는 것입니다. 그러므로 예수님을 시험할 때 이 시편을 인용하여 말했습니다.

"그들이 그들의 손으로 너를 붙들어 발이 돌에 부딪히지 아니하게 하리로다" (마4:6)

사탄은 자기에게 유익 하도록 성경을 써 먹으려했지만 온전한 말씀을 말하지는 못 했습니다. 사탄이 빼먹은 말씀을 보시오.

"네 모든 길에서" 지키신다고 했는데 "네 모든 길"을 빼먹었습니다. "네 모든 길에서 너를 지키게 하심이라"

그리스도인에게 어려운 길이 전혀없다는 말이 아닙니다. 어려움의 길로부터 구원하심이 아니라 그 모든 어려운 길 가운데서 구원해주십니다.

사탄이 예수님을 시험할 때 사탄이 하라고 한 대로 하면 꼭 쉽고 유익한 방법을 보이는 것 같습니다. 그러나 사탄이 하라는 대로 하면 모든 것을 망칩니다. 배고플 때 떡을 만들어 먹으라는 것이나, 절 한 번만 하면 이 모든 왕국을 네게 주리라 하는 것, 모두가 그럴 듯 하고, 하고 싶은 것이나 사탄이 하라는 대로 하면 망합니다. 주님은 마귀의 말을 절대로 따르지 않고 십자가에서 죽기까지 참으시고 하나님이 시키신 그대로만 하였습니다. 그 결과를 보시오.

[13] "네가 사자와 독사를 밟으며 젊은 사자와 뱀을 발로 누르리로다"

"네가 사자와 독사를 밟으며" 비록 맹수들과 독사들이 들이닥쳐도, 너는 그것들을 밟고 갈 것이요 아무 해도 안 받을 것이라는 말씀입니다.

III. 하나님이 확신을 주십니다

[14] "하나님이 이르시되 그가 나를 사랑한즉 내가 그를 건지리라 그가 내 이름을 안즉 내가 그를 높이리라"

"그가 나를 사랑한즉" – "그가 나를 사랑" 해 왔음으로, 여기서부터 이 시편 끝까지 하나님은 그를 믿는 사람에게 칭찬과 확신을 주시는 말씀을 하십니다.

[15] "그가 내게 간구하리니 내가 그에게 응답하리라 그들이 환난 당할 때에 내가 그와 함께 하여 그를 건지고 영화롭게 하리라"

하나님께서 사탄의 모든 시험을 이기시고 자원하여 십자가를 지신 예수 그리스도를 3일 만에 살리시사 영화롭게 하셨습니다.

"그가 내게 간구하리니 내가 그에게 응답하리라 그들이 환난 당할 때에 내가 그와 함께 하여 그를 건지고 영화롭게 하리라"

이 말씀대로 하나님은 사탄의 권세를 분쇄하고 장사 지낸 지 3일 만에 부활 시켰습니다. 부활하신 예수님의 밀씀을 들으십시다.

(마 28:18-20) [18] "예수께서 나아와 말씀하여 이르시되 하늘과 땅의 모든 권세를 내게 주셨으니"
[19] "그러므로 너희는 가서 모든 민족을 제자로 삼아 아버지와 아들과 성령의 이름으로 세례를 베풀고"
[20] "내가 너희에게 분부한 모든 것을 가르쳐 지키게 하라 볼지어다 내가 세상 끝 날까지 너희와 항상 함께 있으리라 하시니라"

결론

하나님께서 우리에게 하라고 주신 율례와 법도가 있습니다. 사탄은 우리에게 말씀대로 하지 말고 자기의 방법대로 이렇게 하라고 쉽고 유익하게 보이는 방법을 항상 제시합니다. 만일 그 방법대로 하면 당장은 쉽고 유익합니다. 그러나 그 방법은 망하는 길입니다. 그러나 어려워도 말씀에 순종하면 그 결과는 축복입니다.

[14] "하나님이 이르시되 그가 나를 사랑한즉 내가 그를 건지리라 그가 내 이름을 안즉 내가 그를 높이리라"

[15] "그가 내게 간구하리니 내가 그에게 응답하리라 그들이 환난 당할 때에 내가 그와 함께 하여 그를 건지고 영화롭게 하리라"

[16] "내가 그를 장수하게 함으로 그를 만족하게 하며 나의 구원을 그에게 보이리라 하시도다"

"내가 … 나의 구원을 그에게 보이리라" –
메시야가 오실 때, 곧 죽은 자가 다시 살고 장차 올 온 세상의 구원이 임할 때에, 저는 내가 가져올 구원을 목도할 것이다.

이 약속은 예수 그리스도를 죽은 가운데서 3일 만에 일으키신 하늘에 계신 우리 아버지의 약속입니다. 그는 약속 하신대로 예수 그리스도를 장사 지낸지 3일 만에 다시 살리셨습니다. 부활 하신 예수님은 우리에게도 약속 하셨습니다.

(마 28:18-20) [18] "예수께서 나아와 말씀하여 이르시되 하늘과 땅의 모든 권세를 내게 주셨으니"

[19] "그러므로 너희는 가서 모든 민족을 제자로 삼아 아버지와 아들과 성령의 이름으로 세례를 베풀고"

[20] "내가 너희에게 분부한 모든 것을 가르쳐 지키게 하라 볼지어다 내가 세상 끝 날까지 너희와 항상 함께 있으리라 하시니라"

Goal 그러므로 우리는 어떤 어려움이 있다 해도 하나님의 약속을 믿고 하나님께서 주신 율례와 법도만 따라 행하고 살아야 합니다. 하나님께서 약속하신 복과 상급이 우리 교회 모든 성도들에게 있기를 예수님의 이름으로 축복합니다.

시편 92편

성수 주일

[안식일의 찬송 시]

[1-3] 지존자여 십현금과 비파와 수금으로 여호와께 감사하며 주의 이름을 찬양하고 아침마다 주의 인자하심을 알리며 밤마다 주의 성실하심을 베풂이 좋으니이다

[4] 여호와여 주께서 행하신 일로 나를 기쁘게 하셨으니 주의 손의 행하신 일로 말미암아 내가 높이 외치리이다

[5] 여호와여 주께서 행하신 일이 어찌 그리 크신지요 주의 생각이 매우 깊으시니이다

[6] 어리석은 자도 알지 못하며 무지한 자도 이를 깨닫지 못하나이다

[7] 악인들은 풀 같이 자라고 악을 행하는 자들은 다 흥왕할지라도 영원히 멸망하리이다

[8] 여호와여 주는 영원토록 지존하시니이다

[9] 여호와여 주의 원수들은 패망하리이다 정녕 주의 원수들은 패망하리니 죄악을 행하는 자들은 다 흩어지리이다

[10] 그러나 주께서 내 뿔을 들소의 뿔 같이 높이셨으며 내게 신선한 기름을 부으셨나이다

[11] 내 원수들이 보응 받는 것을 내 눈으로 보며 일어나 나를 치는 행악자들이 보응 받은 것을 내 귀로 들었도다

[12] 의인은 종려나무 같이 번성하며 레바논의 백향목 같이 성장하리로다

[13] 이는 여호와의 집에 심겼음이여 우리 하나님의 뜰 안에서 번성하리로다

[14] 그는 늙어도 여전히 결실하며 진액이 풍족하고 빛이 청청하니

[15] 여호와의 정직하심과 나의 바위 되심과 그에게는 불의가 없음이 선포
되리로다

✒ **Theme:** 성수 주일을 잘 하는 사람은 생활이 즐겁고 만사에 형통한다.

서론

이 시는 안식일의 시로써 자연히 메시야 시입니다.

이 시편의 제목은 "안식일의 찬송 시, 노래" 입니다. 이 시는 안식일에 성전 예배를 위하여 레위인들이 부른 노래였습니다. 그러나 유대인 랍비 Rashi는 이 시편이 매주 지키는 안식일을 말하는 것이 아니고 미래의 오는 세상을 말하고 있다고 설명합니다.

"그때 사람은 지금 우리가 오직 안식일에 엿보는 영적 완전함을 성취할 것이다"라고 했습니다. 구약시대의 안식일 예배는 예수님 오신 후 예배의 그림자입니다. 그래서 그는 "미래의 영적 완전함을 닮은 안식일 예배 모양이므로 안식일에 적합한 것이다"라고 설명했습니다.

이 시는 찬송과 예배에 관한 것입니다. 구약시대에 세상에 있는 하나님의 백성이 안식일에 하나님께 찬송하고 예배드린 것입니다. 나중에 세워질 성전과 신약시대에 구원 받은 성도가 거기서 하나님께 예배할 것에 관한 것들입니다. 예수님께서 사마리아 여인에게 말씀 하였습니다.

(요 4:21,23) [21] "예수께서 이르시되 여자여 내 말을 믿으라 이 산에서도 말고 예루살렘에서도 말고 너희가 아버지께 예배할 때가 이르리라"

[23] "아버지께 참되게 예배하는 자들은 영과 진리로 예배할 때가 오나니 곧 이 때라 아버지께서는 자기에게 이렇게 예배하는 자들을 찾으시느니라"

오늘날 성도들은 하나님 나라의 제사장 나라로 지음을 받았습니다. 구약시대에 제사장들이 예루살렘 성전 안에서 육체적으로 봉사하던 것과는 다르게 지금 우리에게는 예루살렘이라는 특정 장소에 매이지 않고 "신령과 진정으로 예배드리라"고 하신 것입니다. 본문이 우리에게 가르치는 말씀은 "성수주일을 잘 하는 사람은 생활이 즐겁고 만사에 형통한다"는 것입니다.

I. [1] "지존자여 십현금과 비파와 수금으로 여호와께 감사하며 주의 이름을 찬양하고 아침마다 주의 인자하심을 알리며 밤마다 주의 성실하심을 베풂이 좋으니이다"

[2-3] "아침마다 주의 인자하심을 … 밤마다 주의 성실하심을"

새벽은 구속을 암암리에 가리키고 있고 밤은 망명의 상징입니다. 우리는 하나님이 우리를 고생하게 하실 때도 하나님이 우리에게 복 주시려고 그렇게 하셨다고 믿습니다. 그것들은 하나님의 인자하심을 나타내신 것이라고, 우리의 믿음으로 찬송합니다. 우리는 밝은 새벽 같이 청명하고 즐거운 때나 또는 어두운 밤처럼 받아들이기 어렵고 힘든 때에도 항상 하나님을 기뻐하며 그의 인자하심을 찬송합니다. 그러므로 고생스러운 망명생활의 밤에도 우리는 그것을 "주의 성실"이라고 부릅니다. 우리의 믿음은 우리의 지성보다 더욱 하나님의 선하심을 증거 합니다.

"십현금"—현인들은 메시아 시대의 수금은 열 줄로 될 것이라고 가르칩니다. 지금은 8음 한 옥타브로 제한된 음악이지만 메시야 시대에는 음악도 좀 더 아름답고 좀 더 은혜가 충만할 것을 나타내는 것입니다.

우리가 사는 인생의 매 단계마다 거기에 독특한 찬양의 표현이 따로 있습니다. 하루하루 지날 때도 그날의 노래가 있고 창조의 각 부분이 그 양식대로 하나님을 섬기는 것과 꼭 같습니다.

"메시아 시대에는 영성이 증진됨으로 그 영성에 맞게 강화된 형태의 노래를 요구할 것입니다"(Sfas Emes)

II. [5] "여호와여 주께서 행하신 일이 어찌 그리 크신지요 주의 생각이 매우 깊으시니이다"

"주께서 행하신 일이"(하나님의 행사)…"주의 생각"

여기서 말하는 "주께서 행하신 일"은 창조물 중, 우리가 만져서 알 수 있는 부분들과 우리 감각으로 인식하고 깨닫는 사건들을 말합니다.

주께서 행하신 일로 보여주신 "주의 생각"은 인간이 이해할 수 없는 심오한 하나님의 목적들과 목표들을 보여주신 것을 말합니다.

"여호와여 주께서 행하신 일이 어찌 그리 크신지요 주의 생각이
매우 깊으시니이다"

시편 저자는 여기서 하나님의 구원을 말하고 있습니다.

(요 3:16) "하나님이 세상을 이처럼 사랑하사 독생자를 주셨으니
이는 그를 믿는 자마다 멸망하지 않고 영생을 얻게 하려 하심이라"

죄와 허물로 죽었던 우리를 살리기 위하여 독생자 예수 그리스도를 내
주시고 예수를 믿기만 하면 죄 사함을 받고 죽지 않고 영생을 얻게 하신
하나님의 그 크신 은혜, 그 성실하심과 인자하심은 어찌 그리 크고 깊은
지! 그것을 감사하며, 찬양하며 시편 저자는 하나님을 경배합니다.

"여호와여 주께서 행하신 일이 어찌 그리 크신지요 주의 생각이
매우 깊으시니이다"(5)

[1-3] "지존자여 십현금과 비파와 수금으로 여호와께 감사하며 주
의 이름을 찬양하고 아침마다 주의 인자하심을 알리며 밤마다 주
의 성실하심을 베풂이 좋으니이다"

여러분, 오늘 좋은 일 하시기를 원하십니까? 좋은 일감을 찾으십니까?
좋습니다. 지금 우리 주님께 감사하세요. 어디 있든지 거기서 주님을 찬
송하세요. 그의 높으신 이름을 찬송합시다.
여러분들은 아침에 주님께 감사하세요. 밤에도 그의 사랑과 성실하심
을 감사하세요. 나는 매일 밤 자기 전에 하나님께 감사 기도합니다. 어떤

때 못할 때도 있지만 합니다. 아침에도 합니다. 새 날 주신 것 감사하면서 오늘도 시험에 들지 않게 하옵시고 다만 악에서 구원하여 주시옵소서. 기도 합시다. 하루 종일 우리 주님과 동행하게 됩니다. 은혜스러운 하루입니다.

[6] "어리석은 자도 알지 못하며 무지한 자도 이를 깨닫지 못하나이다"

NIV 번역본은 이 구절을 어리석은 자들이라고 번역했습니다. 우리가 왜 일요일 예배를 드리는지 어리석고 센스가 없는 사람은 모릅니다. 예수님이 일요일 부활하셔서 우리에게 영생을 주셨습니다. 그래서 이날은 주일이라고 부르고 이날 예배를 드립니다. 토요일은 예수님이 무덤 속에 계셨습니다. 이것을 깨달아야 센스가 있는 사람입니다.

[7] "악인들은 풀 같이 자라고"

대부분의 사람들은 이 영원한 인간 딜레마(진퇴양난)에 대한 답을 찾지 못합니다. 왜 악한 자가 잘 사는가? 예수 안 믿어도 잘만 사는데 왜 하나님을 믿어야 하는가? 이것은 사람의 생각이 말해주는 것입니다. 그 이상을 볼 수 있기만 하면, 볼 수 있을 것입니다.

[8] "여호와여 주는 영원토록 지존하시니이다"

"영원토록 지존하시니이다" 하는 말씀은 천년 왕국뿐만 아니라 그 후도 영원토록 하나님의 왕국은 계속할 터인데 미련한 자는 이것을 모릅니다. 많은 사람이 하나님이 계신 것을 알지 못합니다. 살아 있는 동안에 먹고 자고 놀고 즐기는 것이 전부라고 알 뿐입니다.

[7] "영원히 멸망하리이다"

악인이 잘 사는 것은 영원히 멸망당할 때까지입니다. 하나님은 그들이 무슨 선행을 했던지 간에 그에 대한 상급으로 임시적 성공과 행복을 악한 자에게도 주십니다. 그러나 보상을 받은 후에 그들은 멸망으로 빠질 것입니다. 반면 의인은 영원한 상급을 얻는 것입니다.

결론

[10] "그러나 주께서 내 뿔을 들소의 뿔 같이 높이셨으며 내게 신선한 기름을 부으셨나이다"
[11] "내 원수들이 보응 받는 것을 내 눈으로 보며 일어나 나를 치는 행악자들이 보응 받은 것을 내 귀로 들었도다"
[12] "의인은 종려나무 같이 번성하며 레바논의 백향목 같이 성장하리로다"

하나님께서는 그에게 모든 원수들에 대한 승리를 주심으로 의기양양하게 만드셨습니다.

종려나무는 승리를 상징하는 것입니다. 그가 번성하는 것은 백향목처럼 자라난다고 비교했습니다. 백향목은 향나무라 벌레나 어떤 기생충도 해하지 못합니다. 얼마나 영광스럽고 자랑스럽습니까? 성수주일을 잘 하는 사람은 생활이 즐겁고 만사에 형통한다는 말씀입니다.

[10] "그러나 주께서 내 뿔을 들소의 뿔 같이 높이셨으며 내게 신
선한 기름을 부으셨나이다"

"내 뿔을 들소의 뿔 같이 높이셨으며"

하나님은 한 때 짓밟혔던 의인의 긍지를 당당한 들소의 뿔이 높이 들
린 것처럼 일으키시고 높이십니다.

"신선한 기름을"(소생의 뜻)

기름은 성경에서 축복, 번영 그리고 우월성을 비유한 것입니다.

[13] "이는 여호와의 집에 심겼음이여 우리 하나님의 뜰 안에서 번
성하리로다"

"여호와의 집에 심겼음이여"

앞에 나온 절에서 설명한 종려나무와 백향목 이야기는 성수주일을
잘하는 사람이 누리는 성공의 절반도 다 설명하지 못한 것입니다. 최
대한의 혜택을 받으려면 그 나무가 비옥한 땅에 심겨져야만 합니다.
의인은 하나님의 집에 심겼습니다. 영적 풍성함에 뿌리를 굳게 내린
것입니다. 거기서 그들은 그리스도 예수 안에서 아무 제한 없이 풍성
하게 꽃을 피울 것입니다. 항상 기뻐하며 그의 은혜의 영광을 찬미하
게 될 것입니다.

[14] "그는 늙어도 여전히 결실하며 진액이 풍족하고 빛이 청청하니"

"늙어도 결실하여 … 빛이 청청하니"

영적 십대와는 질이 다른 열매가 있습니다. 오랜시간 기도하여 쌓여
온 연륜이 있습니다. 인생의 달고 쓴 맛을 통하여 이루어진 지혜가
열매를 맺어갑니다.

얼마나 놀라운 영적 축복입니까? 의인은 하나님의 영광을 보게 되고
그 영광에 참여합니다. 그러므로 우리는 주일을 잘 지켜 하나님을 영원히

즐거워 할 뿐 아니라 복을 받아 이 땅에 살아 있는 동안에도 온 가정에 기쁨이 있고 만사가 형통하기를 축복합니다.

Goal 우리 하나님이 친히 여러분에게 땅의 기름진 축복과 하늘에 속한 신령한 복으로 복 주시길 원합니다. 예수 그리스도 안에서 항상 그의 은혜의 영광을 찬미하게 하시기를 축원합니다. 아멘.

시편 **93**편

우주의 주인, 하나님

[1] 여호와께서 다스리시니 스스로 권위를 입으셨도다 여호와께서 능력의
옷을 입으시며 띠를 띠셨으므로 세계도 견고히 서서 흔들리지 아니하
는도다

[2] 주의 보좌는 예로부터 견고히 섰으며 주는 영원부터 계셨나이다

[3] 여호와여 큰 물이 소리를 높였고 큰 물이 그 소리를 높였으니 큰 물이
그 물결을 높이나이다

[4] 높이 계신 여호와의 능력은 많은 물 소리와 바다의 큰 파도보다 크니
이다

[5] 여호와여 주의 증거들이 매우 확실하고 거룩함이 주의 집에 합당하니
여호와는 영원무궁하시리이다

Theme: 예수 그리스도의 날에, 모든 사람이 하나님의 위엄과 장엄하심
을 알게 될 것이다.

서론

이 시편은 간단한 시편이지만 92편과 94편 사이에서 여호와 하나님의
능력을 찬송하는 시편입니다. 지금 우리 눈에는 보이지 아니하지만 하나

님의 크신 능력을 우리는 우주 만물의 움직임을 보아서 확실히 알 수 있습니다. 본문이 우리에게 가르쳐 주시는 것은 "예수 그리스도의 날에 우리는 만물을 다스리시는 하나님의 위엄과 장엄하심을 인정하게 될 것이다"는 것입니다.

I. [1] "여호와께서 다스리시니 스스로 권위를 입으셨도다 여호와께서 능력의 옷을 입으시며 띠를 띠셨으므로 세계도 견고히 서서 흔들리지 아니하는도다"

"여호와께서 다스리시니" — 예수 그리스도께서 세상을 다스리시려 다시 오실 때를 말합니다.

"스스로 권위를 입으셨도다" — 예수 그리스도께서 위엄을 옷 입으셨다는 말은 하나님의 계시가 자연계의 어떤 힘보다도 더 강력한 것을 표현하는 것입니다. 주님은 아무것도 의지하지 않으시지만 모든 힘들은 다 주로 말미암아 생겼음으로 스스로 권위를 입으심이 마땅합니다.

예수 그리스도는 권위를 옷 입듯 입으셨습니다. 세상을 다스리시려 다시 오실 때 예수 그리스도의 권위는 옷을 입는 것으로 표현하고 있습니다. 그것은 의복과 같아서 예수님의 본질에는 비교도 안 되는 것입니다. 하나님의 위대하심을 우리가 이해한다고 생각하지만, 우리의 좁고 작은 깨달음을 가지고 이해한 것은 그의 한없는 위대하심의 가장 작은 한 부분일 뿐입니다. 이 만큼이라도 깨닫게 해 주신 것은 우리로 주님을 찬양하는 특권을 주려 하신 것입니다.

"여호와께서 능력의 옷을 입으시며 띠를 띠셨으므로"—하나님의 위엄은 초자연적인 것의 표현이요 그의 능력은 창조하신 만물을 눈에 보이지 않게 움직이시는 힘을 말합니다.

"세계도 견고히 서서 흔들리지 아니하는도다"—주님의 능력으로 만물이 무너지지 않고 견고히 서 있습니다. 우주 만물이 존재하는 것과 움직이는 것을 보고 우리는 하나님이 계심을 확실히 알 수 있습니다.

[2] "주의 보좌는 예로부터 견고히 섰으며 주는 영원부터 계셨나이다"

심판 주로 오시는 예수 그리스도, "주의 보좌는 예로부터 견고히 섰으며 주는 영원부터 계셨나이다"

하나님의 주권은 영원합니다. 세상을 창조하시기 전에 주님은 먼저 계셨습니다. 온 세상이 끝난 후에도 하나님의 보좌는 영원합니다.

(요 1:1,2,3) [1] "태초에 말씀이 계시니라 이 말씀이 하나님과 함께 계셨으니 이 말씀은 곧 하나님이시니라"
[2] "그가 태초에 하나님과 함께 계셨고"
[3] "만물이 그로 말미암아 지은 바 되었으니 지은 것이 하나도 그가 없이는 된 것이 없느니라"

II. 하나님의 왕국을 위협하는 모든 세력보다 크신 하나님의 능력(3-4절)

[시 93:3] "여호와여 큰 물이 소리를 높였고 큰 물이 그 소리를

높였으니 큰 물이 그 물결을 높이나이다”

큰 물 : 창조의 말씀으로 길들여지고 그 위치를 지정받은 태초의 ‘혼돈
의 바다’

예수 그리스도의 날에 임할 하나님의 능력을 말하는 것입니다. 그 때에 모든 반대 세력은 멸망할 것입니다. 그 때는 용서가 없습니다. 심판뿐입니다. 과거의 것으로만 판단합니다. 재판은 과거에 어떻게 했느냐만 말하지 앞으로에 관하여는 말하지 않습니다.

이 쓰나미는 죄를 벌하는 쓰나미입니다. 이 때는 예수 그리스도께서 세상을 심판 하시는 날인데 그날에는 용서와 자비가 없는 날입니다. 예수님을 믿지 않은 자는 사탄과 같이 심판의 쓰나미로 멸망당합니다.

[4] “높이 계신 여호와의 능력은 많은 물 소리와 바다의 큰 파도
보다 크니이다

[5] “여호와여 주의 증거들이 매우 확실하고 거룩함이 주의 집에
합당하니 여호와는 영원무궁하시리이다”

지금 하늘 보좌에 “높이 계신 여호와의 능력은 많은 물 소리와 바다의 큰 파도보다 크니이다” 비교가 되지 않습니다. (104:7)

사람의 힘으로는 감당 할 수 없는 것이 쓰나미 파도임을 알므로 “많은 물소리” 또는 “큰 파도보다 크니이다”라고 했습니다. 하나님의 능력은 비교할 데가 없습니다.

결론

[5] "여호와여 주의 증거들이 매우 확실하고 거룩함이 주의 집에 합당하니 여호와는 영원무궁하시리이다"

심판 하신 후에 새 하늘과 새 땅에 대한 예언의 확실성을 말합니다.

(계 21:3-4) [3] "내가 들으니 보좌에서 큰 음성이 나서 이르되 보라 하나님의 장막이 사람들과 함께 있으매 하나님이 그들과 함께 계시리니 그들은 하나님의 백성이 되고 하나님은 친히 그들과 함께 계셔서"
[4] "모든 눈물을 그 눈에서 닦아 주시니 다시는 사망이 없고 애통하는 것이나 곡하는 것이나 아픈 것이 다시 있지 아니하리니 처음 것들이 다 지나갔음이러라"

"여호와여 주의 증거들이 매우 확실하고 거룩함이 주의 집에 합당하니 영원무궁하시리이다"(5절)
"영원무궁하시리이다" ― 여기 "영원무궁" 이라는 뜻은 "긴 날들" 이라는 성경에 나오는 숙어입니다.

"여호와여 주의 증거들이 매우 확실하고" 하나님 너무나도 감사합니다. 나는 주님의 증거를 확실히 믿습니다. 우리 하나님이 주신 말씀을 보고 확실히 믿습니다. 예수님은 나의 하나님이시나이다. 우리 역사 가운데 오셔서 하나님의 뜻을 다 이루신 예수님을 믿고 이제 마지막에 이루어지는 하나님의 장막에 대한 하나님의 확실한 예언들이 다 이루어 질 때 그 나라가 영구하기를 원하나이다.

예수님이 풍랑을 잔잔케 하심은(막 4:35-41) 십자가에서 죄와 죽음이 불러오는 끝없는 혼돈을 이기심을 보여주는 예표입니다.

바닷가에 설 때마다 창조주 하나님과 구세주께 찬양드림이 마땅하지 않겠습니까.

> (계 21:6-7) [6] "또 내게 말씀하시되 이루었도다 나는 알파와 오메가요 처음과 마지막이라 내가 생명수 샘물을 목마른 자에게 값 없이 주리니"
> [7] "이기는 자는 이것들을 상속으로 받으리라 나는 그의 하나님이 되고 그는 내 아들이 되리라"

Goal 자연계를 창조하시고 지금도 다스리시는 하나님의 은혜와 복이 여러분에게 충만하시기를 기도합니다.

죄 사함 받을 때

[1] 여호와여 복수하시는 하나님이여 복수하시는 하나님이여 빛을 비추어
    주소서
[2] 세계를 심판하시는 주여 일어나사 교만한 자들에게 마땅한 벌을 주소서
[3] 여호와여 악인이 언제까지, 악인이 언제까지 개가를 부르리이까
[4] 그들이 마구 지껄이며 오만하게 떠들며 죄악을 행하는 자들이 다 자만
    하나이다
[5] 여호와여 그들이 주의 백성을 짓밟으며 주의 소유를 곤고하게 하며
[6] 과부와 나그네를 죽이며 고아들을 살해하며
[7] 말하기를 여호와가 보지 못하며 야곱의 하나님이 알아차리지 못하리
    라 하나이다
[8] 백성 중의 어리석은 자들아 너희는 생각하라 무지한 자들아 너희가 언
    제나 지혜로울까
[9] 귀를 지으신 이가 듣지 아니하시랴 눈을 만드신 이가 보지 아니하시랴
[10] 뭇 백성을 징벌하시는 이 곧 지식으로 사람을 교훈하시는 이가 징벌하
    지 아니하시랴
[11] 여호와께서는 사람의 생각이 허무함을 아시느니라
[12] 여호와여 주로부터 징벌을 받으며 주의 법으로 교훈하심을 받는 자가
    복이 있나니
[13] 이런 사람에게는 환난의 날을 피하게 하사 악인을 위하여 구덩이를 팔
    때까지 평안을 주시리이다
[14] 여호와께서는 자기 백성을 버리지 아니하시며 자기의 소유를 외면하
    지 아니하시리로다
[15] 심판이 의로 돌아가리니 마음이 정직한 자가 다 따르리로다
[16] 누가 나를 위하여 일어나서 행악자들을 치며 누가 나를 위하여 일어나

서 악행하는 자들을 칠까

[17] 여호와께서 내게 도움이 되지 아니하셨더면 내 영혼이 벌써 침묵 속에
      잠겼으리로다
[18] 여호와여 나의 발이 미끄러진다고 말할 때에 주의 인자하심이 나를 붙
      드셨사오며
[19] 내 속에 근심이 많을 때에 주의 위안이 내 영혼을 즐겁게 하시나이다
[20] 율례를 빙자하고 재난을 꾸미는 악한 재판장이 어찌 주와 어울리리이까
[21] 그들이 모여 의인의 영혼을 치려 하며 무죄한 자를 정죄하여 피를 흘
      리려 하나
[22] 여호와는 나의 요새이시요 나의 하나님은 내가 피할 반석이시라
[23] 그들의 죄악을 그들에게로 되돌리시며 그들의 악으로 말미암아 그들
      을 끊으시리니 여호와 우리 하나님이 그들을 끊으시리로다

Theme: 선은 이길 것이요 악은 처벌 받을 것입니다. 하나님은 이스라엘
의 싸움을 도울 것이요, 원수에게서 구원하실 것입니다.

서론

시편 94편에서 100편까지는 계속적인 시편입니다. 우리 주 예수 그리스
도께서 다스리시는 영광스러운 7편의 시입니다. 이 시편들은 예수님을 높
이는 대환난 때 모든 사람들에게 어려움이 다가오는 것에 관한 것입니다.

94편은 의인들 사이에서 악한 자들을 대항하여 하나님께 부르짖는 것
입니다. 이것은 그 왕국을 향해 가면서 남은 자 가운데서 부르짖는 것입
니다. 이 시편이 우리에게 가르치는 것은 "선은 이길 것이요 악은 처벌 받
을 것입니다. 하나님은 이스라엘의 싸움을 도울 것이요, 원수에게서 구원
하실 것입니다."

I. [1] "여호와여 복수하시는 하나님이여
　　　복수하시는 하나님이여 빛을 비추어 주소서"

이 말씀은 "주여 어서 오시옵소서" 하는 기도입니다. 하나님, 우리 주님은 정한 시간이 되어야 오십니다. 내가 원하는 때가 아닙니다. 하나님 아버지가 정한 때에 오십니다. 우리 주님 오실 때는 우리가 주님 위해 당한 모든 고난을 다 갚아 주십니다. 우리는 억울함을 당할 때 "주여 저 원수를 갚아 주시옵소서" 하고 기도하지만 우리 주님 오셔서 그때 갚아 주실 것입니다.

우리 주님 영광 중에 오십니다. 그때 다 갚아 주십니다. 우리는 기다립시다. 내가 원수를 갚으려 하지 마십시다. 하나님께 아뢰고 내가 손을 들어 치지 맙시다. 연약하고 궁핍한 이들의 아픔을 대신 갚으신다는 주님을 찬양합니다. 그러나 이 진리는 양날의 칼입니다. 심판하시는 주님께 위로를 받을 수도 있지만 안락한 삶에 안주하고 어려운 이웃에 대해 냉담한 나의 모습을 지적합니다.

II. [8] "백성 중의 어리석은 자들아 너희는 생각하라
　　　무지한 자들아 너희가 언제나 지혜로울까"

[9] "귀를 지으신 이가 듣지 아니하시랴 눈을 만드신 이가 보지 아니하시랴"
"너희는 생각하라" 하나님은 탄식하십니다. 부르십니다. 망령된 말을 함부로 떠드는 자들아 어찌하여 이렇게 어리석으냐? 하나님이 우리의 귀를 지으시고 눈도 지으셨으니 왜 못 들으시고 못 보시겠느냐. 어리석고 미련한 자여 들으라.

우리가 알 것은 우리가 지은 죄는 두 곳 중 한 곳에 있습니다. 우리의 죄가 예수님의 등에 있으면 예수님이 책임지시고, 내게 있으면 내가 책임지고 지옥에 가서 영원토록 갚아야 한다는 것입니다. 예수님 오실 때 따져서 예수님께 있으면 할렐루야 영광 영광 또 영광입니다. 그러나 만일 죄를 그대로 당신 등에 지고 있으면 지옥으로 들어가야 합니다.

[12] "여호와여 주로부터 징벌을 받으며 주의 법으로 교훈하심을 받는 자가 복이 있나니"
[13] "이런 사람에게는 환난의 날을 피하게 하사 악인을 위하여 구덩이를 팔 때까지 평안을 주시리이다"

주님은 세상의 모든 잘못을 바로 잡으실 것입니다. 예수님은 우리의 대리자이고 옹호자 입니다.

III. [18] "여호와여 나의 발이 미끄러진다고 말할 때에 주의 인자하심이 나를 붙드셨사오며"

"여호와여 나의 발이 미끄러진다 말할 때에" 이 말씀은 내가 범죄 할 때 "하나님이여 내가 범죄 하였나이다 나를 도우소서"하고 기도하면 "주의 인자하심이 나를 붙드셨사오며" 얼마나 감사합니까? 하나님께 아뢰자마자 구원해 주신다는 말씀입니다. 나는 용서해 주시되 따지지 않으시고 곧 용서해 주시는 우리 주님을 사랑합니다. 고맙습니다. 감사합니다.

주님은 세상의 모든 잘못을 바로 잡으실 것입니다. 예수님은 우리의 대리자이시고 옹호자이십니다.

결론

> [23] "그들의 죄악을 그들에게로 되돌리시며 그들의 악으로 말미암
> 아 그들을 끊으시리니 여호와 우리 하나님이 그들을 끊으시리로다"

하나님은 죄인을 용서하지 아니하십니다. 사정없이 "너는 지옥가라"고 하십니다. 끝 날에는 용서가 없습니다. 우리가 주님의 손을 붙잡고 구원 얻는 때는 지금 바로 이때뿐입니다.

> "여호와여 나의 발이 미끄러진다 말할 때에 주의 인자하심이 나를
> 붙드셨사오며"

이것은 심판대 위에 서기 전을 말합니다. 세상에서 살아 있을 때에 주님을 불러야 합니다. 죽은 후에는 아무리 예수님을 불러도 심판 주이시므로 용서가 없습니다. 선은 이길 것이요 악은 처벌 받을 것입니다. 하나님은 성도의 싸움을 도울 것이요, 원수에게서 구원 하십니다.

Goal 그러므로 지금이 주님을 부를 때요 주님을 찾아 죄를 용서 받을 때입니다. 우리는 성령의 인도하심을 받아 때를 놓치지 말고 죄를 그때그때 항상 용서받고 기쁜 생활 하시기를 축복합니다.

시편 95:6-11편
예수님의 음성을 듣는 자

[6]　오라 우리가 굽혀 경배하며 우리를 지으신 여호와 앞에 무릎을 꿇자

[7]　그는 우리의 하나님이시요 우리는 그가 기르시는 백성이며 그의 손이 돌보시는 양이기 때문이라 너희가 오늘 그의 음성을 듣거든

[8]　너희는 므리바에서와 같이 또 광야의 맛사에서 지냈던 날과 같이 너희 마음을 완악하게 하지 말지어다.

[9]　그 때에 너희 조상들이 내가 행한 일을 보고서도 나를 시험하고 조사하였도다.

[10]　내가 사십 년 동안 그 세대로 말미암아 근심하여 이르기를 그들은 마음이 미혹된 백성이라 내 길을 알지 못한다 하였도다

[11]　그러므로 내가 노하여 맹세하기를 그들은 내 안식에 들어오지 못하리라 하였도다

Theme: 하나님은 우리가 예수님의 음성을 듣고 따라가기를 원하신다.

서론

시편 95~100편은 성전에 모여 함께 예배드리는 분위기입니다. 먼저 하

나님의 우주적 통치를 찬양합니다. 하나님의 통치 아래서 느끼는 찬양이 충성스러운 순종을 불러일으킵니다.

하나님께서 아담과 이브를 창조하시고는 하나님의 말씀을 직접 듣고 따르게 하셨습니다. 그러나 하나님의 말씀을 듣고도 말씀대로 따르지 않을 때 에덴동산에서 내쫓으셨습니다. 하나님께서는 백성들이 많아질 때 선지자들을 보내서 하나님을 대신하여 말씀을 주셨습니다.

그 후 하나님은 아브라함을 택하시사 그의 자손에게 복을 주시어 번성케 하시고 그들에게 가나안 땅을 주셨습니다. 그러나 아브라함의 자손들도 아담과 이브와 같이 범죄하고 불순종하여서 오늘 본문 말씀 11절에서 이같이 선언하셨습니다.

> [11] "그러므로 내가 노하여 맹세하기를 그들은 내 안식에 들어오
> 지 못하리라"

아담과 이브가 에덴에서 쫓겨나듯 선택받은 이스라엘 자손도 내쫓김을 받았습니다. 그러나 오늘 본문 말씀을 통하여 다시 약속하시기를 예수 그리스도를 믿는 자를 구원하시겠다고 하셨습니다. 좀 더 구체적으로 말씀드리면 "하나님은 우리가 예수님의 음성을 듣고 따라가기를 원하신다"고 말씀하셨습니다.

I. 불순종하는 사람의 마음

불순종하는 사람들의 마음을 보면 자기 생각이 하나님의 생각보다 더 낫다고 생각함으로 하나님의 말씀을 따르지 않고 제 생각대로 하는 것입

니다.

우리는 흔히 시험을 받는다, 또는 시험을 당한다고 합니다. 시험받는 것이 무엇인지 아십니까? 욕심을 자극시키는 것을 말합니다. 누가 내 욕심을 자극시키면 얼른 "사탄아 물러가라 너는 나를 넘어지게 하는 자로다" 하고 예수님처럼 시험하는 마귀를 물리쳐야 하는데 그것을 못하고 욕심이 작동을 해서 귀가 솔깃해집니다. 그러면 고기가 낚싯밥을 무는 것처럼 벌써 마귀에게 잡힌 것입니다.

뱀이 이브에게 무엇이라 말했습니까?

"하나님이 참으로 너희에게 동산 모든 나무의 열매를 먹지 말라 하시더냐"(창3:1).

이때 이브는 대답했습니다.

"하나님의 말씀에 너희는 먹지도 말고 만지지도 말라 너희가 죽을까 하노라" (창 3:3)

뱀은 또 말했습니다.

"너희가 결코 죽지 아니하리라 너희가 그것을 먹는 날에는 너희 눈이 밝아져 하나님과 같이 되어 선악을 알 줄 하나님이 아심이니라" (창 3:4, 5)
"여자가 그 나무를 본즉 먹음직도 하고 보암직도 하고 지혜롭게 할 만큼 탐스럽기도 한 나무인지라" (창 3:6)

이것보세요. 시험할 때는 욕심을 자극시킵니다.

므리바에서 범죄한 것으로 인하여 모세는 가나안에 들어가지 못했습니다. 맛사와 므리바는 같은 곳을 말합니다. 하나님께서 먹을 것, 마실 것을 그때까지 공급하여 주셨는데 그들은 하나님을 의심하고 물이 없다고 원망했습니다. 마귀는 물이 없는 것을 이용하여서 이스라엘 백성으로 원망하게 만들었습니다. 사람의 마음은 욕심 때문에 원망하고 불평하고 불순종하는 것입니다.

II. 하나님이 싫어하시는 불순종

하나님께서 제일 싫어하시는 것은 불순종입니다. 아담 이브도 불순종하다가 에덴에서 쫓겨났습니다. 이스라엘 백성이 광야에서 40 년간 헤맨 것도 불순종이 원인입니다. 하나님은 가나안을 주시겠다고 하시고 그곳까지 이적으로 인도하셨는데 정탐꾼들이 와서 못 들어간다고 하니까 온 백성이 울고 야단을 쳤습니다. 하나님이 주시겠다고 하셨으면 주실 줄 믿고 가면 그만이지 왜 못 간다고 하겠습니까? 그러므로 40 년간 광야에서 헤맨 것입니다.

이스라엘 백성이 므리바에 오기까지 하나님께서 어떻게 인도하셨습니까? 애굽에서는 바로가 내보내주지 않아서 열 가지 재앙을 내려서 모든 애굽 사람의 맏아들이 다 죽게 했습니다. 홍해를 육지 같이 건너게 하셨습니다. 애굽군인은 다 바다에서 빠져 죽게 했습니다. 메추라기와 만나로 매일 배불리 먹게 했습니다. 물이 써서 못 마실 때 나뭇가지 하나 던졌더니 단물이 되었습니다.

이렇게 인도하셨는데 마실 물 없다고 원망하고 불평하겠습니까? 우리 하나님은 그렇게 잘해줘도 원망과 불평이 끊어지지 않으니 그들의 죄가 한이 없고 끝도 없는 것을 보시고 "안식에 들어오지 못하리라" 하셨습니다. 다시 말하면 안식일을 지키고 율법을 지켜서는 구원 얻지 못하리라 말씀하셨습니다.

히브리서 4:4절 이하에 보면 (토요일) 안식일을 지켜서 구원 얻지 못할 것을 예언한 말씀으로 해석해 주었습니다. 히브리서 3장과 4장에 보면, 이 시는 다윗이 썼고 메시아의 날에 결합시킨 듯합니다. 거기에 분명히 말했습니다.

> (히 4:7) "오랜 후에 다윗의 글에 다시 어느 날을 정하여 오늘이
> 라고 미리 이같이 일렀으되 오늘 너희가 그의 음성을 듣거든 너희
> 마음을 완고하게 하지 말라 하였나니"

여기 7절에 말하는 어느 날은 복음의 날로 이해되어야 합니다. 그 날에 하나님은 우리가 듣기를 주목하고 있는 목소리로 우리에게 아들로 말씀하십니다. 곧 가나안 말고 안식을 우리에게 제안하십니다.

III. 예수님의 음성을 듣는 자가 구원 얻음

사람들이 행위를 바르게 하여서는 구원 얻을 자가 하나도 없음으로 예수 그리스도의 음성을 듣고 따라가는 사람이 구원 얻을 것을 예언한 말씀이 본문 말씀입니다.

> [히 4:7 하] "오늘 그의 음성 듣거든"

오늘은 그의 음성이 들린 날입니다. 그 음성은 예수님의 음성을 말합니다. 예수님은 일요일 부활하셔서 "너희에게 평강이 있을지어다" 하고 영원한 평강, 곧 안식을 선포하였습니다. 이 말씀을 히브리 4 장에서 자세히 설명해 주셨습니다. 그러므로 일요일 부활하신 예수 그리스도의 음성을 듣고 따르는 자만이 구원을 얻게 되었습니다. 그러므로 남편이 다섯이나 있던 사마리아 수가성 여인도, 또한 예수님과 같이 십자가에서 못 박혀 죽은 강도도 예수님의 음성을 들을 때 구원을 얻었습니다.

결론

사람은 아무리 하나님께로부터 많은 도움을 받았어도 자기의 힘으로 구원 얻지 못합니다. 그러므로 하나님은 예수님을 보내시고 예수 믿는 사람은 다 구원 얻게 하셨습니다. 믿음까지도 성령님이 주셔서 믿게 하셨습니다. 이 성찬을 받는 사람은 믿음이 더욱 강건해지고 성령님이 도우심으로 모든 죄악을 이길 수 있습니다.

Goal 그러므로 우리는 감사함으로 성찬을 받고 능력을 얻을 수 있습니다. 모든 죄악을 이길 수 있는 승리자가 되시기를 축복합니다.

시편 96편

새로운 세상, 새로운 노래

[1] 새 노래로 여호와께 노래하라 온 땅이여 여호와께 노래할지어다

[2] 여호와께 노래하여 그의 이름을 송축하며 그의 구원을 날마다 전파할
지어다

[3] 그의 영광을 백성들 가운데에, 그의 기이한 행적을 만민 가운데에 선
포할지어다

[4] 여호와는 위대하시니 지극히 찬양할 것이요 모든 신들보다 경외할 것
임이여

[5] 만국의 모든 신들은 우상들이지만 여호와께서는 하늘을 지으셨음이로다

[6] 존귀와 위엄이 그의 앞에 있으며 능력과 아름다움이 그의 성소에 있도다

[7] 만국의 족속들아 영광과 권능을 여호와께 돌릴지어다 여호와께 돌릴
지어다

[8] 여호와의 이름에 합당한 영광을 그에게 돌릴지어다 예물을 들고 그의
궁정에 들어갈지어다

[9] 아름답고 거룩한 것으로 여호와께 예배할지어다 온 땅이여 그 앞에서
떨지어다

[10] 모든 나라 가운데서 이르기를 여호와께서 다스리시니 세계가 굳게 서
고 흔들리지 않으리라 그가 만민을 공평하게 심판하시리라 할지로다

[11] 하늘은 기뻐하고 땅은 즐거워하며 바다와 거기에 충만한 것이 외치고

[12] 밭과 그 가운데에 있는 모든 것은 즐거워할지로다 그 때 숲의 모든 나
무들이 여호와 앞에서 즐거이 노래하리니

[13] 그가 임하시되 땅을 심판하러 임하실 것임이라 그가 의로 세계를 심판
하시며 그의 진실하심으로 백성을 심판하시리로다

서론

시편 96편도 우리 주 여호와 하나님을 찬양하는 찬송입니다. 찬양은 97편으로 계속 연결됩니다. 여호와 우리 하나님은 우리 주 예수 그리스도입니다. 본문이 보여 주는 것은 "예수 그리스도께서 다시 오셔서 이 땅에 나라를 세우실 때 세상은 새로워집니다."

I. [1]"새 노래로 여호와께 노래하라 온 땅이여 여호와께 노래할지어다"

하나님의 위대하심과 진리의 아름다움을 드러내는 가장 좋은 방법은 예배 이상이 없습니다. 정체되고 피상적인 예배의 형식을 벗어나야 합니다.

우리는 이 새 노래가 무엇인지 이미 공부하여 알고 있습니다. 새 노래는 구원의 노래입니다. 요한계시록에서 우리가 이 노래를 부를 것이라고 했습니다.

> (계 5:9) "그들이 새 노래를 불러 이르되 두루마리를 가지시고 그 인봉을 떼기에 합당하시도다 일찍이 죽임을 당하사 각 족속과 방언과 백성과 나라 가운데에서 사람들을 피로 사서 하나님께 드리시고"

[2] "여호와께 노래하여 그의 이름을 송축하며 그의 구원을 날마
다 전파할지어다"

"그의 구원을 날마다 전파할지어다
공개적인 이적이 일어났을 때만 하나님을 인정하지 말고 별로 자극
이 없는 일상 사건 같이 보이는 것들일지라도 하나님께서 주시는 선
물임을 깨달아 알라는 것입니다.

[4] "여호와는 위대하시니 지극히 찬양할 것이요 모든 신들보다
경외할 것임이여"

"모든 신들보다 경외할 것임이여"– 우리 하나님은 열국의 신들과 같다
고 할 수 없다는 것입니다. 왜 그러냐?

[5] "만국의 모든 신들은 우상들이지만 여호와께서는 하늘을 지으
셨음이로다"–

"우상들이지만 … 여호와께서는"
여기에 우상 숭배에 대하여 말씀합니다. 예수님의 왕국이 이루어질
때 우상숭배는 끝이 날 것입니다. 우리는 오늘 자기의 지혜대로 여러
가지 종교에 속한 사람들을 봅니다. 우리가 확실히 말할 수 있는 것
은 모든 범신론, 무신론, 교회 안의 자유주의자들, 고등비평가들 같
은 우상 숭배가 끝이 납니다.

[6] "존귀와 위엄이 그의 앞에 있으며 능력과 아름다움이 그의 성
소에 있도다

"존귀와 위엄" … "능력과 아름다움"
두 쌍의 하나님의 속성으로 온 우주의 왕인 하나님의 고귀한 성품을

선포합니다.

"아름답고 거룩한 것으로"—거룩함의 광채로. 이것은 거룩한 성전을
말함이다.
라닥(Radak)은 말하기를 헌물을 가지고 올 때, 성전에 와서 엎드려
절하라고 했다.
Ibn Ezra는 또 이렇게 해석했다. "헌물을 가지고 오면, 여호와 앞에
강렬한 거룩함으로 엎드려 절해야한다"고 했다.
그 외에도 많은 주석가들의 해석이 있다.

II. 그러므로, 만국에 외치는 예배의 부르심

[7] "만국의 족속들아 영광과 권능을 여호와께 돌릴지어다 여호와
께 돌릴지어다"
[8] "여호와의 이름에 합당한 영광을 그에게 돌릴지어다 예물을
들고 그의 궁정에 들어갈지어다"
[9] "아름답고 거룩한 것으로 여호와께 예배할지어다 온 땅이여
그 앞에서 떨지어다"

우리는 인생이 일상적인 허무와 권태 속에서 그렇게 살다가 그렇게 죽
어가는 것으로 알고 있었습니다. 그런데 우리가 구원을 받고 보니 그것은
새로운 세상에 해당되는 새로운 일이었습니다. 성전에서 하나님을 찬양
하는 새로운 노래는 존귀와 위엄이 있고 능력과 아름다움이 있는 하나님
의 이름에 합당한 영광을 돌리는 일입니다.

[11] "하늘은 기뻐하고 땅은 즐거워하며 바다와 거기에 충만한 것
이 외치고"
[12] "밭과 그 가운데에 있는 모든 것은 즐거워할지로다 그 때 숲
의 모든 나무들이 여호와 앞에서 즐거이 노래하리니"

"그의 궁정" 성전 마당
"하늘은 기뻐하고" 자연계의 구성 부분들이 하나님께서 배정하신 기
능들을 수행해 나감으로 그들의 기쁨을 표현한다. 하늘은 풍성한 비
와 이슬을 주고 땅은 넉넉한 곡식을, 그런 식으로 다 (바다와 거기 충
만한 것과 밭과 그 가운데 모든 것 … 숲의 나무들) 기뻐서 주님을 찬
양한다.(Ibn Ezra)

결론

[13] "그가 임하시되 땅을 심판하러 임하실 것임이라 그가 의로 세
계를 심판하시며 그의 진실하심으로 백성을 심판하시리로다"

"그가 임하시되, 그가 임하시리라" 여기 나오는 반복은 두 가지 모습을
언급하고 있습니다.
첫째는, 하나님이 자연계의 기능에서 자신을 나타내실 것이다. 그 때
사람들은 소위 자연의 법칙이라는 것이 사실은 숨겨져 있는 하나님
의 손이라는 것을 깨달을 것이다.
둘째로, 하나님은 사람들의 행위를 심판하시는 이심을 알게 될 것이
다(말빔).

모든 우상 숭배는 끝이 나고 예언 그대로 세상에서는 예수 그리스도만
을 볼 수 있습니다. 사탄의 세계는 다 소멸되고 주님의 영광만 나타나는

때입니다.

예수 그리스도께서 오실 때는 세상에 우상 숭배와 모든 악한 행위는 다 넘어지고 마귀가 감히 범접하지 못합니다.

> [5] "만국의 모든 신들은 우상들이지만 여호와께서는 하늘을 지으셨음이로다"
> [6] "존귀와 위엄이 그의 앞에 있으며 능력과 아름다움이 그의 성소에 있도다"
> [7] "만국의 족속들아 영광과 권능을 여호와께 돌릴지어다 여호와께 돌릴지어다"

예수님 오시는 그날에 우리 모든 믿는 자들이 이 영광에 참여하게 됩니다. 예수님은 다시 오실 때 의로 심판하십니다.

> [13] "그가 임하시되 땅을 심판하러 임하실 것임이라 그가 의로 세계를 심판하시며 그의 진실하심으로 백성을 심판하시리로다"

심판의 기준은 "의"입니다. 예수 그리스도를 믿음으로 의롭다함을 얻은 자만 구원을 얻습니다. 예수 그리스도께서 다시 오셔서 의로 심판하심으로 세상은 새로워집니다.

Goal 그러므로 우리들은 예수님이 다시 오시는 그날을 맞이할 때 기쁨을 같이 나누며 여호와의 이름에 합당한 찬양을 돌릴 것입니다. 새 노래를 부르는 성도가 되기를 예수님의 이름으로 축복합니다.

시편 97편

공의와 정의의 심판

[1] 여호와께서 다스리시나니 땅은 즐거워하며 허다한 섬은 기뻐할지어다

[2] 구름과 흑암이 그를 둘렀고 의와 공평이 그의 보좌의 기초로다

[3] 불이 그의 앞에서 나와 사방의 대적들을 불사르시는도다

[4] 그의 번개가 세계를 비추니 땅이 보고 떨었도다

[5] 산들이 여호와의 앞 곧 온 땅의 주 앞에서 밀랍 같이 녹았도다

[6] 하늘이 그의 의를 선포하니 모든 백성이 그의 영광을 보았도다

[7] 조각한 신상을 섬기며 허무한 것으로 자랑하는 자는 다 수치를 당할 것이라 너희 신들아 여호와께 경배할지어다

[8] 여호와여 시온이 주의 심판을 듣고 기뻐하며 유다의 딸들이 즐거워하였나이다

[9] 여호와여 주는 온 땅 위에 지존하시고 모든 신들보다 위에 계시니이다

[10] 여호와를 사랑하는 너희여 악을 미워하라 그가 그의 성도의 영혼을 보전하사 악인의 손에서 건지시느니라

[11] 의인을 위하여 빛을 뿌리고 마음이 정직한 자를 위하여 기쁨을 뿌리시는도다

[12] 의인이여 너희는 여호와로 말미암아 기뻐하며 그의 거룩한 이름에 감사할지어다

Theme: 예수님이 재림 하실 때는 위엄 높은 재판장으로 오신다.

서론

하나님께서 온 땅을 의로운 통치로 다스리심을 즐거워하는 찬양입니다. 중심축인 7절을 기준으로 2개 단락으로 나누어져 있습니다. 그래서 1절과 8절이 서로 연결됩니다. 1절, 즐거워하며~기뻐할지어다. 8절, 기뻐하며 즐거워하였나이다. 1절은 땅을, 6절은 하늘을 말합니다.

시편 97편은 96편과 비슷합니다. 왜냐하면 "기쁘다 구주 오셨네 만백성 맞으라" 하는 것이 Theme이기 때문입니다.

> (히 1:6) "또 그가 맏아들을 이끌어 세상에 다시 들어오게 하실 때에 하나님의 모든 천사들은 그에게 경배할지어다 말씀하시며"

본문이 가르쳐 주시는 것은 "예수님이 재림 하실 때는 위엄 높은 재판장"으로 오신다는 것입니다.

I. [1] "여호와께서 다스리시나니 땅은 즐거워하며 허다한 섬은 기뻐할지어다"

─여호와께서 다스리시나니─여기 동사는 미래형 '다스리시리라' 대신 과거형 '통치하셨다'이다. 문맥(context)에는 미래형이 더 잘 맞지만 성경에서, 특별히 시에서는 시제가 상호 교환하는 것을 자주 본다. 과거형은 영원한 진리로 확실한 것을 말할 때 쓰인다. 오랜 역사가 흘러가는 동안 하나님은 항상 통치하셨다. 그 사실을 깨닫지 못한 것은 우리 잘못이다.

[2] "구름과 흑암이 그를 둘렀고 의와 공평이 그의 보좌의 기초로다"

"구름과 흑암이 그를 둘렀고 의와 공평이 그의 보좌의 기초로다"하는 말씀은 예수님이 초림 때에는 베들레헴에 초라하게 마굿간에 어린 아기로 오셨으나 재림 하실 때는 "구름과 흑암이 그를 둘렀고" 하는 말씀처럼 엄위함을 말합니다. 누구도 감히 무서워서 가까이 가지 못합니다.

"의와 공평이 그의 보좌의 기초로다"는 심판 주로 오심을 말합니다. 그 심판은 의와 공평으로 하십니다. 예수님은 말씀 하십니다.

(마 16:27) "인자가 아버지의 영광으로 그 천사들과 함께 오리니 그 때에 각 사람이 행한 대로 갚으리라"

[3] "불이 그의 앞에서 나와 사방의 대적들을 불사르시는도다"
[4] "그의 번개가 세계를 비추니 땅이 보고 떨었도다"
[5] "산들이 여호와의 앞 곧 온 땅의 주 앞에서 밀랍 같이 녹았도다"

2절의 구름과 흑암, 3절의 불(폭풍), 4절의 번개(천둥)에 드러난 하나님의 장엄한 영광, 공의로우신 진노를 밝히고 있습니다.

[3] "불이 그의 앞에서 나와 사방의 대적들을 불사르시는도다"
─불이 그의 앞에서 나와─곡과 마곡의 전쟁을 말하고 있다(에스겔 38장). 이 전쟁 중에 하나님과 이스라엘의 원수들이 하나님의 백성을 쳐서 멸망시키려 한다.─그러나 그들이 도리어 멸망 될 것이다(Rashi).

[5] "산들이 여호와의 앞 곧 온 땅의 주 앞에서 밀랍 같이 녹았도다"─

산들이 밀랍 같이 녹았도다. 산들은 위대하고, 요새 같이 우뚝 솟은 지도자들의 상징이다. 그들의 허세는 하나님의 진노 앞에서 밀랍 같이 녹아질 것이다. 에스겔 38:20절에서 곡과 마곡을 황폐시키는 큰 요동을 보여준다.

(겔 38:20) "바다의 고기들과 공중의 새들과 들의 짐승들과 땅에 기는 모든 벌레와 지면에 있는 모든 사람이 내 앞에서 떨 것이며 모든 산이 무너지며 절벽이 떨어지며 모든 성벽이 땅에 무너지리라"

[6] "하늘이 그의 의를 선포하니 모든 백성이 그의 영광을 보았도다"

세상에서 심판하는 재판장은 잘못 알아서 재판을 그르게 하기도 하고, 뇌물을 받고 재판을 그릇 행하여 약자를 억울하게 하기도 합니다. 그러나 예수 그리스도께서는 잘못하는 재판이 하나도 없습니다. 그 말씀을 가리켜 "하늘이 그의 의를 선포하니 모든 백성이 그의 영광을 보았도다"라고 하였습니다. 이런 자연계시는 누구나 보고 엎드릴 수밖에 없습니다.

[8] "여호와여 시온이 주의 심판을 듣고 기뻐하며 유다의 딸들이 즐거워하였나이다" – 여호와여 주의 판단을 시온이 듣고 기뻐하며 유다의 딸들이 그것 때문에 기뻐하였나이다.

시온과 유다는 그리스도의 몸 되신 거룩한 교회를 말합니다. 죄와 허물로 죽었던 그들은 하나님의 은혜로 받는 구원을 기뻐하고 즐거워합니다. 시온의 거룩한 통치는 오직 의인들만이 기뻐할 수 있습니다.(10-12절)

[10] "여호와를 사랑하는 너희여 악을 미워하라 그가 그의 성도의

영혼을 보전하사 악인의 손에서 건지시느니라"

[11] "의인을 위하여 빛을 뿌리고 마음이 정직한 자를 위하여 기쁨
을 뿌리시는도다"

[12] "의인이여 너희는 여호와로 말미암아 기뻐하며 그의 거룩한
이름에 감사할지어다"

시편기자는 하나님이 우리에게 빛과 기쁨을 뿌려주신다고 했습니다.
마치 겨울날 하늘의 창을 열고 눈을 뿌려 주시듯 말입니다. 그의 빛과 기
쁨으로 뿌림 받은 영혼들은 행복에 겨워 사랑의 찬미를 부르게 됩니다.
성도들은 이 기쁨으로 세상의 죄와 악을 이기는 삶을 살아갑니다.

II. 심판의 첫째 대상, 우상숭배

[7] "조각한 신상을 섬기며 허무한 것으로 자랑하는 자는 다 수치
를 당할 것이라 너희 신들아 여호와께 경배할지어다"

"너희 신들아 여호와를 경배할지어다"는 신들 보다는 천사들로 번역하
는 것이 더 좋겠습니다. 비교해 보세요. (히1:6은 시97:7의 인용이다.)

(히 1:6) "또 그가 맏아들을 이끌어 세상에 다시 들어오게 하실 때
에 하나님의 모든 천사들은 그에게 경배할지어다 말씀하시며"

결론

새 노래의 제1절은 예수 그리스도의 재림을 찬송하되 "의와 공평"으로

판결할 심판 주를 찬양하는 것입니다.(97편)

다음으로 나오는 시편 98편은 땅에서 부르는 하늘 예배의 새 찬송 제2절입니다.

"의인은 없나니 하나도 없다"(롬 3:10)고 하였습니다. 그러므로 예수 그리스도를 믿음으로 의롭다함을 얻습니다. 이 한 길뿐입니다. 그러므로 심판은 간단합니다. 공평합니다. 심판에 불평이 없습니다. "의와 공평"으로 심판합니다.

할렐루야! 영광과 찬송을 받으시기에 합당하나이다. 예수님이 재림하실 때는 엄위로운 재판장으로 오십니다.

Goal 그러므로 우리는 예수님만 믿고 의지하고 살다가 "의와 공평"으로 심판하실 때 우리 주님 편에서 구원받아 다 함께 주님 찬양하시기를 예수님의 이름으로 축복합니다.

시편 **98** 편

최후 구원의 노래

[시]

[1]   새 노래로 여호와께 찬송하라 그는 기이한 일을 행하사 그의 오른손과 거룩한 팔로 자기를 위하여 구원을 베푸셨음이로다

[2]   여호와께서 그의 구원을 알게 하시며 그의 공의를 뭇 나라의 목전에서 명백히 나타내셨도다

[3]   그가 이스라엘의 집에 베푸신 인자와 성실을 기억하셨으므로 땅 끝까지 이르는 모든 것이 우리 하나님의 구원을 보았도다

[4]   온 땅이여 여호와께 즐거이 소리칠지어다 소리 내어 즐겁게 노래하며 찬송할지어다

[5]   수금으로 여호와를 노래하라 수금과 음성으로 노래할지어다

[6]   나팔과 호각 소리로 왕이신 여호와 앞에 즐겁게 소리칠지어다

[7]   바다와 거기 충만한 것과 세계와 그 중에 거주하는 자는 다 외칠지어다

[8]   여호와 앞에서 큰 물은 박수할지어다 산악이 함께 즐겁게 노래할지어다

[9]   그가 땅을 심판하러 임하실 것임이로다 그가 의로 세계를 판단하시며 공평으로 그의 백성을 심판하시리로다

Theme: 예수님이 심판 주로 오셔서 최후 구원이 계시될 때, 주님은 공의와 정의로 심판 하실 것이요 그때는 만물이 주를 찬송합니다.

서론

　시편 98편은 97편의 계속되는 찬송(새 노래)으로 제 2절이라고 하겠습니다.

　여기서는 의와 공평으로 심판 하러 오시는 예수 그리스도를 천하 만물이 환영하며 찬송합니다.

> [9] "그가 땅을 심판하러 임하실 것임이로다 그가 의로 세계를 판단하시며 공평으로 그의 백성을 심판하시리로다"

　본문이 가르치시는 말씀은 예수님이 심판 주로 오셔서 최후 구원이 계시될 때, 주님은 의와 공평으로 심판 하실 것이요 그때는 만물이 주를 찬송한다는 것입니다.

I. 핑계 할 수없는 인간

　하나님은 아브라함을 선택 하사 그의 후손들에게 할례를 받으라 하시고 할례 받은 그들을 택함 받은 민족이라 약속 하셨습니다.

> (창 17:13,14) "너희 집에서 난 자든지 너희 돈으로 산 자든지 할례를 받아야 하리니 이에 내 언약이 너희 살에 있어 영원한 언약이 되려니와 할례를 받지 아니한 남자 곧 그 포피를 베지 아니한 자는 백성 중에서 끊어지리니 그가 내 언약을 배반하였음이니라"

그러나 그들이 애굽에서 더욱이 종살이를 할 때 400 년간 할례가 없었습니다. 그럼에도 하나님께서는 모세를 보내서 이적으로 이스라엘 백성을 애굽에서 나오게 하시고 여리고를 점령하게 하셨습니다. 길갈에 왔을 때 거기에서 다 할례를 받게 하셨습니다.

> (수 5:2,3) "그때에 여호와께서 여호수아에게 이르시되 너는 부싯돌로 칼을 만들어 이스라엘 자손들에게 다시 할례를 행하라 하시매 여호수아가 부싯돌로 칼을 만들어 할례 산에서 이스라엘 자손들에게 할례를 행하니라"

하나님께서는 이스라엘 백성들이 400 여 년 동안이나 하나님의 약속을 어기고 할례를 받지 않고 지냈으나 애굽에서 구원하시고 나라를 세워 주셨습니다. 그러나 그 후에 다시 우상 숭배하고 많은 범죄를 행할 때 바벨론에게 나라를 잃어버리고 70년간 포로 생활을 하게 하셨습니다.

II. 사람이 자기 행위로서는 자기를 구원하지 못합니다 이스라엘 백성의 역사가 증거합니다

하나님께서 모세를 통하여 이스라엘 백성들을 애굽에서 구원하신 후 바벨론 포로 될 때 까지는 1000년이 지났습니다. 그들은 항상 같은 죄를 거듭 하였습니다. 우상 숭배를 하며 또한 힘이 없고 볼 것 없는 사람들, 가난한 사람들을 착취하고, 남녀 관계의 성범죄는 항상 심했습니다. 그러므로 하나님은 혈통으로 아브라함의 후손만을 선택하여 구원하시기로 하신 것을 폐하였습니다.

　자비로우신 우리 하나님은 사람이 자기의 행위로 구원 얻지 못할 것임으로 인간의 죗값을 자기의 독생자로 하여금 지게 하셨습니다. 독생자를 믿는 자는 무조건 구원 하시되 이스라엘 백성뿐만 아니라 지역과 민족을 초월하여 누구든지 그를 믿으면 멸망하지 않고 구원을 얻게 하셨습니다.

　그러므로 이제 누구든지 예수님이 내 대신 십자가에서 죽임을 당하셨고 3일 만에 부활하셨다고 믿는 자는 다 구원을 얻게 되었습니다. 이것이 기이한 일입니다.

[1] "새 노래로 여호와께 찬송하라 그는 기이한 일을 행하사 그의 오른손과 거룩한 팔로 자기를 위하여 구원을 베푸셨음이로다"

−구원을 베푸셨도다 … 그의 오른손과 거룩한 팔로
하나님은 그가 이루시기 원하시는 것에 대하여 아무 외부 도움을 요구하시지 않습니다. 그의 "오른손으로 이루시고"라는 말은 그의 권능을 상징하는 말이다 (Radak). 구원은 오직 하나님의 권능으로 이루어집니다.

[2] "여호와께서 그의 구원을 알게 하시며 그의 공의를 뭇 나라의 목전에서 명백히 나타내셨도다"
[3] "그가 이스라엘의 집에 베푸신 인자와 성실을 기억하셨으므로 땅 끝까지 이르는 모든 것이 우리 하나님의 구원을 보았도다"

"새 노래로 여호와께 찬송하라"(1)

　새 노래는 처음 부르는 새 노래라기보다 찬송 부르는 사람의 새 마음을 가르친 것입니다. 죄인이 예수를 믿으면 거듭나서 새로운 피조물이 됩니다. 우리는 지금 죄인의 노래가 아니라 하나님을 찬송합니다.

하나님께서 우리를 위하여 하신 기이한 일과 또 우리가 믿음으로 장차 될 일을 찬송하는 것입니다. 예를 들어 말하면 우주 만물을 말씀 한마디로 창조하신 것을 우리는 찬송합니다. 예수 그리스도를 보내서 우리를 위해 십자가에서 죽으심으로 우리를 구원해 주신 것과 장차 죽으면 하나님 나라에서 영생한다는 소망 중에 감사 찬송을 부릅니다.

그러나 우리의 새 노래는 예수님이 산 자와 죽은 자를 심판하러 오신 것을 우리 눈으로 볼 때 이것이야 말로 더욱 새로운 것이요 참으로 우리의 노래는 새 노래라고 아니할 수 없을 것입니다. 우리는 다 의와 공평으로 심판하시러 오시는 예수 그리스도를 우리 눈으로 보고 새 노래를 부를 것입니다.

> 할렐루야로 여호와께 찬송하라 그는 기이한 일을 행하사 그의 오른손과 거룩한 팔로 자기를 위하여 구원을 베푸셨도다.(1절)

하나님이 예수 그리스도를 통하여 만민을 구원 하시도록 계획 하시고 섭리하시는 이 일을 사람들로 하여금 믿게 하기 위하여 하나님은 선지자들을 통하여 말씀하시고 성경에 예언하였습니다.

예수 그리스도께서 십자가에서 죽으심은 만민의 죄를 위해서 죽으셨다는 것을 성경에 기록하시고 지금은 예수님에 관한 말씀, 몇 천만 권의 성경책이 (2018년 기준) 1547개 언어로 출판되어 성경을 모르는 사람이 거의 없습니다. 이미 예수님이 십자가에서 죽으시고 부활하신지 2000년이나 되었습니다. 예수님을 몰랐다고 핑계 할 수가 없습니다.

> [2] "여호와께서 그의 구원을 알게 하시며 그의 공의를 뭇 나라의 목전에서 명백히 나타내셨도다"

그러므로 핑계 할 수가 없습니다.

땅에 있는 모든 사람은 메시야 시대를 따라 오는 평강과 행복의 새 시대로부터 혜택을 받을 것이다.(Radak) 그러므로 모든 백성은 찬송과 감사로 즐거이 소리하는 것이 마땅합니다.

러시아의 정치가(Czarist) 한 사람이 포로진의 랍비인 넷지브(Netziv)에게 묻습니다.

"왜 많은 시편들이 뭇 나라에게 이스라엘을 구원하신 하나님을 찬양하라 하는가? 하나님 찬양은 이스라엘이 할 일이지 그들을 압박한 열방이 아니지 않는가?"

넷지브는 대답하였습니다. "우리를 대적하여 꾸민 당신들의 음모의 범위를 우리는 알 길이 없다. 당신들이 몇 번이나 우리를 대항하여 흉계를 꾸몄는지. 그러나 하나님으로 말미암아 그것이 다 무산된 것을 오직 당신들만이 안다. 하나님의 기적적인 구원의 위대함을 우리보다 당신들이 더욱 잘 느끼고 있다. 그러므로 하나님의 위대하심의 완전한 범위를 오직 당신들만이 감상할 수 있다."

> "여호와께서 그의 구원을 알게 하시며 그의 공의를 뭇 나라의 목
> 전에서 명백히 나타내셨도다"

심판하시는 날에 누구든지 "나는 하나님의 구원의 소식을 듣지도 못했고 보지도 못했다고" 핑계 할 수가 없습니다. 하나님께서 이스라엘 백성을 애굽에서 구원하여 내실 때 이적으로 하신 것은 천하만국에 알려졌습니다.

[3] "그가 이스라엘의 집에 베푸신 인자와 성실을 기억하셨으므로
땅 끝까지 이르는 모든 것이 우리 하나님의 구원을 보았도다"

[9] "그가 땅을 심판하러 임하실 것임이로다 그가 의로 세계를 판
단하시며 공평으로 그의 백성을 심판하시리로다"

공평으로

시편 98편의 마지막 구절(9)은 이 마지막 단어를 빼놓고는 96편 마지막 구절(13)과 똑같습니다. 시편 98편은 "공평으로" 끝나는데 96편은 "그의 진실하심으로"라는 말로 끝납니다. 랍비 말빔 Malbim은 설명하기를 히브리어 단어 애무나(진리 혹은 믿음)는 자연의 기능을 언급한 것이라고합니다. 마치 자연 법칙은 변하지 않고 포기되지 않는 것과 같다는 것입니다.

시편 96편에서 시편 저자는 자연적 방법들을 통하여 효과가 나타나는 악인의 벌을 말하고 있습니다. 그러나 98편 본문의 이 구절은 하나님이 하시는 기적적인 심판을 설명합니다. 그것이 자연 법칙을 대체하지만, 하나님의 심판은 절대적 공평으로 시행될 것입니다.

"그가 땅을 판단하러 임하실 것임이로다"(9절)

예수님은 땅의 모든 자 "산 자와 죽은 자"를 심판하러 반드시 오십니다. 여기에 두 가지로 심판이 이루어 질 것을 말씀합니다.

첫째로는 "공평으로 그의 백성을 심판하시리로다"(9절)
예수 믿지 않고 자기만 옳다고 하는 교만한 자들은 자기의 행위대로

심판 받고 다 공평하게 지옥으로 갑니다. "죗값은 사망"입니다.

둘째로는 "의로 세계를 판단하시며"(9절)

(롬 3:10) "기록된 바 의인은 없나니 하나도 없으며"
(롬 6:23) "죄의 삯은 사망이요"라고 했습니다.
세상에 자기 행위로 의롭다함을 얻을 사람은 아무도 없습니다. 하나님께서 독생자 예수 그리스도를 보내서 우리 대신 죽게 하시고 죽은 지 사흘 만에 다시 살아나게 하셨습니다. 예수님 믿는 자는 의롭다함을 얻어 구원을 얻게 하셨습니다.

(롬 4:25) "예수는 우리가 범죄한 것 때문에 내줌이 되고 또한 우리를 의롭다 하시기 위하여 살아나셨느니라"

그러므로 예수 믿는 사람은 의로 판단하여 구원을 얻습니다. 예수를 믿음으로 의롭다함을 얻고 의롭다함을 얻은 자는 은혜로 구원을 얻습니다.
구원을 얻은 자는 이 기이한 일을 행하신 여호와께 "새 노래로 찬송"합니다. 하나님은 "그의 오른손과 거룩한 팔로" 그 전능하시고 거룩한 능력으로 자기를 위하여 구원을 베푸셨습니다.

결론

그러므로 온 땅은 여호와 하나님을 찬양하라. 어떻게 찬양 할 것인가?
[5] "수금으로 여호와를 노래하라 수금과 음성으로 노래할지어다"

[6] "나팔과 호각 소리로 왕이신 여호와 앞에 즐겁게 소리칠지어다"

　우리 주 예수 그리스도께서 세상을 심판하러 오실 때 우리는 모든 악기를 다 동원하고 큰 음성으로 주님을 찬양합니다.
　지으심을 받은 만물이 또한 다 찬양합니다. 우주의 심포니가 울릴 것입니다.

[7] "바다와 거기 충만한 것과 세계와 그 중에 거주하는 자는 다
외칠 지어다"
[8] "여호와 앞에서 큰 물은 박수할지어다 산악이 함께 즐겁게 노
래할지어다"

　바다와 그 가운데 있는 것들과 산과 그 중에 있는 만물이 오시는 주님을 찬양할 것입니다. 만물의 영장인 인간이 불순종하여 저주 아래 놓일 때 만물이 함께 저주를 받아 고통에 빠졌습니다. 주 예수 그리스도께서 오시는 날에 만물이 회복됩니다.(롬 8:21~22) 그러므로 모든 자연 동산이 우리와 같이 주를 찬양할 것입니다.
　교회는 예수님 재림 하실 때뿐만 아니라 지금도 찬송 소리가 우렁차고 아멘 소리가 크게 울려 나와야 하나님의 은혜와 복이 더 충만하게 임합니다.

Goal 그러므로 우리는 온 우주 만물과 같이 합창하며 심판 주로 오시는 우리 주님을 맞이하기 위하여 지금부터 열심히 찬양합시다. 아멘.

시편 99편

심판 주 하나님의 공의

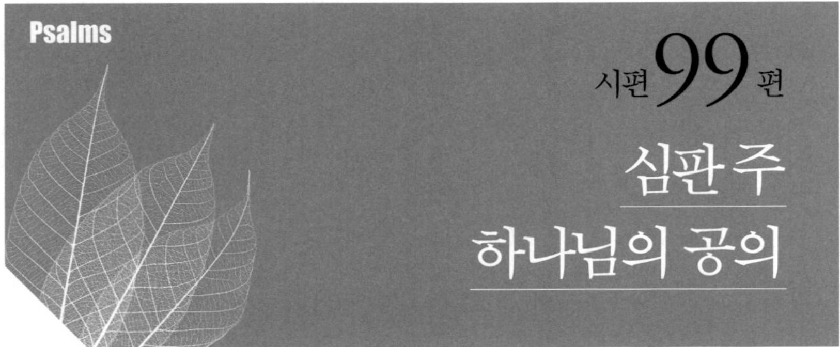

[1] 여호와께서 다스리시니 만민이 떨 것이요 여호와께서 그룹 사이에 좌
정하시니 땅이 흔들릴 것이로다

[2] 시온에 계시는 여호와는 위대하시고 모든 민족보다 높으시도다

[3] 주의 크고 두려운 이름을 찬송할지니 그는 거룩하심이로다

[4] 능력 있는 왕은 정의를 사랑하느니라 주께서 공의를 견고하게 세우시
고 주께서 야곱에게 정의와 공의를 행하시나이다

[5] 너희는 여호와 우리 하나님을 높여 그의 발등상 앞에서 경배할지어다
그는 거룩하시도다

[6] 그의 제사장들 중에는 모세와 아론이 있고 그의 이름을 부르는 자들
중에는 사무엘이 있도다 그들이 여호와께 간구하매 응답하셨도다

[7] 여호와께서 구름 기둥 가운데서 그들에게 말씀하시니 그들은 그가 그
들에게 주신 증거와 율례를 지켰도다

[8] 여호와 우리 하나님이여 주께서는 그들에게 응답하셨고 그들의 행한
대로 갚기는 하셨으나 그들을 용서하신 하나님이시니이다

[9] 너희는 여호와 우리 하나님을 높이고 그 성산에서 예배할지어다 우리
하나님은 거룩하심이로다

Theme: 심판 주 하나님은 공의로 심판하시므로 행한 대로 갚기는 하시
지만 회개한 자는 구원하여 주신다.

시편 99편은 은혜와 자비의 보좌 위에 앉으신 왕을 찬양하는 찬송입니다. 본문이 우리에게 가르쳐 주시는 것은 "심판 주 하나님은 공의로 심판하시므로 행한 대로 갚기는 하시지만 회개한 자는 구원하여 주신다."는 것입니다.

I. [1] "여호와께서 다스리시니 만민이 떨 것이요 여호와께서 그룹 사이에 좌정하시니 땅이 흔들릴 것이로다"

이 시편도 전능하신 하나님의 권능을 찬양하는 찬송입니다. 만일 우리가 여호와 하나님께 습관적으로 찬양을 드리지 못했으면 찬양의 습관을 반드시 드려야 합니다. 우리가 천국에서 살 때 선하심이 불변하신 하나님을 제일 많이 찬양하는 것이 본분이 되어 그 습관을 드려야 합니다. 그러므로 그 습관은 천국에서 드리기 보다는 이 땅에서 드려야 합니다.

찬송은 "우리 주님은 선하시도다"라는 것이 그 주제입니다. 주님의 선하심을 찬양하는 것은 우리를 구원하여 주셨다는 것입니다. 우리를 우리 원수의 손에서 구원하신 것보다 더 찬양할 것이 무엇입니까?

이 찬송은 이후 그리스도의 왕국에서 찬양할 것입니다. 아직 이 땅에 그리스도의 왕국은 이루어지지 않았습니다. 그러나 어찌 지금 여기서 우리 주님을 찬양하지 않겠습니까? 왜 우리가 지금 찬양해야 할 지 그 이유를 아시겠습니까? 왜냐하면 그는 위대하시고, 진실하시고 사랑이 충만하심이 영원불변 하시기 때문입니다. 그는 우리에게 항상 좋으신 하늘에 계신 우리 아버지십니다. 하나님의 선하심을 항상 기억하십시다.

II. [4] "능력 있는 왕은 정의를 사랑하느니라 주께서 공의를 견고하게 세우시고 주께서 야곱에게 정의와 공의를 행하시나이다"

[5] "너희는 여호와 우리 하나님을 높여 그의 발등상 앞에서 경배할지어다 그는 거룩하시도다"

이 세상에 정의를 행사하는 왕이나 대통령은 없습니다. 세상에서 공의를 행하는 자를 볼 수가 없습니다. 공의와 정의가 온전히 실현되려면 하나님이 다스리시는 나라가 되어야 합니다.

마찬가지로 공의로 다스리는 왕과 대통령은 없습니다. 다 자기의 유익을 먼저 생각합니다. 우리 주 예수 그리스도께서 다시 오셔서 이 땅을 다스릴 때만 그것이 이루어집니다.

그러므로 시편 저자는 말합니다.

[5] "너희는 여호와 우리 하나님을 높여 그의 발등상 앞에서 경배할지어다 그는 거룩하시도다"

우리는 이 땅 위에 그리스도가 다스리시는 왕국이 이루어지기를 고대하며 바라고 기다립니다.

결론

[8] "여호와 우리 하나님이여 주께서는 그들에게 응답하셨고 그들

의 행한 대로 갚기는 하셨으나 그들을 용서하신 하나님이시니이다"

[9] "너희는 여호와 우리 하나님을 높이고 그 성산에서 예배할지

어다 여호와 우리 하나님은 거룩하심이로다"

"주께서는 그들에게 응답하셨고 그들의 행한 대로 갚기는 하셨으나"

하신 말씀은 우리가 죄를 범하면 회개 할 때 없던 것으로 지나가시지는 아니하십니다. 광야에서 하나님과 모세를 향하여 원망한 사람은 죗값으로 다 광야에서 죽고 가나안에 못 들어갔습니다. 회개해도 죗값은 세상에서 받는다는 것입니다.

(그러나) "그들을 용서하신 하나님이시니이다"하는 말씀은 죄를 사하시사 지옥가게 하시지는 아니하신다는 말씀입니다. 광야에서 죽은 자가 자기의 죄로 죽기는 죽었으나 회개한 자는 다 구원하여 주신 것을 말합니다.

그러므로 우리는 하나님께 감사할 것뿐이요 예배할 것뿐입니다. 심판 주 하나님은 공의로 심판하시므로 행한 대로 갚기는 하시지만 회개한 자는 구원하여 주십니다.

Goal 그러므로 우리는 잘못하고 범죄 했을 때 속히 회개하면 하나님은 공의의 하나님이심으로 반드시 구원하십니다. 항상 회개하고 기쁨으로 하나님께 예배드리시기를 축복합니다.

시편 100편

추수 감사절

[감사의 시]

[1] 온 땅이여 여호와께 즐거운 찬송을 부를지어다

[2] 기쁨으로 여호와를 섬기며 노래하면서 그의 앞에 나아갈지어다

[3] 여호와가 우리 하나님이신 줄 너희는 알지어다 그는 우리를 지으신 이요 우리는 그의 것이니 그의 백성이요 그의 기르시는 양이로다

[4] 감사함으로 그의 문에 들어가며 찬송함으로 그의 궁정에 들어가서 그에게 감사하며 그의 이름을 송축할지어다

[5] 여호와는 선하시니 그의 인자하심이 영원하고 그의 성실하심이 대대에 이르리로다

Theme: 모세는 마지막 송별사에서 사람이 잘 살고 못사는 우주적인 법칙을 가르쳐 주었습니다.

서론

미국에서 처음 추수감사절을 지킨 청교도들은 구라파에서 미국으로 와서 농사를 지었습니다. 오는 도중에 병이 걸려 많은 사람이 죽었습니

다. 그러나 그들은 브레드포드 Bradford 주지사의 감사절을 지키자는 말을 받들었습니다. 들판에 나가 야생 칠면조를 잡아다가 감자를 삶아서 같이 나눠 먹으며 감사절을 지낸 것이 미국 땅에서 처음 지낸 감사절입니다.

그 후 매해 감사절을 지켰는데 전 미국이 같은 날 감사절을 지내게 된 것은 미국이 독립전쟁 때, 1789년에 조지 워싱턴 대통령이 감사절을 지키자고 제안하고 그의 뜻을 받들어 독립전쟁 중에 추수감사절을 지켰습니다.

미국의 남북전쟁은 우리가 흑인 노예 해방전쟁이라고 하는데 1861년 4월 12일부터 1865년 4월 26일까지 만 4년간 있었습니다. 이때 미국 청년 가운데 죽은 자가 617,000이요 부상자가 375,000이였습니다. 이런 전쟁이 가장 치열하던 1863년에 링컨 대통령은 11월 마지막 목요일을 추수감사절로 지키자고 선포하였습니다. 온 국민은 도탄 속에서도 하나님께 감사절을 지켰습니다.

아직도 우리 중에는 제2차 세계대전을 기억하시는 분들이 많이 있습니다. 루즈벨트 대통령은 2차 대전이 시작되었을 때 1939년 11월 마지막 금요일을 추수감사절로 지키자고 공포하고 전쟁이 한창일 때 1941년에는 미국 국회에서 지금 우리가 지키는 11월 넷째 목요일을 감사절로 지키기로 결정하여 이 날을 영원한 국경일로 제정하였습니다. 이것이 미국에서 우리가 지키는 감사절입니다.

그러나 우리가 감사절의 본원으로 올라가 보면 모세가 이스라엘 백성들에게 가나안에 들어가서 복 받아 잘 사는 비결로 신명기 8장에서 하나님께 감사 찬송 할 것을 가르쳐 주셨습니다. 다시 말하면, 모세는 마지막 송별사에서 사람이 잘 살고 못 사는 우주적인 법칙을 가르쳐 주었다는 것입니다.

I. (미즈모르 레토다) - 감사의 시

시편 100편은 감사의 시, (토다 시편)입니다.

시 92:1절 [안식일의 찬송시] 와 같이
"지존자여 십현금과 비파와 수금으로 여호와께 감사하며 주의 이름을 찬양하고 아침마다 주의 인자하심을 알리며 밤마다 주의 성실하심을 베풂이 좋으니이다"

안식일에 성전에서 감사 예배를 드리면서 감사희생을 바칠 때 레위자손들이 불렀던 시편인데 이것을 "토다 Todah 시편"이라고 합니다.
토다의 의미는 성경에 "죄 고백" 또는 "감사"(Thanksgiving)라는 두 가지 뜻으로 나옵니다.

1. 첫째, 죄 고백: (스 10:11) "이제 너희 조상들의 하나님 앞에서 죄를 자복하고 그의 뜻대로 행하여 그 지방 사람들과 이방 여인을 끊어 버리라 하니"

2. 둘째, 감사: (시 26:7) "감사의 소리를 들려 주고 주의 기이한 모든 일을 말하리이다"
본문에서 "토다"는 "너희는 하나님께 감사하라"는 뜻입니다.

II. 기쁘고 즐겁게 예배 드려라

[1] "온 땅이여 여호와께 즐거운 찬송을 부를지어다"

"여호와께 부를지어다"

예수님께서는 "하늘에 계신 우리 아버지여"라고 부르라고 하셨습니다. 전능하사 말씀 한마디로 우주 만물을 창조하신 이가 우리 아버지이시니 얼마나 즐겁습니까. 하늘에 계신 전능하신 우리 아버지이시니 즐겁게 그를 부르라는 말씀입니다. "아버지!"

[2] "기쁨으로 여호와를 섬기며 노래하면서 그의 앞에 나아갈지어다"

섬기며 – "기쁨으로 여호와를 섬기며"

"섬기며"는 예배드린다는 말씀입니다. 기쁨으로 여호와 하나님께 예배드리라는 말씀입니다. 또 "노래하면서 그의 앞에 나아갈지어다" 찬송 중에 주님을 만나게 됩니다. 이 말씀도 마찬가지로 기뻐 노래하라는 말씀입니다. 기쁜 것이 노래방에 가서 신나게 흔들고 뛰기 때문에 기쁜 것도 있고 소원이 성취되어 기쁜 것도 있습니다.

여기서는 전능하신 하나님이 내 아버지시니 기뻐하라는 것입니다. 내가 권세 있고 돈이 많은 친구가 있어서 언제나 내가 말하면 거절하지 않는다면 얼마나 좋고 마음 든든하고 기뻐하겠습니까. 예배드릴 때 기뻐하라는 기쁨은 그런 기쁨을 말하는 것입니다. 우리 하나님은 전능하시고 모든 것을 다스리시는 분이시고 기도하면 거절하지 않고 들어 주시는 우리 아버지시니 기뻐하라는 것입니다.

우리 하나님은 화가 나서 한 사람은 여기 앉고 또 한 사람은 저기 앉아 예배드리는 것은 받지 아니합니다. 기쁨으로 예배드리면서 기뻐 찬양을 불러야 그 예배와 찬양을 받으시지 얼굴이 쉰 떡 삶은 것 같이 하고 앉아서 예배드리면 꼴도 보기 싫어합니다. 형제가 쌈질하며 부모에게 인사하러 오면 기뻐할 부모가 어디 있겠느냐는 것입니다. 얼굴을 펴고 기쁜 얼굴로 예배드립시다. 그러므로 예수님은 말씀 하셨습니다.

(마 5:23,24) [23] “그러므로 예물을 제단에 드리려다가 거기서 네 형제에게 원망들을 만한 일이 있는 것이 생각나거든”

[24] “예물을 제단 앞에 두고 먼저 가서 형제와 화목하고 그 후에 와서 예물을 드리라” 아멘! 다 같이 아멘!

[1,2] “온 땅이여 여호와께 즐거운 찬송을 부를지어다” “기쁨으로 여호와를 섬기며 노래하면서 그의 앞에 나아갈지어다”

“기쁨으로 여호와를 섬기며”－여기서는 기쁨으로 섬기라고 하셨는데 그러나 시편 2:11절에는

“여호와를 경외함으로 섬기고 떨며 즐거워할지어다” 하셨습니다.

어떻게 우리는 “기쁨”과 “경외함”을 일치 시킬 수 있을까요?

우리는 하나님을 두려워해야 합니다. 하나님에 대해서 두려움, 존경심, 그리고 경외감을 느끼면서 예배하는 것이 우리를 영적으로 성장하게 합니다. 사람이 은혜 받으면 하나님을 경외함으로 자신이 지혜를 얻게 되고 또 그것이 우리를 천국으로 인도하는 과정의 시작임을 깨닫고, 가는 길에 어려움들이 있어도 그 모두를 기쁨으로 받게 됩니다.

우리는 때를 얻든지 못 얻든지 항상 기쁨으로 주님을 섬겨야 합니다. 하나님은 우리 하나님이시고 섬기는 자에게는 상을 주시기 때문입니다. 그러나 우상을 섬기는 자는 기쁨으로 섬길 필요가 없습니다. 받을 상이 없기 때문입니다.

III. 예배드릴 때 반드시 우리가 알아야 할 것이 있습니다

[3] “여호와가 우리 하나님이신 줄 너희는 알지어다 그는 우리를

지으신 이요 우리는 그의 것이니 그의 백성이요 그의 기르시는 양
이로다"

여호와가 우리 하나님 – "그는 우리를 지으신 이요"
하나님이 우리를 만드셨습니다. 우리가 우리를 만들지 않았습니다.
우리가 세상에 있기 전에 이미 하나님은 우리를 알고 하나님의 책에
기록까지 하셨습니다.

(시 139:16) "내 형질이 이루어지기 전에 주의 눈이 보셨으며 나를
위하여 정한 날이 하루도 되기 전에 주의 책에 다 기록이 되었나
이다"

"우리는 그의 것이니" "그의 백성이요 그의 기르시는 양이로다" –
(시 139:6) "이 지식이 내게 너무 기이하니 높아서 내가 능히 미치
지 못하나이다"

1. 첫째로 알 것은 "여호와가 우리 하나님이신 줄" 알고 예배 드려야
합니다.

예수님께서도 기도할 때 누구에게 기도하는지 확실히 알고 기도하라
고 하셨습니다. "하늘에 계신 우리 아버지"에게 기도합니다. 우리는 예배
드릴 때 예배의 대상을 확실히 알고 예배드려야 합니다. 우리는 성부 성
자 성령 하나님께만 예배드립니다. 하늘에 계신 하나님은 우리의 아버지
입니다.

2. 둘째로 알 것은 "그는 우리를 지으신 이요"

우리가 예배하는 하나님은 우리를 지으신 창조주 하나님이라는 말씀
입니다. 그래서 우리가 예배드릴 때 "전능하사 천지를 만드신 하나님 아

버지를 내가 믿사오며"하고 내가 믿는 하나님은 우주 만물을 창조하신 창조주이심을 고백합니다. 또 우리는 "우리 주 예수 그리스도를 믿사오니"또"성령을 믿사오며"하고 신앙고백을 하는데 성부 성자 성령 삼위일체 되시는 하나님은 우리를 지으신 하나님이시요, 그 하나님께 예배를 드린다고 신앙고백을 하는 것입니다.

3. 셋째로"우리는 그의 것이니 그의 백성이요 그의 기르시는 양이로다"

"우리는 그의 것"이라고 했습니다. 우리는 하나님의 것임을 알고 예배합시다. 우리가 다 우리 조상의 죄와 우리의 죄로 인하여 사탄의 종이 되었습니다. 하나님 아버지께서 우리를 구원하시기 위하여 자기의 독생자 예수 그리스도를 세상에 보내셨습니다. 예수 그리스도는 우리의 죗값을 치르시기 위하여 우리가 죽을 자리에서 대신 고난을 당하시고 죽으셔서 우리를 구원해 주셨습니다. 이제는 우리가 사탄의 것이 아니라 하나님의 것이 된 것입니다.

"우리는 그의 것이니 그의 백성이요 그의 기르시는 양이로다"

우리는 하나님의 것이 되었고, 하나님의 백성이 되어 지금은 하나님이 먹여주시고 길러주시고 보호해주시는 하나님의 양이 되었습니다. 하나님의 양입니다. 하나님의 자녀입니다. 하나님이 먹여주시고 입혀주시고 지켜주시고 책임져주시는 하나님의 백성입니다. 이것을 알고 예배하면 우리는 기쁨을 누리게 됩니다.

(시 126:1-6) [성전에 올라가는 노래]

[1] "여호와께서 시온의 포로를 돌려 보내실 때에 우리는 꿈꾸는 것 같았도다"

[2] "그 때에 우리 입에는 웃음이 가득하고 우리 혀에는 찬양이

찾었도다 그 때에 뭇 나라 가운데에서 말하기를 여호와께서 그들을 위하여 큰 일을 행하셨다 하였도다"

[3] "여호와께서 우리를 위하여 큰 일을 행하셨으니 우리는 기쁘도다"

[4] "여호와여 우리의 포로를 남방 시내들 같이 돌려 보내소서"

[5] "눈물을 흘리며 씨를 뿌리는 자는 기쁨으로 거두리로다"

[6] "울며 씨를 뿌리러 나가는 자는 반드시 기쁨으로 그 곡식 단을 가지고 돌아오리로다"

(렘 33:10,11) "여호와께서 이와 같이 말씀하시니라 너희가 가리켜 말하기를 황폐하여 사람도 없고 짐승도 없다 하던 여기 곧 황폐하여 사람도 없고 주민도 없고 짐승도 없던 유다 성읍들과 예루살렘 거리에서 즐거워하는 소리, 기뻐하는 소리, 신랑의 소리, 신부의 소리와 및 만군의 여호와께 감사하라, 여호와는 선하시니 그 인자하심이 영원하다 하는 소리와 여호와의 성전에 감사제를 드리는 자들의 소리가 다시 들리리니 이는 내가 이 땅의 포로를 돌려보내어 지난 날처럼 되게 할 것임이라 여호와의 말씀이니라"

IV. 감사하며 찬송할 것밖에 없습니다

[4] "감사함으로 그의 문에 들어가며 찬송함으로 그의 궁정에 들어가서 그에게 감사하며 그의 이름을 송축할지어다"

"감사함으로 … 찬송함으로 … 그에게 감사하며"
우리는 감사가 넘쳐서 하나님을 찬송하면서 예배할 것입니다.

하나님께 감사하러 들어갈 때에 빈손으로 그 앞에 갈 수 없습니다. 예물을 안 드리면서 "감사합니다" 할 때는 마음에 떳떳하지 못해서 기쁠 수가 없습니다. 하나님은 우리에게 많은 것을 요구 하시지 않습니다. 이 예물은 하나님이 주신 은혜에 감히 보답하는 것이 아닙니다. 감사한 마음의 표시에 불과합니다. 그러므로 예물을 정성껏 준비하여 바쳐야 합니다.

(레 22:29) "너희가 여호와께 감사제물을 드리려거든 너희가 기쁘게 받으심이 되도록 드릴지며"

감사제를 드린 후에 하나님께 기도하면 더욱 힘 있게 간구합니다.

(시 116:17) "내가 주께 감사제를 드리고 여호와의 이름을 부르리이다"

전도도 감사제를 드린 사람이 확신을 가지고 하나님의 행사를 선포합니다.

(시 107:22) "감사제를 드리며 노래하여 그가 행하신 일을 선포할지로다"

옛 성도들은 여호와의 집에 올 때에 빈 손들고 하나님 앞에 서지 않았습니다.

(렘 17:26) "사람들이 유다 성읍들과 예루살렘에 둘린 곳들과 베냐민 땅과 평지와 산지와 네겝으로부터 와서 번제와 희생과 소제와 유향과 감사 제물을 여호와의 성전에 가져오려니와"

진정한 감사는 감사예배를, 그리고 감사예물을(thanksgiving) 하나님께 바치게 합니다. 감사라는 히브리 단어 토다는 히브리 단어(야다)에서 나온 단어입니다. 야다는 손이라는 뜻으로 육체적으로 행함을 내포하고 있습니다.

> (시 50:14,23) [14] "감사로 하나님께 제사를 드리며 지존하신 이에게 네 서원을 갚으며"
> [23] "감사로 제사를 드리는 자가 나를 영화롭게 하나니 그의 행위를 옳게 하는 자에게 내가 하나님의 구원을 보이리라"

하나님께 열납하시는 감사제를 드리면 하나님을 영화롭게 하고 그리고 우리에게는 받을 상이 있습니다.

> [5] "여호와는 선하시니 그의 인자하심이 영원하고 그의 성실하심이 대대로 이르리로다"

"그의 성실하심이 대대로 이르리로다"

하나님이 하신 약속은 대대로 지속됩니다. 하나님은 약속을 꼭 지키십니다.

우리를 그리스도의 고난을 통하여 구원하여 주신 사랑은 영원한 사랑입니다. 우리뿐만 아니라 예수 믿는 우리의 자손들도 영원무궁토록 보호하시고 변하지 아니하십니다. 우리 하나님의 약속입니다.

결론

우리 하나님의 사랑은 영원하십니다.

> [5] "여호와는 선하시니 그의 인자하심이 영원하고 그의 성실하심
> 이 대대에 이르리로다"

우리에게 상 주시는 하나님을 바라보며 기쁨으로 그 앞에 나아갑시다.
하나님이 오늘 우리가 드리는 감사예배를 열납하십니다.
우리가 드리는 예물과 아울러 우리 찬양과 감사를 기뻐 받으십니다.

Goal 그러므로 감사 주일을 맞이하여, 예배드리는 모든 성도들은
오늘뿐 아니라 주님 앞에 설 때까지

[1] "여호와께 즐거운 찬송을 부를지어다"
[2] "기쁨으로 여호와를 섬기며 노래하면서 그의 앞에 나아갈지어다"

이런 예배를 통하여 하나님께는 영광이요 우리에게는 은혜와 상급이
임할 것을 예수님의 이름으로 축복합니다.

시편 **101**편

완전한 사람

[다윗의 시]

[1] 내가 인자와 정의를 노래하겠나이다 여호와여 내가 주께 찬양하리이다

[2] 내가 완전한 길을 주목하오리니 주께서 어느 때나 내게 임하시겠나이까 내가 완전한 마음으로 내 집 안에서 행하리이다

[3] 나는 비천한 것을 내 눈 앞에 두지 아니할 것이요 배교자들의 행위를 내가 미워하오리니 나는 그 어느 것도 붙들지 아니하리이다

[4] 사악한 마음이 내게서 떠날 것이니 악한 일을 내가 알지 아니하리로다

[5] 자기의 이웃을 은근히 헐뜯는 자를 내가 멸할 것이요 눈이 높고 마음이 교만한 자를 내가 용납하지 아니하리로다

[6] 내 눈이 이 땅의 충성된 자를 살펴 나와 함께 살게 하리니 완전한 길에 행하는 자가 나를 따르리로다

[7] 거짓을 행하는 자는 내 집 안에 거주하지 못하며 거짓말하는 자는 내 목전에 서지 못하리로다

[8] 아침마다 내가 이 땅의 모든 악인을 멸하리니 악을 행하는 자는 여호와의 성에서 다 끊어지리로다

Theme: 우리는 인자와 공의를 찬송 할뿐 아니라 인자와 공의를 실천해야 한다.

성도 여러분 세상에서 제일 살기 좋은 나라는 어느 나라입니까? 물론 미국이라고 생각 할 것입니다. 왜 미국이 살기 좋은지요? 나이 많으면 미국에서 책임져주고 무료로 먹여주고 병원도 공짜로 다 갈 수 있으니 물론 제일입니다. 그러나 이 나라가 살기 좋은 것은 "자비와 공의"가 전 세계에서 제일 많이 실천되고 있기 때문입니다. 인애와 자비는 말로만 하는 것이 아니고 실제적으로 손을 펴서 도와주는 나라가 미국입니다. 예를 들면 미국에 와서 병들면 우선 외국인이라도 다 고쳐줍니다. 돈 없어서 공부 못하는 법이 없습니다. 이것이 인애와 자비입니다.

이 세상의 재판소에서는 돈 많이 주는 사람이 이기고 권세있는 사람이 이깁니다. 잘못이 없어도 감옥 가는 나라가 많습니다. 한마디로 공의가 없습니다. 그런 측면에서 미국은 다른 나라에 비하여 공의가 서 있는 나라이기 때문에 미국이 한국 보다 살기 좋은 것입니다.

오늘 본문 말씀이 우리에게 가르치는 것은 "우리는 인자와 공의를 찬송 할뿐 아니라 인자와 공의를 실천해야 한다."는 것입니다.

I. 인자와 공의를 찬양해야합니다

[1] "내가 인자와 정의를 노래하겠나이다 여호와여 내가 주께 찬양 하리이다"

[2] "내가 완전한 길을 주목하오리니 주께서 어느 때나 내게 임하시겠나이까 내가 완전한 마음으로 내 집 안에서 행하리이다"

“내가 완전한 길을 주목하오리니” 하는 말씀과 “내가 완전한 마음으로 내 집 안에서 행하리이다” 하는 말씀을 보면 사람이 하나님 보시기에 완전히 행하는 것은 “인자와 정의”를 행하는 것입니다.

“인자와 정의”를 행하려면 우리의 힘으로 하지 못합니다. 사람은 자기 유익부터 생각합니다. 일본을 보세요. 러일전쟁 후 일본은 한국을 보호하고 도와준다는 명목으로 한국에 18세기 말에 들어와 한국을 자기네 땅으로 만들기 위하여 얼마나 많은 사람을 죽이고 학생들을 잡아다 때리고 혹독하게 죽였습니까?

삼일 운동 때 선교사들이 작성한 보고를 보면 참혹합니다. 연세대학교를 창설한 언더우드 목사의 아들이 보고한 것을 보면 교인들을 교회에 다 들어가게 하고 총으로 난사한 후 불을 질렀습니다. 인간은 자기 유익을 위해 사람을 죽입니다. 도와주기는커녕 죽이고 빼앗습니다.

그러나 우리 믿는 사람들은 “인자와 정의”를 행해야겠는데 어떻게 행하겠습니까? 우리 사람으로는 못합니다. 다만 한 길뿐입니다. 그러므로 하나님께 기도합니다.

“내가 완전한 길을 주목하오리니 주께서 어느 때나 내게 임하시겠나이까” 주의 영이 내게 임하시고 주의 영이 나를 도와 주셔야 내가 완전히 행할 수 있다는 말입니다. 그러므로 주의 영이 내게 임하셔서 도와주소서. 하는 것입니다.

II. 주의 영이 같이 하시면 죄악을 멀리 할 수 있습니다

[3] “나는 비천한 것을 내 눈 앞에 두지 아니할 것이요 배교자들의 행위를 내가 미워하오리니 나는 그 어느 것도 붙들지 아니하리

이다"

[4] "사악한 마음이 내게서 떠날 것이니 악한 일을 내가 알지 아니하리로다"

[5] "자기의 이웃을 은근히 헐뜯는 자를 내가 멸할 것이요 눈이 높고 마음이 교만한 자를 내가 용납하지 아니하리로다"

[3] "나는 비천한 것을 내 눈 앞에 두지 아니할 것이요"는 잔인한 행동은 하지 않겠다는 말입니다. 주의 영이 계시면 불쌍히 여기는 자비심이 생깁니다. 약한 자를 쳐서 자기 유익을 얻으려 하지 않는 다는 것입니다.

"배교자들의 행위를 내가 미워하오리니 나는 그 어느 것도 붙들지 아니하리이다" 배교한다는 것은 진리를 버리고 자기 유익을 위해 따라간다는 말입니다. 주의 영은 이런 것을 허락지 않습니다.

[4] "사악한 마음이 내게서 떠날 것이니 악한 일을 내가 알지 아니하리로다" 더러운 것을 하지 않겠다는 말입니다. "사악한 마음"은 악한 마음 또는 더러운 마음 이라는 말입니다. (6절 완전한의 반대말)

[5] "자기의 이웃을 은근히 헐뜯는 자를 내가 멸할 것이요 눈이 높고 마음이 교만한 자를 내가 용납하지 아니하리로다"

"은근히 헐뜯는 자"라는 말은 칭찬을 하는 것 같은데 실상은 헐뜯는 것을 말합니다. 우리 성령님은 속을 꿰뚫어 보시는 하나님이라 다 아십니다. 그것은 교만에서 나오는 것입니다. 남을 은근히 헐뜯는 자와 교만한 자를 주의 영이 계시면 용납하시지 않겠다는 것입니다. 이런 것들은 다 육신이 좋아 하는 것들이므로 주님의 영이 오셔서 다 내어 버리도록 도와주시옵소서. 기도 하는 것입니다.

III. [6] "내 눈이 이 땅의 충성된 자를 살펴 나와 함께 살게 하리니 완전한 길에 행하는 자가 나를 따르리로다"

[7] "거짓을 행하는 자는 내 집 안에 거주하지 못하며 거짓말하는 자는 내 목전에 서지 못하리로다"
[8] "아침마다 내가 이 땅의 모든 악인을 멸하리니 악을 행하는 자는 여호와의 성에서 다 끊어지리로다"

1절에서 5절까지는 다윗의 기도요 6절에서 8절까지는 메시야 시입니다. 다시 말하면 예수 그리스도께서 오셔서 하실 일입니다.

[6] "내 눈이 이 땅의 충성된 자를 살펴 나와 함께 살게 하리니 완전한 길에 행하는 자가 나를 따르리로다"

충성된 자는 "인자와 정의"를 행하는 자요 이 사람은 "완전한 길에 행하는 자"라고 했습니다. 예수 그리스도를 수종들 수 있는 자는 "인자와 정의를 행하는 자" 입니다.

[7] "거짓을 행하는 자는 내 집 안에 거주하지 못하며 거짓말하는 자는 내 목전에 서지 못하리로다"

겉으로는 사탕발림을 하고 속으로는 칼을 쥐고 찌르는 자는 예수님이

용납하지 않는다는 말씀입니다.

예수님이 세상에 오신 것은 죄악을 멸하러 오셨습니다.

결론

시편 101편이 우리에게 가르치는 것은 네 가지가 있습니다.

1. 완전한 인간이 누구인가? 인자와 정의를 행하는 사람이다.

2. 세상에 인자와 정의를 완전히 행하는 사람은 없다. 그러나 예수 그리스도의 영이 오셔서 도와주시면 믿음으로 할 수 있다.

3. 예수님은 충성되고 완전한 자다. 즉 인자와 정의를 행하는 자만 하나님의 전에 거하게 하신다.

4. 그러므로 우리는 항상 인자와 정의를 찬송할 뿐 아니라 인자와 정의를 실천하도록 노력해야 하는 것이다. 또한 불의를 따라 행하는 자는 주님이 멸하신다.

Goal 그러므로 우리는 나의 도움이 필요한 사람에게는 인자한 손을 폅시다. 또한 우리는 내 육신만을 위해서 손을 들지 말고 주님의 뜻이 무엇인지 알아서 공의를 따라 사는 성도가 되시기를 축복합니다.

시편 102편

불행을 당한 사람의 기도
(메시아 시)

[고난 당한 자가 마음이 상하여 그의 근심을 여호와 앞에 토로하는 기도]

[1] 여호와여 내 기도를 들으시고 나의 부르짖음을 주께 상달하게 하소서

[2] 나의 괴로운 날에 주의 얼굴을 내게서 숨기지 마소서 주의 귀를 내게 기울이사 내가 부르짖는 날에 속히 내게 응답하소서

[3] 내 날이 연기 같이 소멸하며 내 뼈가 숯 같이 탔음이니이다

[4] 내가 음식 먹기도 잊었으므로 내 마음이 풀 같이 시들고 말라 버렸사오며

[5] 나의 탄식 소리로 말미암아 나의 살이 뼈에 붙었나이다

[6] 나는 광야의 올빼미 같고 황폐한 곳의 부엉이 같이 되었사오며

[7] 내가 밤을 새우니 지붕 위의 외로운 참새 같으니이다

[8] 내 원수들이 종일 나를 비방하며 내게 대항하여 미칠 듯이 날뛰는 자들이 나를 가리켜 맹세하나이다

[9] 나는 재를 양식 같이 먹으며 나는 눈물 섞인 물을 마셨나이다

[10] 주의 분노와 진노로 말미암음이라 주께서 나를 들어서 던지셨나이다

[11] 내 날이 기울어지는 그림자 같고 내가 풀의 시들어짐 같으니이다

[12] 여호와여 주는 영원히 계시고 주에 대한 기억은 대대에 이르리이다

[13] 주께서 일어나사 시온을 긍휼히 여기시리니 지금은 그에게 은혜를 베푸실 때라 정한 기한이 다가옴이니이다

[14] 주의 종들이 시온의 돌들을 즐거워하며 그의 티끌도 은혜를 받나이다

[15] 이에 뭇 나라가 여호와의 이름을 경외하며 이 땅의 모든 왕들이 주의 영광을 경외하리니

[16] 여호와께서 시온을 건설하시고 그의 영광 중에 나타나셨음이라

[17] 여호와께서 빈궁한 자의 기도를 돌아보시며 그들의 기도를 멸시하지
     아니하셨도다
[18] 이 일이 장래 세대를 위하여 기록되리니 창조함을 받을 백성이 여호와
     를 찬양하리로다
[19] 여호와께서 그의 높은 성소에서 굽어보시며 하늘에서 땅을 살펴보셨
     으니
[20] 이는 갇힌 자의 탄식을 들으시며 죽이기로 정한 자를 해방하사
[21] 여호와의 이름을 시온에서, 그 영예를 예루살렘에서 선포하게 하려 하
     심이라
[22] 그 때에 민족들과 나라들이 함께 모여 여호와를 섬기리로다
[23] 그가 내 힘을 중도에 쇠약하게 하시며 내 날을 짧게 하셨도다
[24] 나의 말이 나의 하나님이여 나의 중년에 나를 데려가지 마옵소서 주의
     연대는 대대에 무궁하니이다
[25] 주께서 옛적에 땅의 기초를 놓으셨사오며 하늘도 주의 손으로 지으신
     바니이다
[26] 천지는 없어지려니와 주는 영존하시겠고 그것들은 다 옷 같이 낡으리
     니 의복 같이 바꾸시면 바뀌려니와
[27] 주는 한결같으시고 주의 연대는 무궁하리이다
[28] 주의 종들의 자손은 항상 안전히 거주하고 그의 후손은 주 앞에 굳게
     서리이다 하였도다

Theme: 천지는 없어지려니와 주는 영존하시겠고, 주의 연대는 무궁하리
          이다.

서론

이 시편은 메시야 시로서 예수님이 겟세마네에 계시는 것을 보여줍니

다. 이 시편 저자의 이름은 기록되지 않았습니다. 우리가 확실히는 알 수 없으나 짐작 한다면 다윗의 시가 아닌가 합니다. 곤고한 자가 마음이 상하여 그 근심을 여호와 앞에 토로하는 기도라고 했습니다.

이 기도는 예수님이 겟세마네에서 기도하실 때 곤고함과 마음이 상하셨을 때의 상태와 같아 보입니다. 우리는 하나님의 도우심을 찾아보십시다. 본문이 우리에게 가르쳐 주시는 말씀은 "천지는 없어지려니와 주는 영존하시겠고, 주의 연대는 무궁하다."는 것입니다.

I. [1] "여호와여 내 기도를 들으시고 나의 부르짖음을 주께 상달하게 하소서"

이 기도는 여호와가 여호와에게 기도하는 기도입니다. 예수님이 인간의 몸을 입으시고 낮은 자리에 계시지만 여호와 하나님이십니다. 우리는 그것을 창세기에서 볼 수 있습니다.

(창 19:24) "여호와께서 하늘 곧 여호와께로부터 유황과 불을 소돔과 고모라에 비같이 내리사"

이 말씀은 여호와가 이 땅에 오셔서 하늘에 계시는 여호와에게 말씀하는 것입니다. 스가랴를 보십시다. 이 말씀은 예수께서 인간의 몸을 입으시고 내려 오셨을 때 목자장 되시는 예수님을 십자가에서 못 박게 허락하시는 말씀입니다.

(슥 13:7) "만군의 여호와가 말하노라 칼아 깨어서 내 목자, 내 짝

된 자를 치라 목자를 치면 양이 흩어지려니와 작은 자들 위에는
내가 내 손을 드리우리라"

히브리서를 보십시다.

(히 5:7) "그는 육체에 계실 때에 자기를 죽음에서 능히 구원하실
이에게 심한 통곡과 눈물로 간구와 소원을 올렸고 그의 경건하심
으로 말미암아 들으심을 얻었느니라"

이 말씀들은 거룩하시고 공의의 하나님이 진노의 채찍을 세상 죄를 담
당하시는 예수 그리스도에게 내리치시는 말씀입니다.

참으로 훌륭한 시편입니다. 우리는 계속하여 얼마나 어렵고 심한 고통
에 빠지는가 보십시다.

II. (시 102:8, 10, 12, 13)
[8] "내 원수들이 종일 나를 비방하며 내게 대항하여 미칠 듯이 날뛰는 자들이 나를 가리켜 맹세하나이다"

[10] "주의 분노와 진노로 말미암음이라 주께서 나를 들어서 던지
셨나이다"

예수님을 비방하며 미칠 듯이 날뛰며 죽이기로 맹세합니다. 인간의 죄
를 보시고 분노하시사 "주께서 나를 들어서 던지셨나이다"는 들어 메쳤
다는 것입니다. 그러나 죽은 가운데서 살리시사 지금은 하나님의 우편에
앉히셨습니다.

(히 12:2) "믿음의 주요 또 온전하게 하시는 이인 예수를 바라보자 그는 그 앞에 있는 기쁨을 위하여 십자가를 참으사 부끄러움을 개의치 아니하시더니 하나님 보좌 우편에 앉으셨느니라"

[12] "여호와여 주는 영원히 계시고 주에 대한 기억은 대대에 이르리이다"
[13] "주께서 일어나사 시온을 긍휼히 여기시리니 지금은 그에게 은혜를 베푸실 때라 정한 기한이 다가옴이니이다"

주님은 하늘 보좌에 영원히 계시고 예수 그리스도의 행하신 일을 영원히 기념하는 시온이라는 이름은 대대로 계속할 것입니다.
이 영광의 주님은 장차 다시 오십니다. 우리는 기다립시다.

(히 12:2) "믿음의 주요 또 온전하게 하시는 이인 예수를 바라보자 그는 그 앞에 있는 기쁨을 위하여 십자가를 참으사 부끄러움을 개의치 아니하시더니 하나님 보좌 우편에 앉으셨느니라"

III. [25] "주께서 옛적에 땅의 기초를 놓으셨사오며 하늘도 주의 손으로 지으신 바니이다"

[26] "천지는 없어지려니와 주는 영존하시겠고 그것들은 다 옷 같이 낡으리니 의복 같이 바꾸시면 바뀌려니와"
[27] "주는 한결같으시고 주의 연대는 무궁하리이다"

본문 시 102:25~27절 이 말씀은 하나님의 성령이 히브리서 저자를 감동시키시사 히브리서 첫 장에 인용하게 하셨습니다.

(히 1:10-12) [10] "또 주여 태초에 주께서 땅의 기초를 두셨으며 하늘도 주의 손으로 지으신 바라"
[11] "그것들은 멸망할 것이나 오직 주는 영존할 것이요 그것들은 다 옷과 같이 낡아지리니"
[12] "의복처럼 갈아입을 것이요 그것들은 옷과 같이 변할 것이나 주는 여전하여 연대가 다함이 없으리라 하였으나"

이 말씀을 볼 때 이것이 메시아 시라고 아니하겠습니까? 예수 그리스도께서 십자가를 앞에 놓고 하나님 아버지에게 간절히 기도하며 애원 하셨습니다. 예수님은 매를 맞으시고 수모를 받으시고 십자가에 달려 죽으셨습니다. 이 기도 시편 102편은 예수님의 겟세마네 기도입니다.

결론

예수님은 우리 죄인들을 죄악에서 구원하시기 위하여 십자가에서 자원하여 죽으셨습니다. 예수님이 고난을 받으시므로 우리는 고난을 받지 않게 되었습니다.

(사 53:4-6) [4] "그는 실로 우리의 질고를 지고 우리의 슬픔을 당하였거늘 우리는 생각하기를 그는 징벌을 받아 하나님께 맞으며 고난을 당한다 하였노라"

[5] "그가 찔림은 우리의 허물 때문이요 그가 상함은 우리의 죄악 때문이라 그가 징계를 받으므로 우리는 평화를 누리고 그가 채찍에 맞으므로 우리는 나음을 받았도다"

[6] "우리는 다 양 같아서 그릇 행하여 각기 제 길로 갔거늘 여호와께서는 우리 모두의 죄악을 그에게 담당시키셨도다"

천지는 없어지려니와 주는 영존하시겠고, 주의 연대와 말씀은 무궁합니다.

Goal 그러므로 우리는 어떤 고난이 와도 나를 위해 고난 당하신 예수 그리스도를 믿고 의지하고 기도합니다. 예수님이 우리의 고난을 도와주시어 고난을 이기게 될 것을 주님의 이름으로 축복합니다.

시편 **103** 편

승리의 찬가

[다윗의 시]

[1] 내 영혼아 여호와를 송축하라 내 속에 있는 것들아 다 그의 거룩한 이름을 송축하라

[2] 내 영혼아 여호와를 송축하며 그의 모든 은택을 잊지 말지어다

[3] 그가 네 모든 죄악을 사하시며 네 모든 병을 고치시며

[4] 네 생명을 파멸에서 속량하시고 인자와 긍휼로 관을 씌우시며

[5] 좋은 것으로 네 소원을 만족하게 하사 네 청춘을 독수리 같이 새롭게 하시는도다

[6] 여호와께서 공의로운 일을 행하시며 억압 당하는 모든 자를 위하여 심판하시는도다

[7] 그의 행위를 모세에게, 그의 행사를 이스라엘 자손에게 알리셨도다

[8] 여호와는 긍휼이 많으시고 은혜로우시며 노하기를 더디 하시고 인자하심이 풍부하시도다

[9] 자주 경책하지 아니하시며 노를 영원히 품지 아니하시리로다

[10] 우리의 죄를 따라 우리를 처벌하지는 아니하시며 우리의 죄악을 따라 우리에게 그대로 갚지는 아니하셨으니

[11] 이는 하늘이 땅에서 높음 같이 그를 경외하는 자에게 그의 인자하심이 크심이로다

[12] 동이 서에서 먼 것 같이 우리의 죄과를 우리에게서 멀리 옮기셨으며

[13] 아버지가 자식을 긍휼히 여김 같이 여호와께서는 자기를 경외하는 자를 긍휼히 여기시나니

[14] 이는 그가 우리의 체질을 아시며 우리가 단지 먼지뿐임을 기억하심이
로다

[15] 인생은 그 날이 풀과 같으며 그 영화가 들의 꽃과 같도다

[16] 그것은 바람이 지나가면 없어지나니 그 있던 자리도 다시 알지 못하거
니와

[17] 여호와의 인자하심은 자기를 경외하는 자에게 영원부터 영원까지 이
르며 그의 의는 자손의 자손에게 이르리니

[18] 곧 그의 언약을 지키고 그의 법도를 기억하여 행하는 자에게로다

[19] 여호와께서 그의 보좌를 하늘에 세우시고 그의 왕권으로 만유를 다스
리시도다

[20] 능력이 있어 여호와의 말씀을 행하며 그의 말씀의 소리를 듣는 여호와
의 천사들이여 여호와를 송축하라

[21] 그에게 수종들며 그의 뜻을 행하는 모든 천군이여 여호와를 송축하라

[22] 여호와의 지으심을 받고 그가 다스리시는 모든 곳에 있는 너희여 여호
와를 송축하라 내 영혼아 여호와를 송축하라

Theme: 하나님의 사랑과 용서하심은 어떤 혼란 중에 있는 영혼도 구원
하심으로 평안해 질 수 있고 기뻐할 수 있습니다.

서론

스웨덴의 16세에 왕위에 오른 구스타부스 아돌프스Gustavus Adolphus
장군은 그 당시 전 구라파의 여러 나라를 괴롭히는 나폴레옹의 19만 대
군과 싸우기 위하여 연합군을 조직하였습니다. 라이프지히 전투에서 승
리를 거둔 후 아우스버그로 입성하면서 개선가로 이 시편을 읽었습니
다. 이 시야말로 신선한 새 날이 밝아오는 아침 같은 기분을 주며, 모든

근심 걱정을 벗어 버리는 천국 같은 새 세상으로 들어가는 분위기를 나타냅니다.

나는 믿습니다. 장차 우리 주 예수 그리스도께서 다시 오실 때는 우리가 오늘 이 시편으로 우리 주님을 찬송하게 될 것입니다. 이 시편이 우리에게 가르쳐 주는 말씀은"하나님의 사랑과 용서하심은 어떤 혼란 중에 있는 영혼도 구원하심으로 평안해 질 수 있고 기뻐 할 수 있다."는 것입니다.

I. 지금 이 시간에 위로의 말씀입니다

시편 103편은 당장 위로 하시는 말씀으로 시작합니다.

[1] "내 영혼아 여호와를 송축하라 내 속에 있는 것들아 다 그의 거룩한 이름을 송축하라"
[2] "내 영혼아 여호와를 송축하며 그의 모든 은택을 잊지 말지어다"

이 시는 다른 사람이 나에게 하라고 말해 주는 것도 아니요, 하나님께서 하라는 것도 아닙니다. 내가 기쁘고 고맙고 감사하여 내가 나에게 하는 말입니다.

기뻐 감사할 것을 모르고 멍청하여 있는 자기 오장육부 사지백체에게 말하는 것입니다.

"내 영혼아 여호와를 송축하라 내 속에 있는 것들아 다 그의 거룩한 이름을 송축하라 내 영혼아 여호와를 송축하며 그의 모든 은택을 잊지 말지어다"

이야말로, 하나님이 기뻐하실 참 예배가 아니겠습니까? 나는 이같이 우리 온 교인들이 한마음 한뜻 되어 예배드리기를 원합니다. 우리가 교회에서 우리 주님께 예배드리는 것이 너무나도 기쁘고 좋아서 교회로 걸음을 재촉하여 온다면 얼마나 좋겠습니까?

우리 하나님은 우리가 그렇게 예배드리기를 원하십니다. 그러므로 하나님께서는 이사야 선지자를 통하여 말씀 하십니다.

> (사 29:13) "주께서 이르시되 이 백성이 입으로는 나를 가까이 하며 입술로는 나를 공경하나 그들의 마음은 내게서 멀리 떠났나니 그들이 나를 경외함은 사람의 계명으로 가르침을 받았을 뿐이라"

우리가 입술로만 기도하고 입술로만 찬송하면 마음을 감찰 하시는 하나님이 우리를 기뻐하시겠습니까? 그러므로 우리 주님께서 우리에게 말씀해 주셨습니다.

> (요 4:23,24) [23] "아버지께 참되게 예배하는 자들은 영과 진리로 예배할 때가 오나니 곧 이 때라 아버지께서는 자기에게 이렇게 예배하는 자들을 찾으시느니라"
> [24] "하나님은 영이시니 예배하는 자가 영과 진리로 예배할지니라"

우리는 잊지 맙시다.

> [1] "내 영혼아 여호와를 송축하라 내 속에 있는 것들아 다 그의 거룩한 이름을 송축하라"
> [2] "내 영혼아 여호와를 송축하며 그의 모든 은택을 잊지 말지어다"

II. 여호와 하나님이 하시는 일입니다

[3] "그가 네 모든 죄악을 사하시며 네 모든 병을 고치시며"

예수 그리스도가 같이 계시면 "모든 죄악을 사하시고 모든 병을 고치시며"입니다. 그러나 예수님이 안 계시면 "그가 네 모든 죄악을 사하시며 네 모든 병을 고치시지" 않습니다.

이사야 33:24을 봅시다.

"그 거주민은 내가 병들었노라 하지 아니할 것이라 거기에 사는
백성이 사죄함을 받으리라"

병은 죄로 말미암아 따라온 것입니다. 그러므로 죄가 없을 때 만병이 없습니다. 우리가 육신을 덧입고 세상에 있는 한 죄가 없어지지 않고 남아 있습니다. 이 죄를 없애시기 위하여 예수님이 오셨습니다.

(벧전 2:24) "친히 나무에 달려 그 몸으로 우리 죄를 담당하셨으
니 이는 우리로 죄에 대하여 죽고 의에 대하여 살게 하려 하심이
라 그가 채찍에 맞음으로 너희는 나음을 얻었나니"

이사야 선지자도 같은 말씀을 하셨습니다.

(사 53:5) "그가 찔림은 우리의 허물 때문이요 그가 상함은 우리
의 죄악 때문이라 그가 징계를 받으므로 우리는 평화를 누리고 그
가 채찍에 맞으므로 우리는 나음을 받았도다"

우리가 예수 그리스도의 공로로 구원함을 얻었으나 세상에 사는 동안
은 죄가 항상 우리를 떠나지 않고 시험합니다.

> [4] "네 생명을 파멸에서 속량하시고 인자와 긍휼로 관을 씌우시며"
> [5] "좋은 것으로 네 소원을 만족하게 하사 네 청춘을 독수리 같
> 이 새롭게 하시는도다"

예수님이 같이하시면 독수리가 하늘 높이 날듯 마음대로 뛰놀 줄 믿습
니다. 하나님의 무한하신 인애를 하나하나 열거합니다.

하나님은 사랑하시고 용서하시고 그리고 어떤 구속이나 치유도 가능
하다는 지식으로 말미암아 고민 중에 있는 영혼이 평안해 지고 잔잔합
니다.

독수리 같이, 독수리는 일 년에 한 번씩 새 것으로 털갈이를 합니다.

> [7] 그의 행위를 (길을) 모세에게 알리셨도다.

> (출 34:6-7) [6] "여호와께서 그의 앞으로 지나시며 선포하시되
> 여호와라 여호와라 자비롭고 은혜롭고 노하기를 더디하고 인자와
> 진실이 많은 하나님이라"
> [7] "인자를 천대까지 베풀며 악과 과실과 죄를 용서하리라 그러
> 나 벌을 면제하지는 아니하고 아버지의 악행을 자손 삼사 대까지
> 보응하리라"

긍휼의 13가지 속성을 알려 주셨습니다.
1) 여호와는 긍휼이 많으시고

2) 은혜로우시며

3) 노하기를 더디 하시고

4) 인자하심이 풍부하시며

5) 자주 경책하지 아니하시고

6) 노를 영원히 품지 아니하신다.

7) 우리의 죄를 따라 우리를 처벌하지는 아니하시며

8) 우리의 죄악을 따라 우리에게 그대로 갚지는 아니하시며

9) 하늘이 땅에서 높음 같이 그를 경외하는 자에게 그 인자하심이 크고

10) 동이 서에서 먼 것 같이 우리 죄과를 우리에게서 멀리 옮기시고

11) 아버지가 자식을 불쌍히 여김 같이 자기를 경외하는 자를 긍휼히 여기시며

12) 우리의 체질을 아시며

13) 우리가 단지 먼지뿐임을 기억하신다.

이중 몇몇은 본문에 설명돼 있습니다.

[7] 이스라엘 자손에게, 그의 행사를 (His actions)

하나님은 이스라엘 자손에게 모세의 예언을 통하여 하나님이 어떻게 사람을 다루시는지 그 길을 계시하셨다. (Ibn Ezra)

이스라엘은 또한 하나님이 그들 대신 행하신 그 많고 놀라운 행동들을 통하여 이 속성들을 알게 되었다.(R'Hirsch)

[14] 우리의 체질을

하나님은 인간의 두 가지 구성 중에 물질적인 쪽은 그를 범죄 하도록

유인하는 사실을 인정하고 긍휼로 그것을 참작해 주신다. 하나님의 공의와 긍휼에 대한 지식은 병과 고통으로 고생하는 때에 우리 마음에 반드시 제일 먼저 기억해야 한다.

[16] 그 곳을 다시 알지 못하거니와,

사람은 죽으면 너무 빨리 잊혀 버린다. 그래서 그가 다시 그 곳에 돌아온다 해도 더 이상 알아보는 자가 없다.(Metzudos)
사람의 체질은 흔적 없이 사라지는데 그러나 …

[17] 여호와의 인자하심은 자기를 경외하는 자에게 영원부터 영원까지 이르며 그의 공의는 자손의 자손에게 이르리라.

하나님은 이 세상에서 잠시 머무는 동안에 자기를 경외하는 자에게 장차 오는 세상에서 영원한 상급을 주신다. 그들이 여기서 받는 그 상급은 영원하다. 하나님이 그들의 공로를 인정하여 그 후손들에게 주시는 은혜를 통하여 계속 나타나게 된다.(Radak)
하나님을 경외하는 자들은 이 세상에서도 불멸을 그들 자손들을 통하여 성취한다. 그들은 그 후손들에게 이 땅에서 하나님의 일을 하도록 물려준다. 그것은 최후로 영광 가운데 완수될 때까지 계속될 것이다.
(R'Hirsch)

III. 여호와 하나님이 믿음의 모든 성도를 위하여 하신 일이 있습니다

1. [6] "여호와께서 공의로운 일을 행하시며 억압 당하는 모든 자를 위하여 심판하시는도다"

여호와 하나님이 행하신 일은 다 의로운 일 뿐입니다. 그러나 가장 큰 일은 죄인을 구원하시려고 자기의 독생자 예수 그리스도를 세상에 보내시어 세상의 모든 죄를 대신하여 십자가에서 죽게 하신 것입니다.

(요 3:16) "하나님이 세상을 이처럼 사랑하사 독생자를 주셨으니 이는 그를 믿는 자마다 멸망하지 않고 영생을 얻게 하려 하심이라"

예수님이 내 죄를 대신 지시고 십자가에서 죽으셨다고 믿기만 하면 여호와 하나님은 그 믿음을 보시고 의롭다 여겨 주시는 것입니다. 이것이 하나님이 우리 죄인을 위하여 의를 행하신 첫째입니다.

2. [7] "그의 행위를 모세에게, 그의 행사를 이스라엘 자손에게 알리셨도다"

하나님께서는 모세에게 예수 그리스도를 구주로 보내실 것을 예언하게 하셨습니다.

(신 18:15) "네 하나님 여호와께서 너희 가운데 네 형제 중에서 너를 위하여 나와 같은 선지자 하나를 일으키시리니 너희는 그의 말

을 들을지니라"

모세뿐만 아니라 많은 선지자들을 통하여 예수님을 보내시어 그리스도를 믿음으로 의롭다 여김을 받고 구원 얻게 될 것을 증거 하셨습니다.

3. [8] "여호와는 긍휼이 많으시고 은혜로우시며 노하기를 더디 하시고 인자하심이 풍부하시도다"

여호와 하나님은 복음 그 자체입니다.
"여호와는 긍휼이 많으시고 은혜로우시며 노하기를 더디 하시고 인자하심이 풍부하시도다"(8)
얼마나 기쁜 소식 입니까?
그것은 독생자 예수 그리스도를 보내서 우리를 구원하여 주셨습니다.

결론

여호와는 긍휼이 많으시고 은혜로우시며 노하기를 더디 하시고 인자하심이 풍부하심으로 독생자 예수 그리스도를 보내서 우리를 구원하여 주셨습니다. 우리가 여호와 하나님을 확실히 알면 우리 하나님을 섭섭하게 할 수 없습니다. 나는 다만 다윗 왕과 같이 노래하기를 원합니다.

[1] "내 영혼아 여호와를 송축하라 내 속에 있는 것들아 다 그의
거룩한 이름을 송축하라"
[2] "내 영혼아 여호와를 송축하며 그의 모든 은택을 잊지 말지어

다” 할 것입니다

[22] “내 영혼아 여호와를 송축하라”

시편 저자는 특별히 자기 영혼을 불러 여호와를 송축하라고 합니다. 그 이유는 하나님의 인자하심과 영광을 느끼고 알고 감사하는 능력은 영혼이 가지고 있기 때문입니다.

Goal 그러므로 우리는 “긍휼이 많으시고 은혜로우시며 노하기를 더디 하시고 인자하심이 풍부하시도다” 하신 여호와 하나님을 섭섭하게 하지 않아야 합니다, 또한 우리를 모든 죄에서 깨끗하게 하시어 믿음으로 의롭다 여겨주신 예수 그리스도를 구주와 왕으로 모시고 절대 순종하는 성도들이 되시기를 축복합니다.

시편 104편

하나님의 창조와 섭리

[1] 내 영혼아 여호와를 송축하라 여호와 나의 하나님이여 주는 심히 위대
     하시며 존귀와 권위로 옷 입으셨나이다

[2] 주께서 옷을 입음 같이 빛을 입으시며 하늘을 휘장 같이 치시며

[3] 물에 자기 누각의 들보를 얹으시며 구름으로 자기 수레를 삼으시고 바
     람 날개로 다니시며

[4] 바람을 자기 사신으로 삼으시고 불꽃으로 자기 사역자를 삼으시며

[5] 땅에 기초를 놓으사 영원히 흔들리지 아니하게 하셨나이다

[6] 옷으로 덮음 같이 주께서 땅을 깊은 바다로 덮으시매 물이 산들 위로
     솟아올랐으나

[7] 주께서 꾸짖으시니 물은 도망하며 주의 우렛소리로 말미암아 빨리 가며

[8] 주께서 그들을 위하여 정하여 주신 곳으로 흘러갔고 산은 오르고 골짜
     기는 내려갔나이다

[9] 주께서 물의 경계를 정하여 넘치지 못하게 하시며 다시 돌아와 땅을
     덮지 못하게 하셨나이다

[10] 여호와께서 샘을 골짜기에서 솟아나게 하시고 산 사이에 흐르게 하사

[11] 각종 들짐승에게 마시게 하시니 들나귀들도 해갈하며

[12] 공중의 새들도 그 가에서 깃들이며 나뭇가지 사이에서 지저귀는도다

[13] 그가 그의 누각에서부터 산에 물을 부어 주시니 주께서 하시는 일의
     결실이 땅을 만족시켜 주는도다

[14] 그가 가축을 위한 풀과 사람을 위한 채소를 자라게 하시며 땅에서 먹
     을 것이 나게 하셔서

[15] 사람의 마음을 기쁘게 하는 포도주와 사람의 얼굴을 윤택하게 하는 기름과 사람의 마음을 힘있게 하는 양식을 주셨도다

[16] 여호와의 나무에는 물이 흡족함이여 곧 그가 심으신 레바논 백향목들이로다

[17] 새들이 그 속에 깃들임이여 학은 잣나무로 집을 삼는도다

[18] 높은 산들은 산양을 위함이여 바위는 너구리의 피난처로다

[19] 여호와께서 달로 절기를 정하심이여 해는 그 지는 때를 알도다

[20] 주께서 흑암을 지어 밤이 되게 하시니 삼림의 모든 짐승이 기어나오나이다

[21] 젊은 사자들은 그들의 먹이를 쫓아 부르짖으며 그들의 먹이를 하나님께 구하다가

[22] 해가 돋으면 물러가서 그들의 굴 속에 눕고

[23] 사람은 나와서 일하며 저녁까지 수고하는도다

[24] 여호와여 주께서 하신 일이 어찌 그리 많은지요 주께서 지혜로 그들을 다 지으셨으니 주께서 지으신 것들이 땅에 가득하니이다

[25] 거기에는 크고 넓은 바다가 있고 그 속에는 생물 곧 크고 작은 동물들이 무수하니이다

[26] 그 곳에는 배들이 다니며 주께서 지으신 리워야단이 그 속에서 노나이다

[27] 이것들은 다 주께서 때를 따라 먹을 것을 주시기를 바라나이다

[28] 주께서 주신즉 그들이 받으며 주께서 손을 펴신즉 그들이 좋은 것으로 만족하다가

[29] 주께서 낯을 숨기신즉 그들이 떨고 주께서 그들의 호흡을 거두신즉 그들은 죽어 먼지로 돌아가나이다

[30] 주의 영을 보내어 그들을 창조하사 지면을 새롭게 하시나이다

[31] 여호와의 영광이 영원히 계속할지며 여호와는 자신께서 행하시는 일들로 말미암아 즐거워하시리로다

[32] 그가 땅을 보신즉 땅이 진동하며 산들을 만지신즉 연기가 나는도다

[33] 내가 평생토록 여호와께 노래하며 내가 살아 있는 동안 내 하나님을 찬양하리로다

[34] 나의 기도를 기쁘게 여기시기를 바라나니 나는 여호와로 말미암아 즐

거워하리로다

[35] 죄인들을 땅에서 소멸하시며 악인들을 다시 있지 못하게 하시리로다
내 영혼아 여호와를 송축하라 할렐루야

Theme: 하나님께서 창조하시고 계속 유지해 주시는 놀라운 세상을 노래
합니다. 자연에서 발견한 하나님의 명백한 솜씨를 묘사하며 하
나님께 드리는 헌사, 찬송입니다.

서론

이 시편은 창조주 하나님을 찬송하는 창조 시입니다. 하나님은 창조
하실 뿐만 아니라 이것을 계속 유지해 나가시는데, 그 모든 것이 계획적
인 묘사의 솜씨를 보여 주시고 있습니다. 다시 말하면 이 시편은 "하나님
이 창조하시고 계속 유지해 주시는 놀라운 자연 만유에서 하나님의 명백
하게 묘사된 솜씨를 통하여 하나님께 드리는 헌사, 찬송입니다."

I. [1] "내 영혼아 여호와를 송축하라 여호와 나의 하나님 이여 주는 심히 위대하시며 존귀와 권위로 옷 입으셨나이다"

이 시편은 창조주 하나님께 대한 말씀입니다. 이 찬송은 하나님께서
우주 만물을 창조하신데 대하여 찬송하는 것입니다.

[2] "주께서 옷을 입음 같이 빛을 입으시며 하늘을 휘장 같이 치
시며"

첫째 날에 하나님은 창조를 시작하셨습니다.

(창 1:3) "하나님이 이르시되 빛이 있으라 하시니 빛이 있었고"
빛을 창조하시고

둘째 날에 (창 1:6,7)
[6] "하나님이 이르시되 물 가운데에 궁창이 있어 물과 물로 나뉘
라 하시고
[7] "하나님이 궁창을 만드사 궁창 아래의 물과 궁창 위의 물로 나
뉘게 하시니 그대로 되니라"

하나님은 궁창을 만드시고 손을 내밀어 보이시니 마치 사람이 천막 안
에서 천막 문을 제치고 밖으로 손을 내밀듯 우주 공간에 팔을 펴신 것입
니다. 장엄한 하나님의 창조물을 어떻게 표현 하겠습니까?

(시 104:3) "물에 자기 누각의 들보를 얹으시며 구름으로 자기 수
레를 삼으시고 바람 날개로 다니시며"

둘째 날에 하나님은 말씀하십니다. (창 1:6) "하나님이 이르시되 물 가운
데에 궁창이 있어 물과 물로 나뉘라 하시고"

(시 104:5) "땅에 기초를 놓으사 영원히 흔들리지 아니하게 하셨
나이다"

[6] "옷으로 덮음 같이 주께서 땅을 깊은 바다로 덮으시매 물이

산들 위로 솟아올랐으나”

창조의 셋째 날에, (창 1:9) “하나님이 이르시되 천하의 물이 한 곳으로 모이고 뭍이 드러나라 하시니 그대로 되니라”

물은 다 창조 하신 땅 위에 두시고 많은 물을 구름이 간직하게 하셨습니다. 이같이 하여 땅과 물을 갈라놓았습니다.

(시 104:7) “주께서 꾸짖으시니 물은 도망하며 주의 우렛소리로 말미암아 빨리 가며”
[8] “주께서 그들을 위하여 정하여 주신 곳으로 흘러갔고 산은 오르고 골짜기는 내려갔나이다”

하나님께서 넷째 날은 해와 달을 창조하셨다는 말씀은 없습니다. 하나님은 말씀하셨습니다.

(창 1:14) “하나님이 이르시되 하늘의 궁창에 광명체들이 있어 낮과 밤을 나뉘게 하시고 그것들로 징조와 계절과 날과 해를 이루게 하라”

해와 달이 땅 위에 시간을 조정하게 하라고 하셨는데 시편 104편 19절에서 말씀 했습니다.

(시 104:19) “여호와께서 달로 절기를 정하심이여 해는 그 지는 때를 알도다”

옛날 사람들은 해와 달이 정확하게 씨를 뿌릴 때와 추수할 때를 알려 주는 것을 배웠습니다. 아리조나에 옛날 인디언들이 살던 무너진 집이 있는데 벽에 구멍 둘이 뚫려 있습니다. 그것이 무엇인지 몰랐는데 연구 결과 알았습니다. 그 구멍으로 달이 보일 때 옥수수를 심어서 농사를 지었다고 합니다. 달은 절기를 가르칩니다. 해와 달이 정확하게 돌아가서 절기와 때를 가르칩니다. 우리가 세상에 사는 것이 절대로 의미 없는 세상에 사는 것이 아닙니다. 하나님이 주관하시는 세상에서 살고 있습니다.

[24] "여호와여 주께서 하신 일이 어찌 그리 많은지요 주께서 지혜로 그들을 다 지으셨으니 주께서 지으신 것들이 땅에 가득하니이다

주의 부요가 땅에 가득하니이다(개역)
주께서 지으신 것들이 땅에 가득하니이다(개역개정)
부요가 가득하니이다(How Abundant) 라는 말은 양적으로, 얼마나 그 수가 많은지요, 그리고 질적으로, 얼마나 위대한지요, 그 두 가지 뜻을 다 언급하는 말이다. 하나님께서 창조하신 것이 이 땅에 얼마나 많으며 또한 얼마나 위대한 피조물들인지…

II. 만드신 모든 것이 하나님으로 말미암아 기획되었고 주님의 전능하심을 보여 주고 있습니다

주께서 지혜로 그들을 다 지으셨으니(24)

어떤 피조물이라도 우연으로 진화된 것이 하나도 없고 이 모두를 하나님이 지혜로 만드셨습니다. 그 모든 것이 다 주님으로 말미암은 것입니

다. 주님이 하신 일들입니다. (All of them are your works)

"땅은 주님의 소유물들로 가득 차 있다."(Full is the earth with your possessions)

하나님은 한 치라도 낭비하시지 않았다.(God did not allow a single inch to go to waste)

어느 한 점도 빈 것 없이 전부 세상을 다스리시는 주님의 절대적인 지배를 증거 하는 놀라운 창조로 충만합니다.

여호와께서
샘을 골짜기에서 솟아나게 하시고
산 사이에 흐르게 하사
각종 들짐승에게 마시게 하시니
들나귀들도 해갈하나이다.(10~11)

잣나무로, 학을 위하여 보금자리가 되게 하시고
바위들은 들 나귀들을,
높은 산들은 산양들을 위한
피난처가 되게 하셨나이다.(17~18)

여호와의 심으신 백향목에
물이 흡족하게 하시니
새들이 그 속에 깃을 들이며
나뭇가지 사이에서 노래하나이다.(16)

저기 크고 넓은 바다가 있고

동물, 곧 크고 작은 물고기들이

그 속에서 뛰노니

그 수를 헤아릴 수 없나이다.(25)

III. 때를 따라 양식을 먹이시는 하나님이시다

[27~28] "이것들은 다 주께서 때를 따라 먹을 것을 주시기를 바
라나이다 주께서 주신즉 그들이 받으며 주께서 손을 펴신즉 그들
이 좋은 것으로 만족하다가"

"적당한 때에 그들에게 양식을 주신다."(27) 주께서 때를 따라 먹을 것을 주
시니.

살아있는 모든 종자는 각각 먹는 스케줄이 다르다 그런데 하나님은 그
스케줄을 따라 그들에게 양식을 주신다.

IV. 섭리하시는 하나님

주께서 그들의 호흡을 거두신즉(29)

하나님이 생기를 불어 넣으시매 사람이 생령이 되었다.(30)

사람이 죽을 때 하나님은 그 숨결을 거두어 가신다. 하나님이 그
얼굴을 숨기시면 그들이 떨고 주께서 그들의 호흡을 취하시면 죽
어 흙으로 돌아간다.

그리고 하나님은 지면을 다시 새롭게 하신다.

여호와의 다스리심이 영원하고

그의 섭리의 영광이 영원하며

여호와는 자신께서 행하신 일로 말미암아 즐거워하신다

(시 104:29-31) 필자사역

V. 최후에 악을 제거하시는 하나님

[35] "죄인들을 땅에서 소멸할 것이요 그리고 악인은 더 있지 아
니하리라"

히브리어의 죄인이라는 단어는 두 가지 형태를 가지고 있다.

하타아임—그리고 호트이임.

하타아임은 설교할 때 "죄들" 이라고 해석한다. 그래서 탈무드는 가르
치기를 죄 범하기가 멈출 때, 죄인은 더 이상 없을 것이라 한다. 왜냐하면
그 때는 각 사람이 다 의로울 테니까.

할렐루야! Praise God

잣나무로, 학을 위하여 보금자리가 되게 하시고

바위들은 들 나귀들을,

높은 산들은 산양들을 위한

피난처가 되게 하신 사랑의 하나님은

하나님의 독생자 예수 그리스도를

십자가에서 죽게 하사
우리 죄인들로 각각 죄 사함을 받게 하시니
미련하고 우둔한 우리도 영생을 얻나이다.

우리 구주 예수 그리스도,
십자가에 못 박혀 죽으신 갈보리
주님의 희생으로
구원의 문이 열렸도다.

주는 나의 산성 나의 방패시라
놀람과 두려움으로 떨려 내 속에 생각이 많을 때에
주의 위로가 내 영혼을 즐겁게 하시나이다

강하고 요동하지 않고
영원하고 변함없는 말씀을 주사
괴로움 많은 인간도
안식을 얻나이다.

할렐루야─잣나무, 바위들, 그리고 높은 산들이 학을 위하여,
들나귀들과, 그리고 산양들을 위하여 피난처가 되게 하신 하나님의 사
랑과 창조의 능력이 우리 구원에 명백하게 보인다.
하나님은 죄인이 죄악 중에서 죽는 것을 기뻐하지 않으시고 살기를 원
하심으로 자기의 독생자 예수님을 죄인들을 위하여 보내 주셨다. 갈보리
십자가에서 피 흘려 죽으신 주님은 우리 죄를 용서하셨다.

[시 46:1-3] "하나님은 우리의 피난처시요 힘이시니 환난 중에 만날 큰 도움이시라 그러므로 땅이 변하든지 산이 흔들려 바다 가운데에 빠지든지 바닷물이 솟아나고 뛰놀든지 그것이 넘침으로 산이 흔들릴지라도 우리는 두려워하지 아니하리로다 (셀라)"

나는 여호와로 말미암아 즐거워하리로다.(34) 할렐루야

[시 104:25] "거기에는 크고 넓은 바다가 있고 그 속에는 생물 곧 크고 작은 동물들이 무수하니이다"

[26] "그 곳에는 배들이 다니며 주께서 지으신 리워야단이 그 속에서 노나이다"

[27] "이것들은 다 주께서 때를 따라 먹을 것을 주시기를 바라나이다"

[28] "주께서 주신즉 그들이 받으며 주께서 손을 펴신즉 그들이 좋은 것으로 만족하다가"

[29] "주께서 낯을 숨기신즉 그들이 떨고 주께서 그들의 호흡을 거두신즉 그들은 죽어 먼지로 돌아가나이다"

[30] "주의 영을 보내어 그들을 창조하사 지면을 새롭게 하시나이다"

[31] "여호와의 영광이 영원히 계속할지며 여호와는 자신께서 행하시는 일들로 말미암아 즐거워하시리로다"

[32] "그가 땅을 보신즉 땅이 진동하며 산들을 만지신즉 연기가 나는도다"

[33] "내가 평생토록 여호와께 노래하며 내가 살아 있는 동안 내 하나님을 찬양하리로다"

[34] "나의 기도를 기쁘게 여기시기를 바라나니 나는 여호와로 말미암아 즐거워하리로다"

[35] "죄인들을 땅에서 소멸하시며 악인들을 다시 있지 못하게 하
시리로다 내 영혼아 여호와를 송축하라 할렐루야"

인간을 위한 배려
(다섯째 날, 여섯째 날)

[25] "거기에는 크고 넓은 바다가 있고 그 속에는 생물 곧 크고
작은 동물들이 무수하니이다"
[26] "그 곳에는 배들이 다니며 주께서 지으신 리워야단이 그 속
에서 노나이다"
(창 1:20) "하나님이 이르시되 물들은 생물을 번성하게 하라 땅
위 하늘의 궁창에는 새가 날으라 하시고"

사람에 대하여는 무엇이라 하셨습니까?

(창 1:30) "또 땅의 모든 짐승과 하늘의 모든 새와 생명이 있어 땅
에 기는 모든 것에게는 내가 모든 푸른 풀을 먹을 거리로 주노라
하시니 그대로 되니라"

모든 동물까지 두셨으니 사람을 위하여 집이 예비 되었습니다.

(창 1:31) "하나님이 지으신 그 모든 것을 보시니 보시기에 심히
좋았더라 저녁이 되고 아침이 되니 이는 여섯째 날이니라"

모든 창조물을 보실 때 좋았습니다.

[32] "그가 땅을 보신즉 땅이 진동하며 산들을 만지신즉 연기가
나는도다"

[33] "내가 평생토록 여호와께 노래하며 내가 살아 있는 동안 내
하나님을 찬양하리로다"

사람은 땅 위에 있었으며 하나님을 찬송하기 위하여 창조되었습니다.
사람은 땅 위에 있었습니다. 그리고 그는 주소가 있었습니다. 그의 주소
는 에덴동산 제 1 번지에서 살았습니다.

결론

[34] "나의 기도를 기쁘게 여기시기를 바라나니 나는 여호와로 말
미암아 즐거워하리로다"

[35] "죄인들을 땅에서 소멸하시며 악인들을 다시 있지 못하게 하
시리로다 내 영혼아 여호와를 송축하라 할렐루야"

사람은 죄를 지었습니다. 그러므로 하나님이 무엇을 하시겠습니까?
하나님은 그 땅에서 사람을 내보내야 할 것입니다. 회개하고 돌아서지 않
는 한 쫓겨날 것뿐입니다.

우리는 이 땅이 영원한 우리 집이 아님을 잘 알고 있습니다. 에덴에서
범죄한 아담과 이브와 더불어 이같이 범죄한 죄인의 살길은 예수님께로
와서 회개하고 예수님의 공로를 힘입을 것뿐입니다. 세상의 모든 사람은
다 죄인입니다. 그래서 하나님이 독생자를 보내서 우리의 죄를 대신하여
십자가에서 죽게 하시고 예수를 믿는 자는 다 구원 받게 하셨습니다.

하나님이 창조하시고 계속 유지해 주시는 놀라운 세상, 이 자연에서 하나님의 명백한 솜씨를 묘사한 하나님께 드리는 헌사, 찬송입니다. 놀라운 창조와 섭리임을 찬송할 것 밖에 없습니다.

Goal 그러므로 우리는 하나님의 사랑을 감사하고 예수님 잘 믿고 구원 얻는 것이 하나님께 첫째로 해야 할 의무입니다.
둘째로 이것을 영원히 감사 찬송해야 할 것입니다.

시편 105편

이스라엘과 언약하신 성실하신 하나님

[1]   여호와께 감사하고 그 이름을 불러 아뢰며 그가 하는 일을 만민 중에 알게 할지어다

[2]   그에게 노래하며 그를 찬양하며 그의 모든 기이한 일들을 말할지어다

[3]   그의 거룩한 이름을 자랑하라 여호와를 구하는 자들은 마음이 즐거울 지로다

[4]   여호와와 그의 능력을 구할지어다 그의 얼굴을 항상 구할지어다

[5-6]   그의 종 아브라함의 후손 곧 택하신 야곱의 자손 너희는 그가 행하신 기적과 그의 이적과 그의 입의 판단을 기억할지어다

[7]   그는 여호와 우리 하나님이시라 그의 판단이 온 땅에 있도다

[42]   이는 그의 거룩한 말씀과 그의 종 아브라함을 기억하셨음이로다

[43]   그의 백성이 즐겁게 나오게 하시며 그의 택한 자는 노래하며 나오게 하시며

[44]   여러 나라의 땅을 그들에게 주시며 민족들이 수고한 것을 소유로 가지게 하셨으니

[45]   이는 그들이 그의 율례를 지키고 그의 율법을 따르게 하려 하심이로다 할렐루야

(시 106:)

[1]   할렐루야 여호와께 감사하라 그는 선하시며 그 인자하심이 영원함이로다

[2] 누가 능히 여호와의 권능을 다 말하며 주께서 받으실 찬양을 다 선포하랴

[3] 정의를 지키는 자들과 항상 공의를 행하는 자는 복이 있도다

[4] 여호와여 주의 백성에게 베푸시는 은혜로 나를 기억하시며 주의 구원으로 나를 돌보사

[5] 내가 주의 택하신 자가 형통함을 보고 주의 나라의 기쁨을 나누어 가지게 하사 주의 유산을 자랑하게 하소서

[6] 우리가 우리의 조상들처럼 범죄하여 사악을 행하며 악을 지었나이다

[7] 우리의 조상들이 애굽에 있을 때 주의 기이한 일들을 깨닫지 못하며 주의 크신 인자를 기억하지 아니하고 바다 곧 홍해에서 거역하였나이다

[8] 그러나 여호와께서는 자기의 이름을 위하여 그들을 구원하셨으니 그의 큰 권능을 만인이 알게 하려 하심이로다

[9] 이에 홍해를 꾸짖으시니 곧 마르니 그들을 인도하여 바다 건너가기를 마치 광야를 지나감 같게 하사

[10] 그들을 그 미워하는 자의 손에서 구원하시며 그 원수의 손에서 구원하셨고

[11] 그들의 대적들은 물로 덮으시매 그들 중에서 하나도 살아 남지 못하였도다

[12] 이에 그들이 그의 말씀을 믿고 그를 찬양하는 노래를 불렀도다

[13] 그러나 그들은 그가 행하신 일을 곧 잊어버리며 그의 가르침을 기다리지 아니하고

[14] 광야에서 욕심을 크게 내며 사막에서 하나님을 시험하였도다

[15] 그러므로 여호와께서는 그들이 요구한 것을 그들에게 주셨을지라도 그들의 영혼은 쇠약하게 하셨도다

[16] 그들이 진영에서 모세와 여호와의 거룩한 자 아론을 질투하매

[17] 땅이 갈라져 다단을 삼키며 아비람의 당을 덮었고

[18] 불이 그들의 당에 붙음이여 화염이 악인들을 살랐도다

[19] 그들이 호렙에서 송아지를 만들고 부어 만든 우상을 경배하여

[20] 자기 영광을 풀 먹는 소의 형상으로 바꾸었도다

[21] 애굽에서 큰 일을 행하신 그의 구원자 하나님을 그들이 잊었나니

[22] 그는 함의 땅에서 기사와 홍해에서 놀랄 만한 일을 행하신 이시로다

[23] 그러므로 여호와께서 그들을 멸하리라 하셨으나 그가 택하신 모세가 그 어려움 가운데에서 그의 앞에 서서 그의 노를 돌이켜 멸하시지 아니하게 하였도다

[24] 그들이 그 기쁨의 땅을 멸시하며 그 말씀을 믿지 아니하고

[25] 그들의 장막에서 원망하며 여호와의 음성을 듣지 아니하였도다

[26] 이러므로 그가 그의 손을 들어 그들에게 맹세하시기를 그들이 광야에 엎드러지게 하고

[27] 또 그들의 후손을 뭇 백성 중에 엎드러뜨리며 여러 나라로 흩어지게 하리라 하셨도다

[28] 그들이 또 브올의 바알과 연합하여 죽은 자에게 제사한 음식을 먹어서

[29] 그 행위로 주를 격노하게 함으로써 재앙이 그들 중에 크게 유행하였도다

[30] 그 때에 비느하스가 일어서서 중재하니 이에 재앙이 그쳤도다

[31] 이 일이 그의 공의로 인정되었으니 대대로 영원까지로다

[32] 그들이 또 므리바 물에서 여호와를 노하시게 하였으므로 그들 때문에 재난이 모세에게 이르렀나니

[33] 이는 그들이 그의 뜻을 거역함으로 말미암아 모세가 그의 입술로 망령되이 말하였음이로다

[34] 그들은 여호와께서 멸하라고 말씀하신 그 이방 민족들을 멸하지 아니하고

[35] 그 이방 나라들과 섞여서 그들의 행위를 배우며

[36] 그들의 우상들을 섬기므로 그것들이 그들에게 올무가 되었도다

[37] 그들이 그들의 자녀를 악귀들에게 희생제물로 바쳤도다

[38] 무죄한 피 곧 그들의 자녀의 피를 흘려 가나안의 우상들에게 제사하므로 그 땅이 피로 더러워졌도다

[39] 그들은 그들의 행위로 더러워지니 그들의 행동이 음탕하도다

[40] 그러므로 여호와께서 자기 백성에게 맹렬히 노하시며 자기의 유업을 미워하사

[41] 그들을 이방 나라의 손에 넘기시매 그들을 미워하는 자들이 그들을 다
스렸도다

[42] 그들이 원수들의 압박을 받고 그들의 수하에 복종하게 되었도다

[43] 여호와께서 여러 번 그들을 건지시나 그들은 교묘하게 거역하며 자기
죄악으로 말미암아 낮아짐을 당하였도다

[44] 그러나 여호와께서 그들의 부르짖음을 들으실 때에 그들의 고통을 돌
보시며

[45] 그들을 위하여 그의 언약을 기억하시고 그 크신 인자하심을 따라 뜻을
돌이키사

[46] 그들을 사로잡은 모든 자에게서 긍휼히 여김을 받게 하셨도다

[47] 여호와 우리 하나님이여 우리를 구원하사 여러 나라로부터 모으시고
우리가 주의 거룩하신 이름을 감사하며 주의 영예를 찬양하게 하소서

[48] 여호와 이스라엘의 하나님을 영원부터 영원까지 찬양할지어다 모든
백성들아 아멘 할지어다 할렐루야

Theme: 아브라함과 언약을 맺으신 하나님은 곧 그 후손에게 가나안 땅
을 주시겠다는 언약을 천년 동안 신실하게 지켜 나가셨습니다.
그 과정에 이스라엘은 비록 하나님을 거듭 배반하고 거역하였으
나 하나님은 신기한 이적으로 함께 하시고 광야 길에서도 인도
하셨습니다. 그 하나님의 은혜를 기억하며 찬양과 감사의 제단
을 쌓으라는 말씀입니다.

• 편집자 참고 (105편과 106편은 한 쌍으로 된 연관성을 고려하여 저자
는 두 편의 시를 함께 교차 묵상합니다.)

시편에는 모두 3개의 역사시가 있습니다. (78, 105, 106)

시편 78 편은 출애굽에서 다윗 왕까지 이스라엘의 거듭되는 반역에도

불구하고 언약의 신실하신 하나님은 계속하여 은혜를 베푸심을 보여주는 교훈(마스길)과 경고의 시입니다.

시편 105편은 아브라함과 언약을 맺으시고 출애굽을 위해 애굽에 재앙을 내리시며 가나안으로 인도하심을 감사하는 내용입니다.

시편 106편은 긴 역사를 회고하면서 이스라엘의 우상숭배와 불순종을 거듭 반복하여 징계를 받습니다. 회개하며 부르짖는 이스라엘을 용서하시며 신실하신 하나님을 찬양합니다.

시편 105편과 106편 모두 다윗 왕이 법궤를 예루살렘으로 옮기는 축하행사(대상 15~16장) 때 찬양을 인용하고 있습니다.(시106:1, 47~48과 역대상 16:8~36)

서론

시편 105편은 아브라함 때부터 모세까지의 역사를 회고하면서 언약을 이행하시는 신실한 하나님께 찬양하는 것입니다. 이스라엘 백성이 절기 예배로 모였을 때 회중에게 낭독하였을 것입니다. 이것은 다윗 왕이 기록했을 것으로 짐작합니다. 그 이유는 이 시편의 처음 부분(1~15)과 역대상 16:8-22절의 말씀이 같은 것이기 때문입니다. 그 내용은 다윗이 언약궤를 예루살렘으로 옮겨 온 축하행사입니다. 본 시편의 내용은 이스라엘 역사를 가르친 말씀입니다.

도입부(105:1~7) 예배의 부름, 여호와의 행사를 기억하라

1. 아브라함의 언약 (105:8~15) 약속하시고 보호하시는 여호와

2. 애굽으로 간 요셉 (105:16~22) 미리 준비하시는 여호와

3. 출애굽과 광야의 여정 (105:23~42) 공급하시며 구속하시는 여호와 끝맺음 (105:43~45) 가나안 입성 (8~11의 서론과 조화)

본문이 오랜 기간을 총망라하지만 우리에게 가르치시는 것은 하나님은 항상 신실하시고 약속을 맺으시며 신비로운 방식으로 역사하신다는 것입니다. 언제나 내 백성을 염두에 두시며 그들의 유익을 위해 미리 계획하시며 그들의 필요를 언제나 충족시키시는 하나님의 영상을 보여줍니다.

시편 105편이 이스라엘 역사에 나타난 하나님의 특별한 섭리를 찬양한다면 106편은 이스라엘 백성의 반복되는 거역과 배반의 죄를 회개하는 시편입니다.

I. 예배의 초대, 여호와의 행사를 기억하라

(시 105:1-7) [1] "여호와께 감사하고 그의 이름을 불러 아뢰며 그가 하는 일을 만민 중에 알게 할지어다"
[2] "그에게 노래하며 그를 찬양하며 그의 모든 기이한 일들을 말할지어다"
[3] "그의 거룩한 이름을 자랑하라 여호와를 구하는 자들은 마음이 즐거울지로다"
[4] "여호와와 그의 능력을 구할지어다 그의 얼굴을 항상 구할지어다"
[5-6] "그의 종 아브라함의 후손 곧 택하신 야곱의 자손 너희는 그가 행하신 기적과 그의 이적과 그의 입의 판단을 기억할지어다"

[7] "그는 여호와 우리 하나님이시라 그의 판단이 온 땅에 있도다"

"그가 행하신 기적과 그의 이적과 그의 입의 판단을 기억할지어다"

여호와께 대한 헌신과 감사의 표현으로 찬양과 기도를 드립니다. 과거 구원에 대한 찬양과 미래 구원과 복 주심을 믿고 있습니다. 그것은 하나님의 신비로운 역사를 기억함에서 시작됩니다.

예배의 요소:

1 노래(찬양), 감사(1절)

2 말씀(그의 모든 기이한 일들을 말할지어다는 묵상하라는 뜻이다.)(2절)

3 기도, 여호와와 그의 능력을 구할지어다 그의 얼굴을 항상 구할지어다. 부지런히 찾으라는 의미(4절)

4 전도, 만민 중에 알게 할지어다(1절)

예배의 결과: 마음의 즐거움을 주시며 응답하신다(3절)

우리는 이스라엘의 끊임없는 제사를 기억해야 합니다. 이스라엘은 매일 아침과 저녁에 상번제를 드렸습니다. 매 안식일 제사를 드릴 때에도 상번제는 그대로 진행합니다. 또한 매월 1일에는 월삭 제사가 있습니다. 매년 3대 절기는 1주간씩 계속 되었습니다. 이러한 빈번한 제사는 결국 하나님을 기억하고 그분과의 관계를 친밀하게 이어갑니다.

이스라엘 백성들이 매일 아침 암송했다는 쉐마(신 6:4~9)도 365일 24시간 어디서나 하나님을 기억하며 온 맘을 다해 사랑하라는 말씀으로 요약할 수 있습니다.

II. 여호와께서는 아브라함과 맺으신 언약을 기억하신다 (8~11, 42~45)

[8] 그는 그의 언약 곧 천대에 걸쳐 명령하신 말씀을 영원히 기억하셨으니

[9] 이것은 아브라함과 맺은 언약이고 이삭에게 하신 맹세이며

[10]야곱에게 세우신 율례 곧 이스라엘에게 하신 영원한 언약이라

[11] 이르시기를 내가 가나안 땅을 네게 주어 너희에게 할당된 소유가 되게 하리라 하셨도다

[44] 여러 나라의 땅을 그들에게 주시며 민족들이 수고한 것을 소유로 가지게 하셨으니

[45] 이는 그들이 그의 율례를 지키고 그의 율법을 따르게 하려 하심이로다 할렐루야

"영원히 기억하셨으니"(8) "영원한 언약"(10)

이스라엘이 하나님께서 신실하게 언약의 이행하심을 기억하는 것은(5절) 먼저 하나님께서 천대에 걸쳐 그것을 기억하시고(8절) 이루셨기 때문입니다. 지금 이스라엘의 눈 앞에는 하나님께서 지키신 약속의 땅이 그 증거로 펼쳐져 있습니다.(44절)

이제는 이스라엘이 하나님의 율례와 율법을 순종으로 응답하여 완성할 의무가 있습니다.(창18:19) 그 약속을 지키는 능력과 헌신은 찬양과 기도(믿음)의 예배를 통하여 공급 받을 수 있습니다.

III. 하나님께 대한 감사는 그의 율례에 대한 순종으로 나타나야 한다

[45] "이는 그들이 그의 율례를 지키고 그의 율법을 따르게 하려 하심이라"

하나님께서 먼저 율례를 지키셨듯이 이제는 이스라엘도 그 분의 율례를 지켜야 합니다. 감사와 찬양의 양식을 통해 표현되어야 하지만 그것은 구체적 실천과 순종의 삶으로도 나타나야 합니다. (신6:1~3 8:10~11 10:12~13)

[신 6:3] "이스라엘아 듣고 삼가 그것을 행하라 그리하면 네가 복을 받고 네 조상들의 하나님 여호와께서 네게 허락하심 같이 젖과 꿀이 흐르는 땅에서 네가 크게 번성하리라"

[신 8:10~11] [10] "네가 먹어서 배부르고 네 하나님 여호와께서 옥토를 네게 주셨음으로 말미암아 그를 찬송하리라
[11] 내가 오늘 네게 명하는 여호와의 명령과 법도와 규례를 지키지 아니하고 네 하나님 여호와를 잊어버리지 않도록 삼갈지어다"

내가 오늘 네게 명하는 여호와의 명령과 법도와 규례를 지키지 아니하고 네 하나님 여호와를 잊어버리지 않도록 삼갈지어다 "

결론

거듭된 이스라엘의 배반과 불순종에도 불구하고 하나님은 이스라엘과의 약속을 결코 포기하지 않습니다. 그것은 아브라함과의 언약을 신실히 지키기 위함입니다. 즉 그와의 언약을 기억하셨다는 말씀입니다.

이제 하나님의 신실하심을 본받아 이스라엘은 하나님을 찬양(예배) 함과 동시에 순종의 삶을 통하여 응답하라는 것입니다.

Goal 어떤 상황과 긴 역사를 지나오면서도 결코 포기함이 없이 이스라엘을 한결같이 사랑하시는 하나님께 찬양과 감사의 예배와 삶으로 응답하십시오. 그것은 또한 말씀에 대한 순종으로도 나타나야 합니다.

시편 **106**편

용서 하시기를
기뻐하시는 하나님

[1] 할렐루야 여호와께 감사하라 그는 선하시며 그 인자하심이 영원함이
로다

[2] 누가 능히 여호와의 권능을 다 말하며 주께서 받으실 찬양을 다 선포
하랴

[3] 정의를 지키는 자들과 항상 공의를 행하는 자는 복이 있도다

[4] 여호와여 주의 백성에게 베푸시는 은혜로 나를 기억하시며 주의 구원
으로 나를 돌보사

[5] 내가 주의 택하신 자가 형통함을 보고 주의 나라의 기쁨을 나누어 가
지게 하사 주의 유산을 자랑하게 하소서

[6] 우리가 우리의 조상들처럼 범죄하여 사악을 행하며 악을 지었나이다

[7] 우리 조상들이 애굽에 있을 때 주의 기이한 일들을 깨닫지 못하며 주
의 크신 인자를 기억하지 아니하고 바다 곧 홍해에서 거역하였나이다

[8] 그러나 여호와께서는 자기의 이름을 위하여 그들을 구원하셨으니 그
의 큰 권능을 만인이 알게 하려 하심이로다

[9] 이에 홍해를 꾸짖으시니 곧 마르니 그들을 인도하여 바다 건너가기를
마치 광야를 지나감 같게 하사

[10] 그들을 그 미워하는 자의 손에서 구원하시며 그 원수의 손에서 구원하
셨고

[11] 그들의 대적들은 물로 덮으시매 그들 중에서 하나도 살아 남지 못하였
도다

[12] 이에 그들이 그의 말씀을 믿고 그를 찬양하는 노래를 불렀도다

[13] 그러나 그들은 그가 행하신 일을 곧 잊어버리며 그의 가르침을 기다리
지 아니하고

[14] 광야에서 욕심을 크게 내며 사막에서 하나님을 시험하였도다

[15] 그러므로 여호와께서는 그들이 요구한 것을 그들에게 주셨을지라도
그들의 영혼은 쇠약하게 하셨도다

[16] 그들이 진영에서 모세와 여호와의 거룩한 자 아론을 질투하매

[17] 땅이 갈라져 다단을 삼키며 아비람의 당을 덮었고

[18] 불이 그들의 당에 붙음이여 화염이 악인들을 살랐도다

[19] 그들이 호렙에서 송아지를 만들고 부어 만든 우상을 경배하여

[20] 자기 영광을 풀 먹는 소의 형상으로 바꾸었도다

[21] 애굽에서 큰 일을 행하신 그의 구원자 하나님을 그들이 잊었나니

[22] 그는 함의 땅에서 기사와 홍해에서 놀랄 만한 일을 행하신 이시로다

[23] 그러므로 여호와께서 그들을 멸하리라 하셨으나 그가 택하신 모세가
그 어려움 가운데에서 그의 앞에 서서 그의 노를 돌이켜 멸하시지 아
니하게 하였도다

[24] 그들이 그 기쁨의 땅을 멸시하며 그 말씀을 믿지 아니하고

[25] 그들의 장막에서 원망하며 여호와의 음성을 듣지 아니하였도다

[26] 이러므로 그가 그의 손을 들어 그들에게 맹세하시기를 그들이 광야에
엎드러지게 하고

[27] 또 그들의 후손을 뭇 백성 중에 엎드러뜨리며 여러 나라로 흩어지게
하리라 하셨도다

[28] 그들이 또 브올의 바알과 연합하여 죽은 자에게 제사한 음식을 먹어서

[29] 그 행위로 주를 격노하게 함으로써 재앙이 그들 중에 크게 유행하였도다

[30] 그 때에 비느하스가 일어서서 중재하니 이에 재앙이 그쳤도다

[31] 이 일이 그의 의로 인정되었으니 대대로 영원까지로다

[32] 그들이 또 므리바 물에서 여호와를 노하시게 하였으므로 그들 때문에
재난이 모세에게 이르렀나니

[33] 이는 그들이 그의 뜻을 거역함으로 말미암아 모세가 그의 입술로 망령

되이 말하였음이로다

[34] 그들은 여호와께서 멸하라고 말씀하신 그 이방 민족들을 멸하지 아니
하고

[35] 그 이방 나라들과 섞여서 그들의 행위를 배우며

[36] 그들의 우상들을 섬기므로 그것들이 그들에게 올무가 되었도다

[37] 그들이 그들의 자녀를 악귀들에게 희생제물로 바쳤도다

[38] 무죄한 피 곧 그들의 자녀의 피를 흘려 가나안의 우상들에게 제사하므
로 그 땅이 피로 더러워졌도다

[39] 그들은 그들의 행위로 더러워지니 그들의 행동이 음탕하도다

[40] 그러므로 여호와께서 자기 백성에게 맹렬히 노하시며 자기의 유업을
미워하사

[41] 그들을 이방 나라의 손에 넘기시매 그들을 미워하는 자들이 그들을 다
스렸도다

[42] 그들이 원수들의 압박을 받고 그들의 수하에 복종하게 되었도다

[43] 여호와께서 여러 번 그들을 건지시나 그들은 교묘하게 거역하며 자기
죄악으로 말미암아 낮아짐을 당하였도다

[44] 그러나 여호와께서 그들의 부르짖음을 들으실 때에 그들의 고통을 돌
보시며

[45] 그들을 위하여 그의 언약을 기억하시고 그 크신 인자하심을 따라 뜻을
돌이키사

[46] 그들을 사로잡은 모든 자에게서 긍휼히 여김을 받게 하셨도다

[47] 여호와 우리 하나님이여 우리를 구원하사 여러 나라로부터 모으시고
우리가 주의 거룩하신 이름을 감사하며 주의 영예를 찬양하게 하소서

[48] 여호와 이스라엘의 하나님을 영원부터 영원까지 찬양할지어다 모든
백성들아 아멘 할지어다 할렐루야

Theme: 비록 죄로 넘어진 자라도 도우시려는 하나님의 사랑의 손길은
항상 펼쳐져 있고 회개한 자는 즉시 붙들어 주십니다.

서론

시편 105편과 106편은 하나의 쌍으로 연관된 작품입니다. 이스라엘의 역사를 회고하면서 105편은 먼저 언약에 신실하신 하나님을 찬양하며 감사하는 예배에 초청합니다. 하나님의 베푸신 은혜를 잊지말고 기억하라는 권면입니다. 그러나 이스라엘은 하나님을 잊어버리고 거듭 반역과 배신의 역사를 반복합니다. 그러므로 하나님의 징계로 나타난 것이 시편 106편입니다. 하나님의 경고와 징계에 회개하는 이스라엘을 다시 용서하시는 하나님의 자비하심을 호소하는 기도로 시편 제4권이 마무리 되고 있습니다.

회개를 촉구하는 시편106편이 할렐루야로 시작되고 또한 할렐루야로 끝마치고 있음을 유의하십시오. 이러한 시편은 할렐루야 시편이라고 부르는데 모두 10편이 있습니다. 106, 111, 112, 113, 135, 146, 147, 148, 149, 150편. 이 가운데 111, 112편은 할렐루야 단어로 시작만 합니다.

"여호와를 찬양하라"는 의미의 "할렐루야"는 한 분이신 진정한 하나님, 온 천지의 주님이시며 모든 나라의 통치자이시며 이스라엘의 구원자이신 여호와께 찬양드리는 예배 용어입니다. 신약에서는 계시록19장 "어린 양의 혼인잔치"에서 비로소 등장하는 것 이외에는 사용되지 않습니다.

I. [1] "할렐루야 여호와께 감사하라 그는 선하시며 그 인자하심이 영원함이로다"–

[6] "우리가 우리의 조상들처럼 범죄하여 사악을 행하며 악을 지었나이다"

이 시편은 죄를 회개하는 시입니다. 이스라엘 역사를 통한 하나님의 은혜를 회고하면서 이스라엘의 거듭된 반역과 배신을 회개합니다.

우리가 과거를 돌아보면 하나님께 죄송하고 부끄러운 일이 많이 있습니다. 그럴 때 마다 우리는 주님께 용서를 구하며 또 주님 앞에 무릎을 꿇나이다. 우리는 항상 구원하여 주신 하나님께 감사해야 합니다. 이 시편은 위대한 시편입니다. 이스라엘은 항상 죄를 짓고 하나님은 항상 용서해 주십니다. 그 하나님의 성품을 본받는 의미로 3절을 음미합니다.

[3] "정의를 지키는 자들과 항상 공의를 행하는 자는 복이 있도다"

우리는 이 은혜를 항상 잊어서는 안 될 것입니다. 그러나 그들은 항상 하나님의 구원과 도움을 잊어버리고 범죄를 계속 하였습니다.

[7] "우리 조상들이 애굽에 있을 때 주의 기이한 일들을 깨닫지 못하며 주의 크신 인자를 기억하지 아니하고 바다 곧 홍해에서 거역하였나이다"

"주의 크신 인자를 기억하지 아니하고"(7, 13, 21)

사소해 보이는 건망증도 큰일을 그르칠 수 있습니다.우리가 나이 들어가며 제일 두려워하는 것이 치매입니다. 그러나 건망증보다 치매보다 더 무서운 것이 영적 건망증입니다. 그것은 우리의 영적인 삶을 마비시키고 성도의 삶의 근간인 하나님을 잊게합니다. 다른 것은 잊어버려도 하나님을 잊지않고 그분께 붙들려 있다면 그 영혼은 여전히 소망이 있습니다.

II. [8] "그러나 여호와께서 자기의 이름을 위하여 그들을 구원하셨으니 그의 큰 권능을 만인이 알게 하려 하심이로다"

[9] "이에 홍해를 꾸짖으시니 곧 마르니 그들을 인도하여 바다 건너가기를 마치 광야를 지나감 같게 하사"

[10] "그들을 그 미워하는 자의 손에서 구원하시며 그 원수의 손에서 구원하셨고"

[11] "그들의 대적들은 물로 덮으시매 그들 중에서 하나도 살아 남지 못하였도다"

[12] "이에 그들이 그의 말씀을 믿고 그를 찬양하는 노래를 불렀도다"

홍해의 구원과 기적을 잊어버리는 이스라엘의 배역과 불신을 징계하시는 하나님을 기억하십시오. 다음 구절이 그것을 보여줍니다.

III. 또 하나님의 구원을 잊어 버리고 범죄합니다

[13] "그러나 그들은 그가 행하신 일을 곧 잊어버리며 그의 가르침을 기다리지 아니하고"

[14] "광야에서 욕심을 크게 내며 사막에서 하나님을 시험하였도다"

[15] "그러므로 여호와께서는 그들이 요구한 것을 그들에게 주셨

을지라도 그들의 영혼은 쇠약하게 하셨도다"

[16] "그들이 진영에서 모세와 여호와의 거룩한 자 아론을 질투하매"

[17] "땅이 갈라져 다단을 삼키며 아비람의 당을 덮었고"

[18] "불이 그들의 당에 붙음이여 화염이 악인들을 살랐도다"

[19] "그들이 호렙에서 송아지를 만들고 부어 만든 우상을 경배하여"

[20] "자기 영광을 풀 먹는 소의 형상으로 바꾸었도다"

[21] "애굽에서 큰 일을 행하신 그의 구원자 하나님을 그들이 잊었나니"

[22] "그는 함의 땅에서 기사와 홍해에서 놀랄 만한 일을 행하신 이시로다"

[23] "그러므로 여호와께서 그들을 멸하리라 하셨으나 그 택하신 모세가 그 어려움 가운데에서 그의 앞에 서서 그의 노를 돌이켜 멸하시지 아니하게 하셨도다"

[24] "그들이 그 기쁨의 땅을 멸시하며 그 말씀을 믿지 아니하고"

[25] "그들의 장막에서 원망하며 여호와의 음성을 듣지 아니하였도다"

이스라엘의 역사는 범죄와 반역의 역사입니다. 하나님의 크신 은혜를 기억하지 않고 잊어버리는 것이 범죄의 시작입니다.

그러므로 하나님의 진노가 임하였습니다.(23)

그러므로 그들은 광야에서 엎드러지며 재앙을 입었습니다.

그러므로 하나님은 자기 백성을 이방의 손에 넘기셨습니다.(40)

그러나 그 백성이 부르짖을 때에 그의 언약을 기억하셨습니다.

그러나 심판 중에도 긍휼을 베푸셨습니다.(8, 44)

"그러므로" 심판의 하나님께서 "그러나" 용서와 은혜를 베푸시는 하나님이 되셨습니다.

결론 : 인간의 반역과 하나님의 언약 기억

[44] "그러나 여호와께서 그들의 부르짖음을 들으실 때에 그들의 고통을 돌보시며"

[45] "그들을 위하여 그의 언약을 기억하시고 그 크신 인자하심을 따라 뜻을 돌이키사"

[46] "그들을 사로잡은 모든 자에게서 긍휼히 여김을 받게 하셨도다"

[47] "여호와 우리 하나님이여 우리를 구원하사 여러 나라로부터 모으시고 우리가 주의 거룩하신 이름을 감사하며 주의 영예를 찬양하게 하소서"

[48] "여호와 이스라엘의 하나님을 영원부터 영원까지 찬양할지어다 모든 백성들아 아멘 할지어다 할렐루야"

그러므로 하나님의 진노가 임함으로 부르짖어 회개하니 또 용서하십니다.

비록 죄로 넘어진 자라도 도우시려는 하나님의 사랑의 손길은 항상 펼쳐져 있고 회개한 자는 즉시 붙들어 주십니다.

우리 하나님은 용서해 주시기를 기뻐하시는 하나님입니다.

이 시편은 아멘, 할렐루야(48절)의 송영으로 제4권의 결론을 맺습니다.

그러므로 우리는 범죄하면 성령님이 가르쳐 주십니다. 그 때 즉시 회개하여 죄 사함을 받아야 합니다. 우리 주님과 항상 아름다운 관계 가지시기를 축복합니다.

여호와께 감사하라

[1] 여호와께 감사하라 그는 선하시며 그 인자하심이 영원함이로다

[2] 여호와의 속량을 받은 자들은 이같이 말할지어다 여호와께서 대적의 손에서 그들을 속량하사

[3] 동서 남북 각 지방에서부터 모으셨도다

[4] 그들이 광야 사막 길에서 방황하며 거주할 성읍을 찾지 못하고

[5] 주리고 목이 말라 그들의 영혼이 그들 안에서 피곤하였도다

[6] 이에 그들이 근심 중에 여호와께 부르짖으매 그들의 고통에서 건지시고

[7] 또 바른 길로 인도하사 거주할 성읍에 이르게 하셨도다

[8] 여호와의 인자하심과 인생에게 행하신 기적으로 말미암아 그를 찬송할지로다

[9] 그가 사모하는 영혼에게 만족을 주시며 주린 영혼에게 좋은 것으로 채워주심이로다

[10] 사람이 흑암과 사망의 그늘에 앉으며 곤고와 쇠사슬에 매임은

[11] 하나님의 말씀을 거역하며 지존자의 뜻을 멸시함이라

[12] 그러므로 그가 고통을 주어 그들의 마음을 겸손하게 하셨으니 그들이 엎드려져도 돕는 자가 없었도다

[13] 이에 그들이 그 환난 중에 여호와께 부르짖으매 그들의 고통에서 구원하시되

[14] 흑암과 사망의 그늘에서 인도하여 내시고 그들의 얽어 맨 줄을 끊으셨도다

[15] 여호와의 인자하심과 인생에게 행하신 기적으로 말미암아 그를 찬송

할지로다

[16] 그가 놋문을 깨뜨리시며 쇠빗장을 꺾으셨음이로다

[17] 미련한 자들은 그들의 죄악의 길을 따르고 그들의 악을 범하기 때문에
      고난을 받아

[18] 그들은 그들의 모든 음식물을 싫어하게 되어 사망의 문에 이르렀도다

[19] 이에 그들이 그들의 고통 때문에 여호와께 부르짖으매 그가 그들의 고
      통에서 그들을 구원하시되

[20] 그가 그의 말씀을 보내어 그들을 고치시고 위험한 지경에서 건지시는
      도다

Theme: 시인은 여호와의 인자하심과 인생에게 행하신 기적으로 말미암
아 그를 찬송해야 한다고 하였습니다.(8, 15, 21, 31)

서론

이 시는 누가 언제 썼는지 알 수 없으나 그 내용은 모세가 모압 평지에
서 과거 40년 광야생활을 회상하며 앞으로 이스라엘이 당할 것을 영감으
로 예언하고 있습니다. 동시에 하나님께서 장차 예수 그리스도를 세상에
보내어 모든 죄인을 구원하실 역사를 예언한 말씀입니다.

시편 107편에서 150편까지는 "여호와께 감사하며 그의 선하시며 인자
하심을 찬송"한 것입니다.(시편 제 5권) 모세는 지난 40년을 회상 하면서
하나님께서 아브라함과 이삭과 야곱에게 약속하신 가나안 땅을 느보산
에 올라 바라볼 때 하나님께 감사하는 노래가 저절로 나왔을 것입니다.

본문 말씀 시편 107편에서 시인은 "여호와의 인자하심과 인생에게 행
하신 기적으로 말미암아 그를 찬송해야 한다"는 것입니다.(8, 15, 21,31)

I. 제1절(1~7)

[1] "여호와께 감사하라 그는 선하시며 그 인자하심이 영원함이로다"

시편 107편은 찬송가 5절로 구분할 수 있습니다.
1-7절까지가 1절, 8-14절까지가 2절,
15-20절까지가 3절, 21-30절까지가 4절,
31-43절까지가 5절입니다.
각 절마다 2중의 후렴이 있어 그 구분을 선명하게 합니다.

첫 후렴: "이에 그들이 근심 중에 여호와께 부르짖으매 그들의 고통에서 건지시고"(6,13,19,28)

둘째 후렴은 각 절을 시작할 때마다 하나님께 감사하며 찬송으로 시작했습니다. "여호와의 인자하심과 인생에게 행하신 기적으로 말미암아 그를 찬송할지로다"(8,15,21,31)

이것을 오페라로 시작했다면 1-3절까지는 테너로 시작했을 것입니다.

[1] "여호와께 감사하라 그는 선하시며 그 인자하심이 영원함이로다"
[2] "여호와의 속량을 받은 자들은 이같이 말할지어다 여호와께서
　　대적의 손에서 그들을 속량하사"
[3] "동서 남북 각 지방에서부터 모으셨도다"

이스라엘 백성들은 광야에서 40년간을 헤매며 다녔습니다. 그들은 피곤하고 지쳐서 모세를 원망하고 하나님을 원망했습니다. 그러나 하나님께서는 그들을 바른 길로 인도하여 주셨습니다. 먹을 양식이 떨어져 먹을

것이 없을 때 만나와 메추라기를 주어 먹게 하셨고, 마실 물이 없을 때 반석에서 샘이 터져 나와 마시게 해주었습니다. 이것을 4-7절까지 말하면서 그러므로 여호와께 감사하라고 했습니다.

계속하여 말하기를 "그는 선하시며 인자하심이 영원함이로다"라고 하였습니다. 이것은 믿음입니다. 과거에 도우신 하나님께서 앞으로 영원히 도와주실 것을 믿는 것입니다. 그러므로 믿고 감사하는 것입니다.

우리가 믿는 하나님은 이스라엘을 인도하사 광야에서 먹이시고 인도하시고 보호하신 하나님이십니다. 그러므로 우리들도 믿는 것은 이스라엘을 인도하신 하나님이 우리들도 광야에 처했을 때 인도하여 주실 줄 믿습니다.

II. 제 2절(8~14)

[8] "여호와의 인자하심과 인생에게 행하신 기적으로 말미암아 그를 찬송할지로다"

[9] "그가 사모하는 영혼에게 만족을 주시며 주린 영혼에게 좋은 것으로 채워주심이로다"

아마도 이 노래는 아름다운 소프라노가 노래했을 것입니다.

이스라엘 백성들이 모세를 원망하고 하나님을 원망하다가 그야말로 "흑암과 사망의 그늘"에 앉게 되었습니다. 민수기 21:4-9절을 보면 백성들이 홍해 길에서 에돔 땅을 지나려다가 길이 험하여 불평과 원망이 시작되었습니다. 길 때문에 원망하던 것이 식물에까지 비화되어 음식타박까지 하게 되었습니다. 그러므로 여호와께서는 불평하고 원망하는 자들에게 불뱀을 보내어 물려 죽게 하였습니다. 우리 하나님은 백성들이 불평하고 원망하는 것을 제일 싫어합니다. 어려우면 하나님께 기도해서 하나님의 도우심을 기다려야지 원망한다고 해결되는 것이 아닙니다. 불뱀에 물린 사람들이 고통을 당하다가 죽어 나갑니다.

죽게 될 때야 자기들이 범죄한 것을 알았습니다. 그들은 비로소 모세에게 하나님께 기도하여 불뱀을 없애 달라고 부탁했습니다. 모세는 하나님께 기도했습니다. 하나님께서 모세에게 놋으로 뱀을 만들어 장대에 매달고 누구든지 그것을 쳐다보는 자는 살리라고 말씀했습니다. 모세는 급히 놋뱀을 만들어 이것을 보는 자는 살리라 할 때 뱀에 물린 자들마다 그것을 쳐다본 사람은 다 살았으나 쳐다보지 않은 사람은 다 죽었습니다.

하나님께서 죽게 된 사람에게 살 수 있는 방법을 주실 때 어려운 방법을 주시지 않았습니다. 뱀에 물린 자가 놋뱀을 쳐다보면 살게 했습니다. 쳐다보는 것이야 못보겠습니까? 그러나 고집하고 안보면 다 죽었습니다. 우리가 예수 믿고 구원 얻는 것도 그와 꼭 같은 것입니다. 하나님의 말씀이 임하시면 성령이 꼭 같이 역사하십니다. 예수를 믿으라 할 때 성령이 역사하십니다. 믿을 마음도 주십니다. 그런데 고개를 돌리면 장대에 매달은 뱀을 안보겠다는 것과 같으며 그 사람은 꼭 죽게 되어있습니다.

죽을 사람은 전부 사람의 지혜로만 생각하는 것입니다. 뱀에게 물렸으면 독을 빼야 살지 그것 쳐다본다고 살겠습니까? 그러니까 사람 생각대로 고집한 사람은 다 죽었습니다. 그러나 하나님의 말씀에 순종하고 쳐다본 사람은 미련한 것 같으나 다 살았습니다. 지금 우리가 예수 믿는 것도 마찬가지입니다. 순종하고 믿으면 영생입니다.

시인은 우리가 구원 얻는 길이 이렇게 쉬운 것을 깨달을 때,

"여호와의 인자하심과 인생에게 행하신 기적으로 말미암아 그를
찬송할지로다"(8절)

라고 후렴으로 반복 하는 것입니다.

III. 제 3절(15~20)

[15] "여호와의 인자하심과 인생에게 행하신 기적으로 말미암아
그를 찬송할지로다"
[16] "그가 놋문을 깨뜨리시며 쇠빗장을 꺾으셨음이로다"

아마도 제 3절은 베이스로 독창을 했을 것입니다. 모세가 느보산에 올라 여리고의 견고한 성을 바라보며 하나님의 능력으로 여리고의 놋문이 깨뜨려지고 쇠빗장이 꺾여지는 것을 상상했을 것입니다. 과연 여호수아가 이끄는 이스라엘 대군이 매일 한 바퀴씩 돌다가 7일째 되는 날 여섯 바퀴를 돌고 일곱 번째 돌면서 큰 소리로 "여호와께 감사하세 그의 인자하심이 영원함이로다" 할 때 온 성이 무너지는 것을 모세가 왜 못보았겠습니까? 그러므로 모세는 믿음으로 이것을 바라보며 여호와의 기적으로 말미암아 그를 찬송한 것입니다. 그러나

[17] "미련한 자들은 그들의 죄악의 길을 따르고 그들의 악을 범하기 때문에 고난을 받아"
[18] "그들은 그들의 모든 음식물을 싫어하게 되어 사망의 문에 이르렀도다"

"미련한 자들"은 자기 육신대로 생각하고 육신이 하자는 대로 하는 자들입니다. 자기가 똑똑한 줄 알고 자기 마음대로 하는 자들입니다. 우리 생각으로는 맞지 않지만 하나님이 하라고 시키시면 그대로 순종하는 자는 지혜로운 자입니다.

가나안을 정탐하고 돌아온 12명 중 10명은 가나안에 사는 거인들을 보고 도저히 그들과 싸워서 이길 수가 없다고 생각한 것입니다. 그래서 10명은 그들과 비교하면 "우리는 메뚜기 같더라" 그러므로 못 들어간다고 했습니다. 그러나 여호수아와 갈렙 두 사람은 하나님을 믿었습니다. 하나님이 주시겠다고 했음으로 "그들은 우리의 밥"이라고 했습니다. 10명은 지혜로운 것 같았으나 미련했습니다. 여호수아와 갈렙 두 사람은 미련한 것 같았으나 지혜로웠습니다. 다른 10명은 다 저주받아 죽었고 여호수아와 갈렙은 가나안 땅을 차지했습니다.

결론

[19] "이에 그들이 그들의 고통 때문에 여호와께 부르짖으매 그가 그들의 고통에서 그들을 구원하시되"
[20] "그가 그의 말씀을 보내어 그들을 고치시고 위험한 지경에서 건지시는도다"

"그의 말씀을" 주의 명령을.
여기서는 하나님의 뜻을 대행하는 주의 사자로 의인화되어 있다.
하나님 여호와께 부르짖고 구원해 달라고 하면 언제나 구원하시는 하나님이십니다. 하나님은 구원의 하나님이십니다. 말씀이신 예수 그리스도는 세상에 오시어 이미 우리의 죄를 사하시려고 십자가에서 죽으셨습니다. 예수 그리스도를 십자가에서 죽기까지 죄인을 사랑하시어 용서하시는 하나님은 우리 모든 죄인에게 아낌없이 그 은혜를 주십니다.

Goal 그러므로 우리는 어떤 어려운 고통이 있을지라도 근심하지 말고 예수 그리스도의 이름으로 하나님께 부르짖어야 합니다. 하나님께로부터 오는 모든 도움을 얻고 항상 감사하며 찬송하는 생활이 되시기를 예수님의 이름으로 축복합니다.

시편 **108**편

믿는 자의 노래

[다윗의 찬송 시]

[1] 하나님이여 내 마음을 정하였사오니 내가 노래하며 나의 마음을 다하여 찬양하리로다

[2] 비파야, 수금아, 깰지어다 내가 새벽을 깨우리로다

[3] 여호와여 내가 만민 중에서 주께 감사하고 뭇 나라 중에서 주를 찬양하오리니

[4] 주의 인자하심이 하늘보다 높으시며 주의 진실은 궁창에까지 이르나이다

[5] 하나님이여 주는 하늘 위에 높이 들리시며 주의 영광이 온 땅에서 높임 받으시기를 원하나이다

[6] 주께서 사랑하시는 자들을 건지시기 위하여 우리에게 응답하사 오른손으로 구원하소서

[7] 하나님이 그의 성소에서 말씀하시되 내가 기뻐하리라 내가 세겜을 나누며 숙곳 골짜기를 측량하리라

[8] 길르앗이 내 것이요 므낫세도 내 것이며 에브라임은 내 머리의 투구요 유다는 나의 규이며

[9] 모압은 내 목욕통이라 에돔에는 내 신발을 벗어 던질지며 블레셋 위에서 내가 외치리라 하셨도다

[10] 누가 나를 이끌어 견고한 성읍으로 인도해 들이며 누가 나를 에돔으로 인도할꼬

[11] 하나님이여 주께서 우리를 버리지 아니하셨나이까 하나님이여 주께서
      우리의 군대들과 함께 나아가지 아니하시나이다
[12] 우리를 도와 대적을 치게 하소서 사람의 구원은 헛됨이니이다
[13] 우리가 하나님을 의지하고 용감히 행하리니 그는 우리의 대적들을 밟
      으실 자이심이로다

Theme: 하나님의 인자하심은 자기 백성을 넉넉히 구원하십니다. 그
진리의 불변하심을 보고 주님만 믿기로 결심한 성도의 노래입
니다.

서론

이 시편도 다윗의 시입니다. 이것은 아주 훌륭한 시편입니다. 처음
(1~5)은 57:7~11과 같으며 후편(6~13)은 60:5~12과 같습니다. 그러기
때문에 이 시편은 여기저기서 모아 붙인 것이라고 비평도 합니다. 그러
나 그렇다고 말할 수는 없습니다. 이것이 하나님의 말씀이므로 하나님
께서 우리에게 주시는 말씀입니다. 하나님의 뜻이 있어 기록된 말씀입
니다. 다윗의 옛 찬송가에서 새로운 필요에 맞춰 새롭게 업그레이드하
였습니다.

본문이 우리에게 가르치시는 말씀은 "하나님의 인자하심은 자기 백성
을 넉넉히 구원하십니다. 그 진리의 불변하심을 보고 주님만 믿기로 결심
한 성도의 노래입니다."

I. 과거의 구원을 기억하며 확신을 얻습니다

이것은 이스라엘의 남은 자, 구원 얻은 자가 포로지에서 돌아와 하나님을 찬송하며 주님께 영광을 돌리는 것입니다. 이것은 즐거운 노래입니다. 하나님께서 구원 얻은 백성들을 본국 자기 땅으로 돌아오게 한 것입니다. 하나님이 전 세계에서 이스라엘을 자기 땅으로 돌아오게 하며 영광을 하나님께 돌리게 하는 것이니 주님은 영광을 받기에 합당하나이다. 할렐루야! 나는 8.15 해방을 맞이하여 온 식구가 집에 모일 때의 기쁨을 생각합니다.

(시 57:1-7) [다윗의 믹담 시, 인도자를 따라 알다스헷에
맞춘 노래, 다윗이 사울을 피하여 굴에 있던 때에]

[1] "하나님이여 내게 은혜를 베푸소서 내게 은혜를 베푸소서 내 영혼이 주께로 피하되 주의 날개 그늘 아래에서 이 재앙들이 지나기까지 피하리이다"

[2] "내가 지존하신 하나님께 부르짖음이여 곧 나를 위하여 모든 것을 이루시는 하나님께로다"

[3] "그가 하늘에서 보내사 나를 삼키려는 자의 비방에서 나를 구원하실지라 (셀라) 하나님이 그의 인자와 진리를 보내시리로다"

[4] "내 영혼이 사자들 가운데에서 살며 내가 불사르는 자들 중에 누웠으니 곧 사람의 아들들 중에라 그들의 이는 창과 화살이요 그들의 혀는 날카로운 칼 같도다"

[5] "하나님이여 주는 하늘 위에 높이 들리시며 주의 영광이 온 세계 위에 높아지기를 원하나이다"

[6] "그들이 내 걸음을 막으려고 그물을 준비하였으니 내 영혼이
억울하도다 그들이 내 앞에 웅덩이를 팠으나 자기들이 그 중에 빠
졌도다 (셀라)"
[7] "하나님이여 내 마음이 확정되었고 내 마음이 확정되었사오니
내가 노래하고 내가 찬송하리이다"

다윗은 일생 동안 여러 차례 절박한 위기를 겪었습니다. 특히 장인 사
울의 위협을 피해 도망다니다가 굴속에까지 피신해 목숨을 부지한 경험
도 있습니다. 그런 과거의 구원 경험을 호출한 것은 지금의 위기가 그때
와 견줄만한 절박한 상황임을 엿보게 합니다.

시편 108편의 전반부는 시편 57편의 인용입니다. 다윗은 그런 위기에
서도 굴복하지 않습니다.

[시 57:7] "내 마음이 확정되었고"

안전함을 느낀다는 의미입니다. 특히 과거 시제를 사용함은 승리에 대
한 확신을 가졌음을 보여줍니다.

[108:2] "비파야, 수금아, 깰지어다 내가 새벽을 깨우리로다"

하나님의 도우심으로 큰 확신을 가진 다윗은 하나님의 구원을 선포합
니다. 내가 새벽을 깨우리로다는 말씀은 기쁨의 부르짖음입니다. 그확신
이 찬양의 원동력이 되었습니다.

II. 다윗의 기도에 응답하시는 하나님

(시 108:7) "하나님이 그의 성소에서 말씀하시되 내가 기뻐하리라
내가 세겜을 나누며 숙곳 골짜기를 측량하리라"

이 말씀은 이스라엘 백성 중에 구원 받은 남은 자들의 말입니다. 그들
은 돌아와서 조상 때부터 받았던 땅을 지파마다 재분배하여 갖게 될 때
얼마나 기쁘고 즐겁겠습니까. 참으로 기뻐 뛰며 춤을 출 것입니다.

(시60:5-12) [5] 주께서 사랑하시는 자를 건지시기 위하여 주의
오른손으로 구원하시고 응답하소서
[6] "하나님이 그의 거룩하심으로 말씀하시되 내가 뛰놀리라 내가
세겜을 나누며 숙곳 골짜기를 측량하리라"
[7] "길르앗이 내 것이요 므낫세도 내 것이며 에브라임은 내 머리
의 투구요 유다는 나의 규이며"
[8] "모압은 나의 목욕통이라 에돔에는 나의 신발을 던지리라 블
레셋아 나로 말미암아 외치라 하셨도다"
[9] "누가 나를 이끌어 견고한 성에 들이며 누가 나를 에돔에 인
도할까"
[10] "하나님이여 주께서 우리를 버리지 아니하셨나이까 하나님이
여 주께서 우리 군대와 함께 나아가지 아니하시나이다"
[11] "우리를 도와 대적을 치게 하소서 사람의 구원은 헛됨이니
이다"
[12] "우리가 하나님을 의지하고 용감하게 행하리니 그는 우리의
대적을 밟으실 이심이로다"

시편 60편은 이웃 에돔족의 공격으로 참패를 당한 다윗의 상황입니다. 비록 다윗의 잘못으로 인한 전쟁이었으나 다윗이 암몬과 전쟁 중이었을 때 배후에 있던 에돔이 공격 해왔습니다. 다윗의 군대는 참패했고 백성들은 다윗의 리더십에 큰 동요를 보였습니다.

이런 위기에서 다윗은 굴복하지 않았습니다. 다윗의 기도에 응답하심으로 큰 승리를 확신하게 됩니다. 하나님을 대적하는 모압과 에돔 연합 동맹군을 물리치고 승리할 것을 확신합니다. 그 전쟁은 하나님의 영광을 위한 것입니다.

> [시60:11] "우리를 도와 대적을 치게 하소서 사람의 구원은 헛됨이니이다"
> [시60:12] "우리가 하나님을 의지하고 용감하게 행하리니 그는 우리의 대적을 밟으실 이심이로다"

"사람의 구원은 헛됨이니이다"
하나님을 의지하는 다윗의 군대에게 큰 용기를 주십니다. 오직 하나님만을 의지하게 합니다.

결론

하나님은 거룩하시기에 조상에게 하신 약속을 변경하지 아니하십니다. 혹시 범죄 했을지라도 회개시켜 다시 은혜의 자리에 두시는 여호와 하나님을 찬양하는 것입니다. 영광을 세세무궁토록 받으시기에 합당하시나이다.

Goal 그러므로 우리는 예수 그리스도로 말미암아 약속하신 하나님의 불변하심을 믿습니다. 어떤 위기에서도 구원하실 하나님을 의지하여 큰 용기와 확신으로 나아갑니다. 주님 앞에 설 때까지 이 믿음 변하지 말고 따라가시기를 축복합니다.

시편 109:1-10, 30-31편

악당들로부터 구원 받기 위한 기도 (메시아 시)

[다윗의 시, 인도자를 따라 부르는 노래]

[1] 내가 찬양하는 하나님이여 잠잠하지 마옵소서

[2] 그들이 악한 입과 거짓된 입을 열어 나를 치며 속이는 혀로 내게 말하며

[3] 또 미워하는 말로 나를 두르고 까닭 없이 나를 공격하였음이니이다

[4] 나는 사랑하나 그들은 도리어 나를 대적하니 나는 기도할 뿐이라

[5] 그들이 악으로 나의 선을 갚으며 미워함으로 나의 사랑을 갚았사오니

[6] 악인이 그를 다스리게 하시며 사탄이 그의 오른쪽에 서게 하소서

[7] 그가 심판을 받을 때에 죄인이 되어 나오게 하시며 그의 기도가 죄로 변하게 하시며

[8] 그의 연수를 짧게 하시며 그의 직분을 타인이 빼앗게 하시며

[9] 그의 자녀는 고아가 되고 그의 아내는 과부가 되며

[10] 그의 자녀들은 유리하며 구걸하고 그들의 황폐한 집을 떠나 빌어먹게 하소서

[30] 내가 입으로 여호와께 크게 감사하며 많은 사람 중에서 찬송하리니

[31] 그가 궁핍한 자의 오른쪽에 서사 그의 영혼을 심판하려 하는 자들에게서 구원하실 것임이로다

Theme: 악당들은 성도를 상대로 악을 도모하기도 하고 배신하기도 하는 데 우리가 이런 일을 당하면 하나님께 기도해야 합니다.

서론

제가 처음에 유학한 훼이스 신학교의 부학장으로 일할 때입니다. 학교가 커져서 LA, 한국, 브라질에 분교를 두었습니다. 지역 담당자들이 각각 책임지고 제가 없을 때 돌보도록 했습니다. 특별히 한국에는 학생 200여 명이 있음으로 신 모 목사에게 명예박사를 주고 학교를 관리 하도록 했습니다.

그는 그때 자기가 분교장이 되고 싶어서 몇 사람들과 음모를 꾸몄습니다. 제게 주지도 않은 돈을 학교에 기부했다고 학교장에게 거짓편지를 내고 한국 검찰청에 고소를 했습니다. 그것을 몰랐던 저는 한국 가서 부흥회를 마치고 돌아오려다 공항에서 출국 정지를 당하여 40일간 집에 못 오고 어려움을 당한 때가 있습니다. 아마도 여러분들도 배신 당하는 경험을 한 분이 계실 줄 압니다.

오늘 본문이 우리에게 가르쳐 주시는 것은, "악당들은 성도를 상대로 악을 도모하기도 하고 배신하기도 하는데 우리가 이런 일을 당하면 하나님께 기도해야 한다."는 것입니다.

I. 모든 죄는 다 지옥 갈 죄입니다

물론 모든 죄는 하나님 앞에서 용서 받지 못하면 지옥 갑니다. 로마서

6:23절에 "죄의 값은 사망이라"고 했습니다. 그러나 죄의 중량을 따질 때 하나님을 불신하고 예수 믿지 않는 죄를 제외하고 용서받지 못할 죄는 "배신하는 죄"입니다.

십계명을 보시오. 제 1-4계명은 하나님의 은혜를 받아 살면서 하나님을 믿지 않고 배신하는 것은 사함 받을 수 없는 죄입니다. 불신앙을 제외하고 첫째로 언급하는 죄는 부모의 사랑을 받고 커서도 불효하는 죄입니다. 그래서 부모를 공경하라고 했습니다.

다음으로 7계명을 보십시다. "간음하지 말지니라" 간음하지 말라는 것은 자기만 사랑하고 자기만 위하여 일생을 바치는 아내나 남편을 배신하지 말라는 것입니다. 이것은 죄에서도 으뜸가는 죄입니다.

II. 본문은 예수님의 사랑을 받은 자가 도리어 주님을 배신하는 것입니다

1 가룟 유다가 예수님을 배신한 것입니다

[다윗의 시, 인도자를 따라 부르는 노래]
[1] "내가 찬양하는 하나님이여 잠잠하지 마옵소서"

이 말씀은 배신자를 버려두시지 말고 벌 하소서 하는 말입니다.

[2] "그들이 악한 입과 거짓된 입을 열어 나를 치며 속이는 혀로 내게 말하며"

가룟 유다는 예수님께 대하여 악한 말을 하며 선생을 팔았습니다. 그
는 예수님께 대하여 이같이 말했습니다.

> (마 26:49,50) [49] "곧 예수께 나아와 랍비여 안녕하시옵니까 하
> 고 입을 맞추니"
> [50] "예수께서 이르시되 친구여 네가 무엇을 하려고 왔는지 행하
> 라 하신대 이에 그들이 나아와 예수께 손을 대어 잡는지라"
>
> [시 109:3] "또 미워하는 말로 나를 두르고 까닭 없이 나를 공격
> 하였음이니이다"

이 말은 예수님에게 대하여 제사장들과 서기관들이 주님을 미워하는
말로 공격한 것을 말합니다.

> [4] "나는 사랑하나 그들은 도리어 나를 대적하니 나는 기도할 뿐
> 이라"
> [5] "그들이 악으로 나의 선을 갚으며 미워함으로 나의 사랑을 갚
> 았사오니"

"나는 사랑을 나타내 보였으나" 나는 사랑하나
　예수님은 가룟 유다를 사랑하사 3년간 회계의 직분을 맡기고 전적
으로 사랑을 나타내 보였으나 가룟 유다는 예수님을 원수의 손에 넘
겼습니다.

우리가 피해를 입힌 사람에게 저주하고 싶을 때 직접 그에게 한을 풀
려고 하는 것은 지혜로운 것도 아니며 유익하지도 않습니다. 다윗은 그

원수를 하나님의 처분에 맡기며 그를 위해 기도할 뿐이었습니다. 심지어 금식하며 기도하였습니다. (24절) 그러나 원수들은 정반대로 악한 계획을 세웁니다.(16~18절)

"나는 기도할 뿐이라"이것을 직역하면 "나는 기도이다.(I am in prayer)입니다. (시 35:13~14)

2. 배신자에게 내리시는 저주입니다

[6] "악인이 그를 다스리게 하시며 사탄이 그의 오른쪽에 서게 하소서"

[7] "그가 심판을 받을 때에 죄인이 되어 나오게 하시며 그의 기도가 죄로 변하게 하시며"

[8] "그의 연수를 짧게 하시며 그의 직분을 타인이 빼앗게 하시며"

[9] "그의 자녀는 고아가 되고 그의 아내는 과부가 되며"

[10] "그의 자녀들은 유리하며 구걸하고 그들의 황폐한 집을 떠나 빌어먹게 하소서"

"그의 직분을 타인이 빼앗게 하시며"배신자 가룟 유다 대신으로 새로운 사도를 선택하여 세울 때 베드로는 이 구절을 인용합니다. (행 1:20)

III. 예수님은 배신을 당한 자 우편에 서서 그를 도우십니다

[30] "내가 입으로 여호와께 크게 감사하며 많은 사람 중에서 찬송하리니"

[31] "그가 궁핍한 자의 오른쪽에 서사 그의 영혼을 심판하려 하는
자들에게서 구원하실 것임이로다"

"크게 감사하며" 이 시편의 독특한 표현입니다. 시인은 하나님의 구원
에 대하여 하나님께 "큰 감사"의 찬송을 드립니다.

예수님은 누구보다 배신을 당한 경험이 많고 가장 무서운 배신을 당했
습니다. 병 고침을 받은 사람들과 그의 친척들이 "십자가에 못 박으소서"
외쳤습니다. 나중에는 배신을 당해 많은 매를 맞으시고 십자가에서 죽으
셨습니다. 예수님 보다 더 억울하게 배신을 당한 사람이 있습니까? 우리
의 억울함을 예수님이 갚아 주십니다.

악한 자의 오른 편에 사탄이 서 있는 것(6절)과 반대로 하나님의 구원
을 입은 자의 오른편에는 하나님이 계십니다.

결론

인류 사회에서 가장 큰 죄는 은인을 배신하는 죄입니다.

(골 3:15) "그리스도의 평강이 너희 마음을 주장하게 하라 너희는
평강을 위하여 한 몸으로 부르심을 받았나니 너희는 또한 감사하
는 자가 되라"

왜 우리가 배신합니까? 감사 할 것이 있는데 감사하지 않으면 사탄이
"너는 내 제자다" 하고 그 마음에 들어와 배신하게 합니다. 이것은 순전

히 사탄의 역사입니다. 악당들은 성도를 상대로 악을 도모하기도 하고 배신하기도 하는데 우리가 이런 일을 당하면 하나님께 기도해야 합니다.

기도하면 하나님이 그 마음을 다스리시고 미움의 감정에서 벗어나 평안을 얻을 수 있습니다.

Goal 항상 선한 일을 할 때 악한 자들은 따라다니며 기회만 있으면 배신하고 일을 못하게 하고 상황을 망칠 때가 있습니다.(악한 음모를 꾸밈 16~18절) 그러나 주님이 당하신 배신과 고난을 기억하고 그런 때 더욱 기도하고 주님을 의지하여 은혜 받기를 축복합니다.

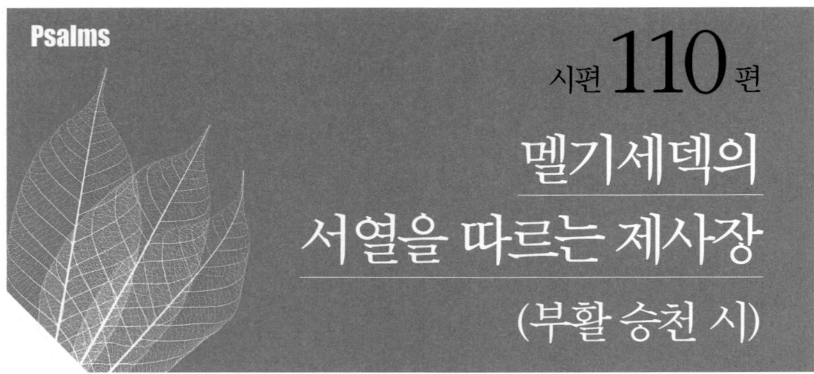

[다윗의 시]

[1]   여호와께서 내 주에게 말씀하시기를 내가 네 원수들로 네 발판이 되게
      하기까지 너는 내 오른쪽에 앉아 있으라 하셨도다

[2]   여호와께서 시온에서부터 주의 권능의 규를 내보내시리니 주는 원수
      들 중에서 다스리소서

[3]   주의 권능의 날에 주의 백성이 거룩한 옷을 입고 즐거이 헌신하니 새
      벽 이슬 같은 주의 청년들이 주께 나오는도다

[4]   여호와는 맹세하고 변하지 아니하시리라 이르시기를 너는 멜기세덱의
      서열을 따라 영원한 제사장이라 하셨도다

[5]   주의 오른쪽에 계신 주께서 그의 노하시는 날에 왕들을 쳐서 깨뜨리실
      것이라

[6]   뭇 나라를 심판하여 시체로 가득하게 하시고 여러 나라의 머리를 쳐서
      깨뜨리시며

[7]   길 가의 시냇물을 마시므로 그의 머리를 드시리로다

Theme: 다윗 왕은 예수 그리스도에 관하여 상세히 예언 하였는데 이 말
씀이 다 이루어지고 있습니다.

서론

초대교회는 이 시편을 예수님의 부활 승천(높아지심)의 예언으로 보고 있습니다.(1절 :행 2:32~36 고전 15:25 엡1:22~23 히 1:13)

다윗 왕은 예수님 오시기 1000 년 전 사람입니다. 그는 믿음의 사람이요 용맹스러운 장군이었습니다. 또한 그는 위대한 찬송 시인이었습니다. 또한 그는 선지자였습니다. 모세처럼 하나님과 직접 대화를 하였습니다. 다윗을 통해 가장 완벽한 제사장적 왕의 오심을 기다리고 있습니다.(1~3절 왕 4~7절 제사장) 사무엘하 5장을 보십시오.

(삼하 5:17-25) [17] "이스라엘이 다윗에게 기름을 부어 이스라엘 왕으로 삼았다 함을 블레셋 사람들이 듣고 블레셋 사람들이 다윗을 찾으러 다 올라오매 다윗이 듣고 요새로 나가니라"

[18] "블레셋 사람들이 이미 이르러 르바임 골짜기에 가득한지라"

[19] "다윗이 여호와께 여쭈어 이르되 내가 블레셋 사람에게로 올라가리이까 여호와께서 그들을 내 손에 넘기시겠나이까 하니 여호와께서 다윗에게 말씀하시되 올라가라 내가 반드시 블레셋 사람을 네 손에 넘기리라 하신지라"

[20] "다윗이 바알브라심에 이르러 거기서 그들을 치고 다윗이 말하되 여호와께서 물을 흩음 같이 내 앞에서 내 대적을 흩으셨다 하므로 그곳 이름을 바알브라심이라 부르니라"

[21] "거기서 블레셋 사람들이 그들의 우상을 버렸으므로 다윗과 그의 부하들이 치우니라"

[22] "블레셋 사람들이 다시 올라와서 르바임 골짜기에 가득한지라"

[23] "다윗이 여호와께 여쭈니 이르시되 올라가지 말고 그들 뒤로

돌아서 뽕나무 수풀 맞은편에서 그들을 기습하되"

[24] "뽕나무 꼭대기에서 걸음 걷는 소리가 들리거든 곧 공격하라
그 때에 여호와가 너보다 앞서 나아가서 블레셋 군대를 치리라 하
신지라"

[25] "이에 다윗이 여호와의 명령대로 행하여 블레셋 사람을 쳐서
게바에서 게셀까지 이르니라"

하나님께서 다스리시는 신정 왕국에서 다윗은 승리를 여호와께 돌리
고 자신이 취하지 않습니다.전쟁 승리의 원인은 다윗의 용맹이나 전술이
아니라 하늘 군대의 진격으로 가능 했습니다. (24절 걸음 걷는 소리가 들
리거든 곧 공격하라)

다윗 왕은 예수 그리스도에 관하여 상세히 예언 하였는데 이 말씀이
다 이루어지고 있습니다.

I. 신약 성경에 인용된 말씀

[1] [다윗의 시] "여호와께서 내 주에게 말씀하시기를 내가 네 원
수들로 네 발판이 되게 하기까지 너는 내 오른쪽에 앉아 있으라
하셨도다"

이 말씀은 신약 성경에서 가장 많이 인용한 구절 중의 하나입니다. 예
수님께서도 이 구절을 인용하여 그리스도의 사역을 설명합니다.(마
22:43~45)

(사도행전 2:34,35) [34] "다윗은 하늘에 올라가지 못하였으나 친히 말하여 이르되 주께서 내 주에게 말씀하시기를"

[35] "내가 네 원수로 네 발등상이 되게 하기까지 너는 내 우편에 앉아 있으라 하셨도다 하였으니"

"주께서 내 주에게 말씀하시기를" 주(여호와)께서 내 주(다윗의 자손 메시아)에게 말씀하셨다. 다윗은 대단히 겸손한 태도로 자기 후손을 말합니다. 이것은 성령의 감동으로 후손 메시아가 얼마나 위대하고 신적인 존재인 것을 깨달았기 때문입니다.

히브리 (1:13) "어느 때에 천사 중 누구에게 내가 네 원수로 네 발등상이 되게 하기까지 너는 내 우편에 앉아 있으라 하셨느냐"

그리스도의 왕적 사역을 예언합니다.(히브리서는 예수님을 묘사할 때 시편 110편을 반복적으로 인용한다. 참고 히 5:6, 6:20, 7:21, 10:12,13)

예수 그리스도를 잡아 죽이려고 최후로 맹공격을 할 때 헤롯당, 즉 정치적인 사람들은 정치적으로 공격을 하였습니다. 그러나 마침내 승리하신 주님이십니다.(원수들을 정복하여 그 목을 발로 누르는 옛 풍습을 비유하여 발등상으로 표현합니다.)

(눅 20:22-26) [22] "우리가 가이사에게 세를 바치는 것이 옳으니이까 옳지 않으니이까 하니"

[23] "예수께서 그 간계를 아시고 이르시되"

[24] "데나리온 하나를 내게 보이라 누구의 형상과 글이 여기 있느냐 대답하되 가이사의 것이니이다"

> [25] "이르시되 그런즉 가이사의 것은 가이사에게, 하나님의 것은
> 하나님께 바치라 하시니"
> [26] "그들이 백성 앞에서 그의 말을 능히 책잡지 못하고 그의 대
> 답을 놀랍게 여겨 침묵하니라"

"그의 대답을 놀랍게 여기니라"(26절) 사람들을 놀라게 하는 예수님
의 권위는 하나님께로부터 온 것입니다. 복음서는 그 놀라움을 자주 기
록하고 있습니다. (막2:12 5:20,42절 6:2,51절 7:37 10:26,32절 11:18 12:17
15:5)

그럼에도 무리가 예수님을 빌라도에게로 끌고 가서 고소한 것을 보십
시오. 그러나 때가 되면 왕으로서 이들을 정복하시고 심판하십니다.

> (눅 23:1-3) [1] "무리가 다 일어나 예수를 빌라도에게 끌고 가서"
> [2] "고발하여 이르되 우리가 이 사람을 보매 우리 백성을 미혹하
> 고 가이사에게 세금 바치는 것을 금하며 자칭 왕 그리스도라 하더
> 이다 하니"
> [3] "빌라도가 예수께 물어 이르되 네가 유대인의 왕이냐 대답하
> 여 이르시되 네 말이 옳도다"

다윗은 "여호와께서 내 주에게 말씀하시기를"(시110:1) 라고 했습니
다. 예수님은 다윗의 후손으로 천 년이나 후에 나셨는데 어떻게 예수님을
자기의 "주"라고 불렀겠습니까? 이것은 예수님이 자기의 후손으로 나셨
으나 후손이 아니라 성령으로 잉태하사 동정녀 마리아에게서 나실 하나
님이시기 때문이었습니다.

(히 1:13) "어느 때에 천사 중 누구에게 내가 네 원수로 네 발등상
이 되게 하기까지 너는 내 우편에 앉아 있으라 하셨느냐"

천사 중 누구에게도 그렇게 말씀하시지 않았습니다. 오직 예수 그리스
도 하나님의 아들뿐입니다.

II. "주의 권능의 날"

[3] "주의 권능의 날에 주의 백성이 거룩한 옷을 입고 즐거이 헌
신하니 새벽 이슬 같은 주의 청년들이 주께 나오는도다"
[4] "여호와는 맹세하고 변하지 아니하시리라 이르시기를 너는 멜
기세덱의 서열을 따라 영원한 제사장이라 하셨도다"

메시야를 만난 인생은 새로운 미래의 비전으로 즐거이(자발적으로) 헌
신합니다. 그런 사람은 새벽 이슬 같은 부지런한 주의 청년입니다. 왕이
시며 제사장이신 그리스도는 오늘 우리에게 이 시대를 함께 치유하자고
말씀하십니다. 새벽이 밝아오고 있습니다.

여러분들! 신앙 생활할 때 가장 하기 어려운 것이 무엇입니까? 십일조
생활이요? 아니요! 무엇입니까? 전도하는 것이지요. 전도하기가 제일 어
렵습니다. 그러나 3절을 보니 힘이 납니다.

[3] "주의 권능의 날에 주의 백성이 거룩한 옷을 입고 즐거이 헌
신하니 새벽 이슬 같은 주의 청년들이 주께 나오는도다"

'새벽 이슬' 첫째 새벽 이슬은 숫자적으로 많음을 뜻합니다. 또한 새벽 이슬은 새벽에 조용히 내려 초목에게 생명을 공급합니다. 광야가 뜨겁고 메말라도 새벽에 내린 이슬의 습기로 생명을 유지하며 열매를 맺습니다.(호 14:5) 그것은 사람의 생각으로 함부로 덤비지 말고 고요히 하나님을 기다림을 의미합니다. (미 5:7 여호와께로부터 내리는 이슬 같고 풀 위에 내리는 단비 같아서 사람을 기다리지 아니하며 인생을 기다리지 아니할 것이며)

"주의 권능의 날에" 이날은 언제를 말 하느냐 하면 예수님이 심판 주로 오시기 전에 많은 하나님의 백성들을 모으는 때가 있습니다. 예수님이 다시 오실 때는 제사장으로 오시지 않으시고 심판 주로 오십니다. 예수님은 지금 하나님의 우편에서 많은 사람을 구원 받게 하시려고 기도하시는 것입니다. 예수님이 지금 하시는 일은 제사장의 임무를 하시는 것입니다. 그래서 4 절에 이같이 말씀하셨습니다.

(시 110:4) "여호와는 맹세하고 변하지 아니하시리라 이르시기를
너는 멜기세덱의 서열을 따라 영원한 제사장이라 하셨도다"

제사장으로 지금 하시는 일은 새벽 이슬과 같이 많은 사람들을 모아 오신다는 것입니다. "주의 청년들이 주께 나오는도다" 교회로 주의 청년들이 아침 이슬 같이 조용히 모여 드는 날이 있습니다. 이날을 주의 권능의 날이라고 했습니다.

III. "주의 권능의 날"이 지나면 "노하시는 날"이 온다

[5] "주의 오른쪽에 계신 주께서 그의 노하시는 날에 왕들을 쳐서 깨뜨리실 것이라"

[6] "뭇 나라를 심판하여 시체로 가득하게 하시고 여러 나라의 머리를 쳐서 깨뜨리시며"

[7] "길 가의 시냇물을 마시므로 그의 머리를 드시리로다"

"주의 권능의 날"은 대제사장으로서 많은 사람을 구원 얻도록 하나님의 우편에서 하시는 것이지만 그 후에는 "주께서 그 노하시는 날"이 있다고 하셨는데 이날은 심판 하시는 날을 말합니다.

"왕들을 쳐서 깨뜨리실 것이라" 라고 하였는데 실제로 왕들을 쳐서 깨뜨리시는 것이 아니요 고집하며 예수를 믿으라고 하면 왕처럼 딱딱거리며 전도자를 핍박 하던 자들을 전부 깨뜨려서 지옥으로 몰아넣는 일을 하십니다. 그날에는 예수님을 믿지 않은 자들은 심판 주께서 아까울 것 없이 다 깨뜨리십니다.

(시 2:9) "네가 철장으로 그들을 깨뜨림이여 질그릇 같이 부수리라 하시도다"

이것은 최후 심판입니다. 시편 2편은 제왕 시입니다. 기름부음 받은 왕은 하나님을 대신하여 이땅을 다스리고 심판하실 것입니다.

결론

겸손하신 예수 그리스도의 승리

[7] "길 가의 시냇물을 마시므로 그의 머리를 드시리로다"

예수님께서는 천한 인간으로 세상에 오셔서 겸손하게 순종함으로 승리하셨다는 말씀입니다. 이 말씀은 특별히 기드온의 300명 용사가 시냇물을 손으로 움켜 핥아먹고 미디안의 대군을 샅샅이 무찌르고 승리하는 모습을 예수님의 승리로 비유하며 한 눈의 그림으로 보여 주시는 말씀입니다. 이스라엘 사람들은 자기 나라의 역사를 잘 알므로 이 말씀이 무엇인지 잘 압니다.

다시 말씀드리면 예수 그리스도께서 우리를 원수 마귀에게서 구원하시기 위하여 겸손하게 십자가에서 죽으시는 쓴잔을 마셨습니다. 그로 말미암아 모든 믿는 자를 구원 하시고 승리 하신다는 예수님에 대한 예언입니다.

다윗 왕은 예수님 오시기 천 년 전에 예언한 말씀인데 현재 우리가 사는 현 세상에서도 반드시 필요한 교훈입니다. 그 교훈이 무엇입니까. 다윗 왕이 예언한 말씀대로 살면 반드시 승리한다는 말씀입니다. 다윗 왕은 예수 그리스도에 관하여 상세히 예언하였는데 이 말씀이 다 이루어지고 있습니다.

Goal 그러므로 예수님이 겸손하게 순종함으로 승리하신 것처럼 거룩한 옷을 입은 주의 백성(3절) 된 우리도 겸손하게 사랑과 섬김으로 진리의 대열에 동참하여 승리하시기를 축복합니다.

(이하의 말씀을 참조 할 것) (삿 7:2-8)

[2] "여호와께서 기드온에게 이르시되 너를 따르는 백성이 너무 많은
즉 내가 그들의 손에 미디안 사람을 넘겨 주지 아니하리니 이는
이스라엘이 나를 거슬러 스스로 자랑하기를 내 손이 나를 구원
하였다 할까 함이니라"

[3] "이제 너는 백성의 귀에 외쳐 이르기를 누구든지 두려워 떠는 자
는 길르앗 산을 떠나 돌아가라 하라 하시니 이에 돌아간 백성이
이만 이천 명이요 남은 자가 만 명이었더라"

[4] "여호와께서 또 기드온에게 이르시되 백성이 아직도 많으니 그들
을 인도하여 물 가로 내려가라 거기서 내가 너를 위하여 그들을
시험하리라 내가 누구를 가리켜 네게 이르기를 이 사람이 너와
함께 가리라 하면 그는 너와 함께 갈 것이요 내가 누구를 가리
켜 네게 이르기를 이 사람은 너와 함께 가지 말 것이니라 하면
그는 가지 말 것이니라 하신지라"

[5] "이에 백성을 인도하여 물 가에 내려가매 여호와께서 기드온에게
이르시되 누구든지 개가 핥는 것 같이 혀로 물을 핥는 자들을
너는 따로 세우고 또 누구든지 무릎을 꿇고 마시는 자들도 그와
같이 하라 하시더니"

[6] "손으로 움켜 입에 대고 핥는 자의 수는 삼백 명이요 그 외의 백
성은 다 무릎을 꿇고 물을 마신지라"

[7] "여호와께서 기드온에게 이르시되 내가 이 물을 핥아 먹은 삼백
명으로 너희를 구원하며 미디안을 네 손에 넘겨 주리니 남은 백
성은 각각 자기의 처소로 돌아갈 것이니라 하시니"

[8] "이에 백성이 양식과 나팔을 손에 든지라 기드온이 이스라엘의

모든 백성을 각각 그의 장막으로 돌려보내고 그 삼백 명은 머물
게 하니라 미디안 진영은 그 아래 골짜기 가운데에 있었더라"

(삿 7:19-23)

[19] "기드온과 그와 함께 한 백 명이 이경 초에 진영 근처에 이른즉
바로 파수꾼들을 교대한 때라 그들이 나팔을 불며 손에 가졌던
항아리를 부수니라"

[20] "세 대가 나팔을 불며 항아리를 부수고 왼손에 횃불을 들고 오
른손에 나팔을 들어 불며 외쳐 이르되 여호와와 기드온의 칼이
다 하고"

[21] "각기 제자리에 서서 그 진영을 에워싸매 그 온 진영의 군사들
이 뛰고 부르짖으며 도망하였는데"

[22] "삼백 명이 나팔을 불 때에 여호와께서 그 온 진영에서 친구끼
리 칼로 치게 하시므로 적군이 도망하여 스레라의 벧 싯다에
이르고 또 답밧에 가까운 아벨므홀라의 경계에 이르렀으며"

[23] "이스라엘 사람들은 납달리와 아셀과 온 므낫세에서부터 부름을
받고 미디안을 추격하였더라"

시편 **110**편

부활하신 예수님의 일
(부활절)

[1] 여호와께서 내 주에게 말씀하시기를 내가 네 원수들로 네 발판이 되게
     하기까지 너는 내 오른쪽에 앉아 있으라 하셨도다

[2] 여호와께서 시온에서부터 주의 권능의 규를 내보내시리니 주는 원수
     들 중에서 다스리소서

[3] 주의 권능의 날에 주의 백성이 거룩한 옷을 입고 즐거이 헌신하니 새
     벽 이슬 같은 주의 청년들이 주께 나오는도다

[4] 여호와는 맹세하고 변하지 아니하시리라 이르시기를 너는 멜기세덱의
     서열을 따라 영원한 제사장이라 하셨도다

[5] 주의 오른쪽에 계신 주께서 그의 노하시는 날에 왕들을 쳐서 깨뜨리실
     것이라

[6] 뭇 나라를 심판하여 시체로 가득하게 하시고 여러 나라의 머리를 쳐서
     깨뜨리시며

[7] 길 가의 시냇물을 마시므로 그의 머리를 드시리로다

Theme: 부활하신 후에 예수 그리스도께서 하시는 일은 멜기세덱의 서열
을 따르는 제사장의 일이며 마지막 날에 심판하시는 일이다.

서론

이 시편은 초대교회로부터 주님의 부활 승천(높아지심)의 예언 시로 인용되어 왔습니다. 1~3절이 통치자 왕의 모습이라면 4~7절은 제사장의 모습입니다.

I. (시 110:1)[다윗의 시] "여호와께서 내 주에게 말씀하시기를 내가 네 원수들로 네 발판이 되게 하기까지 너는 내 오른쪽에 앉아 있으라 하셨도다"

(마 22:44) "주께서 내 주께 이르시되 내가 네 원수를 네 발 아래에 둘 때까지 내 우편에 앉아 있으라 하셨도다"

다윗이 내 주님이라고 고백하는 그 왕은 다윗보다 지위가 높으신 분입니다. 왕의 오른쪽은 영광스런 자리입니다. 하나님 옆의 오른쪽 자리로 높아지신 것은 주님의 승천을 의미합니다. (롬 8:34 엡1:20 골3:1 히1:3 8:1)

II. (시 110:4) "여호와는 맹세하고 변하지 아니하시리라 이르시기를 너는 멜기세덱의 서열을 따라 영원한 제사장이라 하셨도다"

(히 5:6) "또한 이와 같이 다른 데서 말씀하시되 네가 영원히 멜기세덱의 반차를 따르는 제사장이라 하셨으니"

다윗과 그의 후손은 아론의 후손이 아니라도 하나님에 의하여 멜기세덱의 방식으로 제사장에 취임합니다. 왕과 제사장직의 결합으로 다윗은 아론의 자손보다 더 높은 서열의 제사장입니다. 이것이 영원한 제사장이라는 말씀입니다.

III. [5] 주의 오른쪽에 계신 주께서 그의 노하시는 날에 왕들을 쳐서 깨뜨리실 것이라"

[6] "뭇 나라를 심판하여 시체로 가득하게 하시고 여러 나라의 머리를 쳐서 깨뜨리시며"

하나님 왕국에 반대하는 모든 권세에 대한 하나님의 기름 부으신 자의 승리는 다윗의 승리에서 그림자로 보입니다. 7절의 시냇물을 마심은 전쟁터에서 원기를 북돋아 주는 행위입니다. 결코 줄어들지 않는 활력으로 머리를 들것입니다.

부활 승천하신 주님은 장차 이땅을 심판하시러 오실 것입니다. "과연 이땅을 심판하시는 하나님은 살아 계시는구나!"라고 말할 날이 올 것입니다.

[시 58:11] "그 때에 사람의 말이 진실로 의인에게 갚음이 있고 진실로 땅에서 심판하시는 하나님이 계시다 하리로다"

장차 심판하시고 모든 것을 온전히 회복하실 날을 기다리는 확신은 현재에도 우리가 의로움 가운데 소망으로 행하게 만드는 근거가 될 것입니다.(시 75:10)

결론

지금 우리를 위하여 기도하시는 부활하신 예수 그리스도는 우리의 대제사장으로서 기도하십니다. 성도가 이 땅에서 예수님을 잘 믿도록 도우시고 보호하시고 인도하십니다. 마지막 날 심판하시려고 세상에 다시 오실 때 우리가 다 천국에 가도록 기도하십니다.

Goal 우리는 주님을 기다리며 세상에 사는 동안 예수를 믿되 성경에서 믿으라는 대로 믿고, 성경 말씀이 하라는 대로 순종하며 사랑과 섬김으로 삽시다. 부활하신 예수 그리스도를 기쁘시게 하는 성도들이 되시기를 예수 그리스도의 이름으로 축복합니다.